COMO FUNCIONAM OS MERCADOS

ALVIN E. ROTH

Como funcionam os mercados

A nova economia das combinações e do desenho de mercado

TRADUÇÃO
Isa Mara Lando e Mauro Lando

1ª reimpressão

Copyright © 2016 by Alvin E. Roth

A Portfolio-Penguin é uma divisão da Editora Schwarcz S.A.

PORTFOLIO and the pictorial representation of the javelin thrower are trademarks of Penguin Group (USA) Inc. and are used under license. PENGUIN is a trademark of Penguin Books Limited and is used under license.

Grafia atualizada segundo o Acordo Ortográfico da Língua Portuguesa de 1990, que entrou em vigor no Brasil em 2009.

TÍTULO ORIGINAL Who Gets What — and Why: The New Economics of Matchmaking and Market Design
CAPA André Kavakama
PROJETO GRÁFICO Tamires Cordeiro
PREPARAÇÃO Tarcila Lucena
REVISÃO Luciane Gomide Varela e Clara Diament
ÍNDICE REMISSIVO Probo Poletti

Dados Internacionais de Catalogação na Publicação (CIP)
(Câmara Brasileira do Livro, SP, Brasil)

Roth, Alvin E.
    Como funcionam os mercados : a nova economia das combinações e do desenho de mercado / Alvin E. Roth ; tradução Isa Mara Lando e Mauro Lando. — 1ª ed. — São Paulo : Portfolio-Penguin, 2016.

    Título original : Who Gets What — and Why : The New Economics of Matchmaking and Market Design.
    ISBN 978-85-8285-042-8

    1. Economia 2. Mercado 3. Teoria I. Título.

16-07122   CDD-330

Índice para catálogo sistemático:
1. Economia   330

[2022]
Todos os direitos desta edição reservados à
EDITORA SCHWARCZ S.A.
Rua Bandeira Paulista, 702, cj. 32
04532-002 — São Paulo — SP
Telefone: (11) 3707-3500
www.portfolio-penguin.com.br
atendimentoaoleitor@portfolio-penguin.com.br

Para Ben e Aaron, Emilie e Ted.

SUMÁRIO

PARTE I: OS MERCADOS ESTÃO EM TODA PARTE
1. Introdução: cada mercado conta uma história   11
2. Mercados para o café da manhã e o resto do dia   25
3. Trocas que salvam vidas   41

PARTE II: DESEJOS FRUSTRADOS: COMO OS MERCADOS FRACASSAM
4. Cedo demais   71
5. Rápido demais: sede de velocidade   93
6. Congestionamento: por que o mais denso tem que ser o mais rápido   117
7. Arriscado demais: confiança, segurança e simplicidade   133

PARTE III: INVENÇÕES PARA TORNAR OS MERCADOS MAIS INTELIGENTES, DENSOS E RÁPIDOS
8. Combinações: remédios fortes para médicos jovens   155

9. Volta às aulas   177
10. Sinalização   195

PARTE IV: MERCADOS PROIBIDOS E MERCADOS LIVRES
11. Repugnante, proibido... e projetado   221
12. Livre mercado e desenho de mercado   245

Agradecimentos   263
Notas   265
Índice remissivo   277

PARTE I

Os mercados estão em toda parte

CAPÍTULO 1

Introdução: cada mercado conta uma história

Eram cinco da madrugada, num dia de abril de 2010. Oito equipes de cirurgiões preparavam-se para operar oito pacientes em quatro diferentes cidades dos Estados Unidos. Quatro pessoas saudáveis iam doar um de seus rins para alguém que não conheciam, e os quatro beneficiários, todos sofrendo de doença renal em estágio final, iam receber uma nova chance.

Ao mesmo tempo, Jerry e Pamela Green estavam sentados à mesa da cozinha em Lincoln, no estado de Massachusetts, estudando a previsão do tempo. Logo mais o casal de voluntários ia entrar em seu pequeno avião e voar até a cidade de Lebanon, no estado de New Hampshire. Ali iam pegar um desses rins, levá-lo até a Filadélfia, pegar outro rim ali e levá-lo para Boston. (Dois outros pilotos iam transportar os outros dois rins.) Seu voo seria identificado com o sinal de urgência médica. Dessa forma os controladores de tráfego aéreo iam conduzi-los, sem fazer perguntas, através de um dos espaços aéreos mais movimentados do mundo, acompanhando o rio Hudson e sobrevoando o aeroporto de Newark, a caminho da Filadélfia, onde estariam sendo esperados e pousariam de imediato. Vários jatos, com centenas de passageiros a bordo, sofreriam um breve atraso devido à passagem do casal Green.

***

Os rins para transplante são escassos — assim como o espaço aéreo. Um avião de passageiros consome centenas de dólares por minuto em combustível, e apenas um pode ocupar todo um bloco de espaço aéreo por vez. O tempo dos passageiros também é caro. Quem recebeu qual dos rins, em qual sala de operações, e qual foi a rota de voo naquele dia de abril — tudo isso exigiu a alocação de recursos escassos. Assim, é bem apropriado que, quando Jerry não está pilotando seu avião, lecione economia em Harvard.

A economia trata da alocação eficiente de recursos escassos, e de como tornar esses recursos menos escassos.

Esses rins e esses voos não foram os únicos recursos escassos a ser alocados de modo que se conseguisse que quatro vidas fossem salvas naquele dia. Anos antes, cada cirurgião tinha sido aceito na faculdade de medicina, depois passou pela residência e por um curso de especialização. Em cada etapa, teve que competir com outros aspirantes a médicos. O próprio Jerry precisou passar por uma série de testes para conseguir seu emprego. Antes de iniciar a formação em medicina, ele e os cirurgiões fizeram cursos preparatórios; antes disso ainda, Jerry conseguira uma vaga na Stuyvesant, a escola de ensino médio pública mais seletiva de Nova York. Observe que nenhuma dessas coisas — os rins, as vagas em escolas competitivas, os empregos importantes — pode ser comprada por quem estiver disposto a pagar mais, ou será de quem aceitar o menor salário. Em cada um desses casos, é preciso fazer um "matching", ou seja, uma combinação.

Fazendo combinações

O Talmude conta que alguém perguntou a um rabino o que o Criador do Universo tinha feito desde então. O rabino respondeu: "Combinações". A história continua e deixa claro por que fazer esse tipo de casamento bem-sucedido não só é importante como difícil, tanto quanto "dividir o Mar Vermelho".

Matching é o jargão dos economistas para denominar de que maneira obtemos muitas coisas na vida, coisas que escolhemos mas que também precisam nos escolher. Não basta informar à Universidade Yale que você vai se matricular, nem ao Google que você vai aparecer amanhã para começar a trabalhar lá. Você precisa ser aprovado ou contratado. Tampouco Yale ou o Google podem ditar quem vai escolhê-los, assim como um cônjuge não pode simplesmente escolher outro: cada um também tem que ser escolhido.

É comum que haja um ambiente estruturado para esses "casamentos arranjados" — algum tipo de processo de candidatura e seleção pelo qual ocorrem o namoro e a escolha. Essa combinação e a maneira como passamos por ela determinam alguns dos pontos mais decisivos da nossa vida, e muitos momentos menores também. O matching não dita apenas quem será admitido nas melhores faculdades, mas quais alunos entrarão nos cursos mais concorridos e quais vão morar nos melhores dormitórios. Após a faculdade, o matching também determina quem consegue os melhores empregos e quem tem as melhores oportunidades de desenvolvimento profissional. Por vezes, o matching é o guardião da própria vida, como quando determina quais pacientes em estado grave vão receber órgãos, que são tão escassos, para transplante.

Há inúmeros casamentos ocorrendo nos mercados, e os mercados, como as histórias de amor, começam com desejos. Um ambiente de mercado ajuda a dar forma a esses desejos e a satisfazê-los, unindo compradores a vendedores, estudantes a professores, empregadores a candidatos e, por vezes, pessoas em busca de amor.

Até recentemente os economistas costumavam dar pouca atenção a esse tipo de combinação e se concentravam nos mercados comuns, envolvendo mercadorias de fato, nos quais o único fator que determina quem vai receber o que é o preço. Nos mercados de mercadorias, você decide o que quer e, se puder pagar, pode adquirir qualquer coisa. Para comprar cem ações da AT&T na Bolsa de Nova York, você não precisa se preocupar em ser aceito ou não. Não é preciso apresentar um pedido, nem se envolver em nenhum tipo de corte. Da mesma forma, o vendedor não precisa convencer você.

O preço se encarrega de fazer todo o trabalho, juntando comprador e vendedor no encontro entre oferta e demanda. Na Bolsa de Nova York, o preço decide quem recebe o quê.

Contudo, nos mercados de matching, não é assim que funciona. Muitos empregadores não buscam reduzir os salários oferecidos até que sobrem apenas alguns desesperados para preencher as vagas. Eles desejam empregar as pessoas mais qualificadas e comprometidas, e não as mais baratas. No mundo do trabalho, muitas vezes o namoro é uma via de mão dupla, com os empregadores oferecendo bons salários, vantagens e perspectivas de progresso, e os candidatos exibindo seu entusiasmo, suas credenciais e sua vontade. As admissões no mercado de trabalho são bastante parecidas com o namoro e o casamento: são todos mercados de matching, envolvendo procura e sedução de ambas as partes. Um mercado inclui combinações sempre que o preço não for o único fator que determina quem vai receber o quê.

Alguns casos de matching não envolvem dinheiro. Um transplante renal pode custar caro, mas não é o dinheiro que decide quem vai receber um rim. Na verdade, é ilegal comprar ou vender órgãos. Da mesma forma, aterrissar num aeroporto envolve custos, mas não é isso que determina qual avião é recebido primeiro. O acesso à educação tampouco tem um preço fixo. Os contribuintes sustentam as escolas públicas justamente para que todas as crianças possam estudar de graça. Muitas pessoas achariam repugnante permitir que o dinheiro decidisse quem ficaria com um rim ou com uma vaga numa creche pública. Se não há rins suficientes para atender aos que precisam (e não há), ou vagas o bastante nas escolas públicas (e não há), esses recursos escassos devem ser alocados por algum processo de combinação.

Desenho de mercado

Às vezes, um processo de matching, seja formal ou improvisado caso a caso, surge e evolui ao longo do tempo. Outras vezes, e cada vez mais recentemente, o matching é projetado ou estruturado. A nova economia do *market design,* ou desenho de mercado, aplica a ciência às combinações e aos mercados em geral. E esse é o tema deste livro. Junto com alguns colegas do mundo todo, colaborei com a criação dessa nova disciplina, que ajuda a resolver problemas que os mercados existentes não têm conseguido resolver naturalmente. Nosso trabalho nos dá novos insights sobre o que realmente faz com que os "mercados livres" sejam livres para funcionar corretamente.

A maioria dos mercados e dos ambientes em que operam agem dentro de um espaço substancial entre a "mão invisível" de Adam Smith e os planos quinquenais de Mao Tsé-tung. Os mercados diferem do planejamento central porque ninguém mais, além dos próprios participantes, determina quem vai receber o quê. E também diferem do laissez-faire porque os participantes entram no mercado sabendo que ele tem suas regras.

O boxe foi transformado de briga de rua em esporte quando John Douglas, o nono marquês de Queensberry, aprovou as regras que hoje levam seu nome. Elas tornam o esporte seguro o suficiente para atrair atletas, mas não ditam o resultado. Os mercados, desde os grandes, como a Bolsa de Nova York, até os pequenos, como uma feira livre de bairro, também operam de acordo com regras. E essas regras, que são alteradas de tempos em tempos para que eles funcionem melhor, constituem o desenho de mercado. Usamos aqui "desenho" no sentido de projeto. Até mesmo mercados cujas regras vêm evoluindo lentamente têm um, mesmo que ninguém os tenha "desenhado" de fato.

Os mercados relacionados à internet têm regras muito precisas, pois suas regras devem ser formalizadas no software que controla suas operações. Agora que temos acesso à rede no celular, nunca estamos longe de um mercado.

Os mercados costumam estar conectados: os de internet dependem dos outros para o espectro de radiofrequências que permitiram que smartphones e outros dispositivos móveis pudessem se desenvolver em um mundo antes dominado pelo rádio e pela televisão.

Eu mesmo ajudei a projetar alguns dos mercados e processos de matching que vou apresentar neste livro. Quase todos os médicos norte-americanos, por exemplo, conseguem seu primeiro emprego por meio do Programa Nacional de Combinação de Residência (National Resident Matching Program, NRMP). Em meados dos anos 1990, dirigi a reformulação do algoritmo de combinação do NRMP, que hoje faz a alocação, a cada ano, de mais de 20 mil jovens médicos em cerca de 4 mil programas de residência. Eu e meus colegas também ajudamos a elaborar procedimentos de combinação para os médicos mais avançados na carreira. Também auxiliamos a projetar o atual sistema de alocação de alunos para escolas de ensino médio em Nova York, e também para escolas em Boston e outras cidades grandes. Os transplantes de rim que Jerry e Pam ajudaram a realizar com seu pequeno avião foram organizados pelo Programa de Troca de Rins da Nova Inglaterra (New England Program for Kidney Exchange, NEPKE). Esse programa derivou, em parte, de uma proposta feita por mim e mais dois economistas, Utku Ünver e Tayfun Sönmez. Em 2004, nós três apoiamos um grupo de cirurgiões e outros especialistas em transplantes a fundar o NEPKE, que usa nossos algoritmos para combinar doadores de rins com receptores compatíveis. Desde então já ajudamos nossos colegas cirurgiões a tornar a troca de rins um procedimento-padrão nos transplantes renais.

Os mercados

A primeira tarefa de um mercado bem-sucedido é reunir muitos participantes que queiram fazer negócio, para que possam procurar as melhores transações. Isso torna um mercado *denso*, procedimento que assume diferentes formas em diferentes mercados. Por exemplo, para criar um sistema para a troca de rins, primeiro tivemos de tornar o mercado denso, montando bancos de dados de pacientes e doadores.

Muitos esforços para manter os mercados densos se relacionam ao momento certo para as transações. Quando se deve fazer uma oferta? Por quanto tempo ela deve ser deixada em aberto? Podemos ver isso até mesmo nos mercados de mercadorias, desde uma feira livre de bairro até uma bolsa de valores. A feira perto da minha antiga casa abre com hora marcada, e se por acaso você chegar um pouco mais cedo os feirantes não lhe vendem nem uma única fruta. Se fizessem isso, incorreriam na ira dos demais feirantes, que temem que, se as barracas começarem a vender antes da abertura oficial, alguns clientes passariam a ir mais cedo, e assim o horário de atendimento poderia se estender. Isso obrigaria os feirantes a passar mais tempo num mercado mais "rarefeito" (o oposto de "denso"), isto é, com clientes mais espaçados. É mais ou menos por esse motivo — para manter o mercado denso — que a Bolsa de Nova York abre e fecha para negócios todos os dias à mesma hora.

O *congestionamento* é um problema que os mercados podem enfrentar, uma vez que já conseguiram boa densidade. É o equivalente econômico de um engarrafamento, ou seja, um problema causado pelo sucesso. A gama de opções num mercado denso pode ser esmagadora; assim, pode levar tempo para se avaliar um possível acordo ou consumá-lo. Os mercados podem ajudar a organizar as possíveis operações de modo que elas possam ser avaliadas rapidamente: se determinados negócios não se realizarem, ainda haverá outras oportunidades disponíveis. Nos mercados de mercadorias, o preço faz isso muito bem, já que uma única oferta pode ser feita para todo o mercado ("Qualquer pessoa pode comprar um quilo das minhas framboesas por 5,50 dólares"). No entanto, nos mercados de matching cada transação tem que ser considerada em separado, tal como acontece na seleção para um emprego, em que cada candidato tem que ser avaliado individualmente.

É ótimo que exista um mercado que oferece oportunidades em abundância, no entanto, elas podem ser ilusórias se não for possível avaliá-las; assim, podem fazer o mercado perder muito da sua utilidade. Pense num site de namoro em que um grupo de mulheres recebe muito mais mensagens do que podem dar conta, e os homens percebem que estão recebendo muito poucas respostas. Isso os leva a enviar mais mensagens, cada vez mais superficiais, o que por sua vez faz as mulheres responderem cada vez menos. Da mesma forma como as mulheres podem receber mais mensagens do que conseguem responder, os empregadores podem ter mais candidatos do que conseguem entrevistar. Em ambos os casos, ocorre um congestionamento, impedindo que os participantes identifiquem as alternativas mais promissoras que o mercado tem a oferecer.

Embora os compradores gostem de ver muitos vendedores, e os vendedores gostem de ver uma multidão de compradores, os vendedores não se entusiasmam tanto em competir uns com os outros, nem os compradores se alegram ao ver muita gente disputando as mesmas ofertas. Portanto, por vezes alguém vai tentar transacionar antes de o mercado abrir; e em alguns dos mercados que veremos neste livro, isso leva a ofertas feitas cada vez mais cedo, ou a uma maior insistência em que sejam respondidas de imediato, antes que outras possam ser consideradas. Pode ser difícil determinar quando as ofertas-relâmpago, ou seja, que ficam em aberto por pouco tempo, se destinam a obter uma vantagem sobre os concorrentes e quando são apenas uma tentativa de lidar com o congestionamento (isto é, se não houver tempo para fazer ofertas suficientes, o melhor é começar antes da hora marcada e agir rápido). Em ambos os casos, as ofertas antecipadas diluem a densidade do mercado, e por vezes levam a grandes reorganizações, tais como a criação das câmaras de compensação para os médicos no mercado de trabalho.

Uma coisa que todos os mercados desafiam os participantes a fazer é decidir o que preferem. Os americanos têm de considerar quais faculdades lhes convêm mais, e as faculdades têm que analisar milhares de pedidos. E o que faz com que os mercados de matching sejam ainda mais desafiadores é que todo mundo tem que decifrar não só seus próprios desejos como também os de todos os outros, e imaginar de que maneira essas pessoas poderão agir para conquistar o que querem. Os encarregados das admissões na faculdade não tentam simplesmente escolher os melhores alunos — tentam escolher os melhores alunos que vão de fato se matricular se forem aprovados. E isso envolve considerar em quais outras faculdades eles se inscreveram e quais alunos essas concorrentes provavelmente vão admitir. Sendo assim, o estudante precisa mostrar à faculdade não só que é um *bom* candidato, mas que está *interessado* nela. Será melhor se inscrever cedo e numa única faculdade? E, se assim for, será melhor escolher a preferida do candidato, mas onde ele tem pouca probabilidade de ser escolhido, ou tentar uma escola que provavelmente vai valorizar sua declaração de comprometimento e aceitá-lo? Em suma, tanto os alunos como as faculdades têm que tomar decisões que dependem muito das decisões tomadas por outros alunos e faculdades. (Como no futebol, seria fácil se não houvesse outro time!)

As decisões que dependem do que os outros estão fazendo são chamadas de *estratégicas*, e são o foco do ramo da economia conhecido como *teoria dos jogos*. A tomada de decisões estratégicas tem um papel importante para determinar quem vai bem ou mal em muitos processos de seleção. Muitas vezes, quando nós, especialistas em teoria dos jogos, estudamos um processo de matching, ficamos sabendo de que forma os participantes "burlam o sistema". Os processos de matching bem elaborados tentam levar em conta o fato de que os participantes estão tomando decisões estratégicas. Por vezes, o objetivo de quem desenha o mercado é reduzir a necessidade de burlar o sistema, permitindo que os candidatos se concentrem em identificar seus verdadeiros desejos e necessidades. Outras vezes, a meta é garantir que, mesmo que certa distorção seja inevitável, o mercado ainda possa funcionar livremente. Um mercado bem desenhado torna a participação *segura* e *simples*.

Quando um mercado não lida de forma eficaz com o congestionamento e os participantes nem sempre conseguem encontrar as transações que desejam, pode não ser seguro para eles esperá-lo abrir se houver oportunidades disponíveis mais cedo. E, mesmo quando não se pode entrar mais cedo, o mercado pode forçar os participantes a se envolver em jogadas de risco.

Foi essa a questão que levou a coordenação das escolas públicas de Boston a me convidar, assim como a outros colegas, para ajudar a redesenhar o sistema que faz o matching entre as crianças e as escolas. No sistema antigo, os pais tinham que criar estratégias para saber qual escola escolher como primeira opção, já que as regras de alocação dificultavam conseguir uma boa escola se esta não constasse como primeira opção do aluno. Isso não era simples. O novo sistema, em contraste, torna seguro para os pais listar suas verdadeiras preferências e os libera para pensar quais são, realmente, suas escolas preferidas, sem precisar escolher uma única onde apostar todas as fichas.

Cada mercado tem uma história para contar. E as histórias sobre desenho de mercado costumam começar com um fracasso — o mercado não oferece densidade, não consegue aliviar o congestionamento, ou tornar a participação segura e simples. Em muitas histórias deste livro, os desenhistas de mercado são como bombeiros que vêm salvar a situação quando o mercado falhou, e tentam redesenhar o mercado, ou projetar um novo, que restaurará a ordem.

No entanto, um mercado pode ter sucesso em seus próprios termos práticos e mesmo assim fracassar, aos olhos daqueles que não participam ou não querem participar.

Alguns são considerados repugnantes — como a escravidão, as drogas ilegais e a prostituição. A troca de rins, ou doação renal cruzada, surgiu à sombra das leis vigentes em muitos países do mundo que criminalizavam a compra e a venda de órgãos humanos. (Apesar dessas leis, os mercados negros sobrevivem, alguns dos quais aos trancos e barrancos.)

As transações repugnantes — ou seja, as que algumas pessoas não querem que os outros façam — nem sempre envolvem dinheiro. Mas muitas vezes a inclusão do dinheiro faz com que uma transação aceitável passe a parecer repugnante; por isso há leis contra a venda de rins, mas não contra a troca de rins, e por isso o sexo consensual em geral é aceitável, mas a prostituição não. Note, porém, que em alguns países o sexo consensual entre parceiros não casados também é considerado repugnante. E em alguns a prostituição é legal. A repugnância mostra, com especial clareza, aquilo que todos os mercados revelam: os valores, desejos e crenças das pessoas.

Uma nova maneira de ver os mercados

Para mim, a economia sempre teve o fascínio da fofoca: ela expõe detalhes íntimos da vida e das opções das outras pessoas; nos diz quais as escolhas que precisamos estar preparados para fazer na vida e quais opções se apresentariam se tivéssemos escolhido um caminho diferente.

Espero que este livro dê a você, leitor, bons insights sobre as situações de combinação que tem que enfrentar. Está tentando matricular seu filho numa boa escola? Ou ajudá-lo a se decidir entre várias faculdades? Ou se candidatando a um novo emprego? Meu objetivo é fazê-lo pensar em novas maneiras de percorrer esses processos de matching.

Também espero que este livro ajude a compreender melhor por que algumas formas de organização funcionam bem ou mal.

Quero lançar luz sobre as afirmações, com frequência tão simplistas, que ouvimos dos políticos sobre o livre mercado. O que é, exatamente, que permite a um mercado funcionar livremente? Quando falamos nele, não devemos imaginar um vale-tudo, e sim um mercado com regras bem elaboradas, que o fazem funcionar bem. Um mercado que pode operar livremente é como uma roda que pode girar livremente: ela precisa de um eixo e de rolamentos bem lubrificados. Como fornecer esse eixo e manter essa lubrificação? É disso que trata o desenho de mercado.

Por fim, este livro — e esta é minha maior esperança — visa revelar o mundo econômico da mesma maneira que as caminhadas com meu amigo Avi Shmida, um botânico israelense, abrem meus olhos para as plantas e os animais. Certa vez, no deserto do sul da Jordânia, Avi apontou para uma única planta verde num local onde só cresciam arbustos secos. "O que a gente logo percebe quando vê uma planta assim no meio do deserto?", perguntou ele. Eu não sabia, e ele exclamou: "É veneno! Caso contrário, algum animal já a teria comido".

Outra vez, Avi me mandou enfiar o dedo numa flor de sálvia. Quando o retirei, pólen veio junto. Ele explicou então que essa flor evoluiu de forma que as abelhas têm de chegar lá no fundo para alcançar o néctar; assim, apenas as abelhas maiores conseguem extraí-lo. O pólen gruda nas costas dela e será transmitido com segurança para a próxima flor que visitar. A flor da sálvia e as abelhas evoluíram juntas, de modo a aproveitar as vantagens que cada uma oferece à outra: a flor é uma fonte especialmente rica de néctar, que só pode ser colhido pelas abelhas grandes. Estas têm, assim, uma boa razão para se especializar nelas, o que significa que o pólen tem uma boa chance de chegar a outra flor da mesma espécie (que é sua finalidade). Nesse caso, a evolução fez o papel de casamenteira.

O mundo econômico é tão cheio de detalhes surpreendentes como o mundo natural, e também os mercados podem surgir por uma espécie de evolução, por tentativa e erro, sem qualquer planejamento. Mas os mercados também podem ser projetados deliberadamente — por vezes a partir do zero, mas com frequência depois que tentativa e erro levam ao fracasso. Muita coisa que aprendemos sobre desenho de mercado — e, partindo disso, sobre mercados de modo geral — veio de observar fracassos e tentar corrigi-los. Nem todos os mercados crescem sozinhos, como o mato; alguns, como orquídeas numa estufa, precisam ser alimentados e cuidados. E alguns mercados de internet, zelosamente cuidados, figuram hoje entre os maiores e os que mais crescem no mundo.

Tal como flores de espécies diversas, os mercados de diversos tipos de bens e serviços muitas vezes diferem muito uns dos outros. Mas, também como as flores, mesmo eles têm algumas coisas em comum, já que surgiram a partir da necessidade de resolver problemas semelhantes.

Quando examino um mercado que está fracassando de alguma maneira, não só consigo enxergar como a vida das pessoas se desenrola em alguns dos seus momentos mais importantes como também tenho a oportunidade de conhecer um elenco emocionante de personagens que gostaria de apresentar a você. Como a economia engloba praticamente tudo, os economistas têm a oportunidade de aprender algo com quase todo mundo; e já conheci e trabalhei com algumas pessoas notáveis em cada um dos mercados que ajudei a projetar.

O desenho de mercado está dando um novo escopo à antiga prática de casamenteiro. Considere este livro uma excursão pelo mundo das combinações e da formação de mercados que ocorrem à nossa volta. Espero que ele lhe ofereça uma nova maneira de ver o mundo e de compreender como funcionam os mercados.[1]

CAPÍTULO 2

Mercados para o café da manhã e o resto do dia

O desenho de mercado é tão difundido que afeta quase todas as facetas da nossa vida, desde o momento em que acordamos. O cobertor que escolheu para usar durante a noite, a propaganda que toca no rádio-relógio — e até mesmo o próprio aparelho — incorporam o funcionamento oculto de vários mercados. Mesmo tomando apenas um café da manhã leve, você provavelmente se beneficia do alcance global de diversos mercados. E, embora seja fácil participar da maioria deles, até mesmo essa simplicidade aparente pode esconder um sofisticado desenho de mercado.

Por exemplo, você provavelmente não sabe onde seu pão foi assado. Mesmo que saiba, o padeiro não precisa saber quem cultivou o trigo a partir do qual foi feita a farinha, porque ele é comercializado como uma commodity — ou seja, uma mercadoria comprada e vendida em lotes, que podem ser considerados basicamente iguais. Isso simplifica as coisas, mas até mesmo os mercados de commodities precisam ser projetados, de modo que o mercado do trigo não precisa mais ser um mercado de matching, como era até o século XIX.

Em cada plantação, esse cereal pode ser um pouco diferente. Por essa razão, era vendido "por amostragem",[1] isto é, o comprador examinava uma amostra de trigo e a avaliava antes de fazer uma oferta. Era um processo complicado, e, muitas vezes, os compradores e vendedores que tinham transacionado com sucesso no passado procuravam manter seu relacionamento. O preço, por si só, não bastava para equilibrar o mercado, e os participantes se importavam em saber com quem estavam lidando; era, pelo menos em parte, um mercado de matching.

Entra em cena então a Câmara de Comércio de Chicago, fundada em 1848 e instalada bem no terminal dos vagões de trem que levavam o trigo para Chicago, chegado das fazendas das Grandes Planícies.

A Câmara de Comércio de Chicago transformava o trigo em commodity classificando-o conforme a qualidade (sendo o número um o melhor) e o tipo de grão (inverno ou primavera, duro ou macio, vermelho ou branco). Isso significava que as ferrovias podiam misturar várias remessas de trigo que fossem de mesmo grau e tipo, em vez de manter a produção de cada agricultor separada durante o transporte. Também significava que, com o tempo, os compradores aprenderiam a confiar no sistema de classificação, comprar seu trigo sem precisar inspecioná-lo primeiro e saber de quem estavam comprando.

Onde antes havia um mercado de matching, em que cada comprador tinha que conhecer o agricultor e examinar uma amostra da sua colheita, hoje existem mercados de commodities no caso de trigo, milho, soja, carne de porco e inúmeros outros alimentos, tão anônimos — e eficientes — quanto os mercados financeiros. Assim como um investidor não se preocupa em saber quais ações da AT&T vai adquirir, os compradores não se importam em saber quais são os milhares de grãos de trigo-vermelho, duro, de inverno, grau dois que lhes foram enviados. Graças ao sistema de classificação, podem comprar o cereal sem vê-lo. Transformá-lo em commodity, por meio de um sistema de classificação confiável, ajudou a tornar o mercado seguro.

O trigo pode até ser vendido *antes* de ser colhido, sob a forma de *futuros de trigo* — uma promessa do cereal que virá. Isso permite aos grandes moinhos e produtores de pão comprar e fixar seus custos com antecedência. Eles podem fazer isso sem medo, porque a descrição padronizada daquilo que está sendo adquirido significa que não precisam se preocupar com o que vai ser entregue. A compra de futuros de trigo é uma operação puramente financeira, sem que o produto sequer esteja presente no mercado.

Quanto à transação em si, os corretores que inspecionavam e compravam lote por lote foram substituídos por operadores de commodities na Câmara de Comércio de Chicago, sinalizando e anunciando suas propostas e ofertas nos pregões de negociação à viva voz que passaram a dominar esse tipo de transação. Hoje os operadores também compram e vendem enormes volumes de grãos enquanto estão sentados diante de uma tela de computador.

Transformar um mercado qualquer num mercado de commodities ajuda a torná-lo realmente denso, já que qualquer comprador pode negociar com qualquer vendedor, e vice-versa. Ao mesmo tempo, também ajuda o mercado a dar conta de uma das principais causas de congestionamento nos mercados de matching, uma vez que num mercado de commodities cada oferta de venda pode ser feita para todos os compradores, e cada oferta de compra pode ser feita para todos os vendedores. Assim, ao contrário do mercado de trabalho ou de imóveis, ninguém precisa esperar que uma oferta lhe seja feita pessoalmente; qualquer um que encontra um preço que lhe agrade pode aceitá-la. Veremos em mais detalhes como esses mercados podem funcionar quando examinarmos os mercados financeiros, no capítulo 5, e a rapidez com que os mercados de commodities podem operar.

Café e outras coisas

Transformar um produto numa commodity pode afetar não apenas o modo como ele é comprado e vendido, mas até mesmo o que é produzido. Continuando a fixar nossos olhos ainda sonolentos na mesa do café, vamos voltar a atenção para esse grão e sua notável história no mercado.

O café é cultivado na Etiópia há séculos, mas até o século XXI era negociado de uma forma bem parecida com a do trigo americano no século XIX. Quem quisesse comprar, por exemplo, café etíope a granel na origem precisava ter um agente naquele local capaz de extrair uma amostra do fundo de cada saco para provar e avaliar. Isso mudou em 2008, com a criação da Bolsa de Commodities da Etiópia. Seu núcleo vital é um sistema anônimo de classificação de cafés, com degustadores profissionais que experimentam e classificam cada lote posto à venda. Note-se que também houve uma elaboração bem pensada do mercado para estabelecer as regras — isto é, o desenho do mercado — de classificação de qualidade. Por exemplo, a degustação deve ser "cega" e os provadores não podem saber a quem pertencem os grãos que estão degustando, do contrário, poderiam ser subornados pelo vendedor para subir sua nota.

A padronização de café pode, na verdade, melhorar a qualidade da safra. Os grãos crescem dentro de um frutinho chamado "cereja", e o melhor café é colhido quando a cereja está madura e bem vermelha. Mas o grão só é vendido depois de retirado da cereja, lavado e seco. Quando o comprador simplesmente vê os grãos de café, não pode saber se foram colhidos de cerejas maduras (vermelhas) ou de imaturas (verdes). Antes do sistema de classificação, os cafeicultores eram tentados a colher toda a encosta de uma colina de uma vez, juntando grãos vermelhos e verdes, maduros ou não. Mas, como agora há degustadores capazes de notar a diferença, é mais sensato colher apenas as cerejas vermelhas e voltar mais tarde para colher as restantes, quando estiverem maduras. Como os degustadores percebem a diferença, o mercado recompensa esses cuidados com uma classificação superior e um preço mais elevado. O resultado final é que os compradores estrangeiros podem agora adquirir café etíope em grão, em grandes quantidades, à distância, sem precisar prová-lo no local; e podem comprar de vários vendedores, sem se preocupar com sua reputação. Assim, quando você saboreia seu café, está se beneficiando de um desenho bastante recente no mercado de um antigo produto agrícola, que nem sempre foi tão padronizado nem tão bom como é hoje.

Dito isso, o café não chega até você necessariamente de forma anônima, mesmo que não se saiba quem cultivou os grãos. Você pode sair para tomar um café na Starbucks ou num estabelecimento local, mas em ambos os casos sabe bastante sobre o vendedor. Pode ter escolhido o lugar pela conveniência, pelos outros produtos vendidos ali, ou mesmo pelos desenhos que o barista faz na espuma do cappuccino. Se você é um frequentador assíduo, esse vendedor também pode saber algumas coisas sobre você, e começa a preparar "o de sempre" quando o vê que entrar.

As cafeterias se esforçam muito para diferenciar seus produtos, de modo que os clientes queiram voltar com frequência. Claro que, se estiver numa cidade desconhecida, você pode procurar uma grande rede como a Starbucks justamente por causa da padronização dos cafés que vende, caso não tenha podido localizar um lugar mais interessante que poderia servi-lo melhor.

Observe a tensão entre a comoditização e a diferenciação do produto — isto é, entre querer vender num mercado denso para muitos compradores, mesmo que eles não se importem em saber quem você é, e tentar tornar seu produto tão especial que muitos compradores vão se importar com isso e procurar você especificamente. Os vendedores gostam de negociar num mercado denso de compradores, mas não gostam de poder ser trocados por outros vendedores. Marcas líderes gigantes como Apple e Microsoft vendem produtos que podem ser considerados commodities, e você não se importa em saber qual iPhone, em especial, ou qual versão do Microsoft Office comprou; mas são diferenciados o suficiente para que você não possa comprar o mesmo tipo de celular ou o mesmo software de nenhum outro fabricante. Parte do sucesso da Apple é que ela vende uma marca exclusiva de laptops, enquanto os PCs pioneiros lançados pela IBM se tornaram uma commodity que também pode ser vendida por outras empresas. Isso abriu a porta para o quase monopólio da Microsoft sobre o sistema operacional que roda nos PCs, já que a multiplicação desses computadores criou um mercado muito grande e muito denso para o software na plataforma PC.

Da mesma forma, há uma tensão entre os mercados de commodities e os mercados de matching. Você se preocupa em saber quem faz o seu café, mas o estabelecimento vende para todos que chegarem. Isto é, no mercado da xícara de café, o lugar tem que ser escolhido e você escolhe — e se importa em saber quem deve escolher. Assim, a distinção entre mercados de commodities perfeitamente anônimos e mercados de matching com relacionamentos específicos não é tão nítida. Pelo contrário, existem mercados em vários pontos do espectro, desde puramente commodity até puramente matching. Quando vou comprar pão de fôrma no supermercado, não conheço o padeiro, mas posso reconhecer que ele vem da marca que prefiro, já que traz esse nome impresso no pacote, junto com a informação de que ela vem fazendo pães, alegremente, desde 1984.

Os compradores têm um pouco da mesma ambivalência dos vendedores: gostamos do fato de que alguns produtos são commodities que podemos comprar sem inspecionar, mas também gostamos de variedade e procuramos uma qualidade excepcionalmente alta e difícil de padronizar. Às vezes, nas manhãs de domingo, vou com minha esposa tomar café da manhã numa feira de rua — um formato antigo que continua atraindo os agitados moradores da cidade. É um bom lugar para fazer compras, inclusive porque sabemos que os produtos são frescos num mercado que só abre um dia por semana. Podemos ter certeza de que chegaram à feira naquele mesmo dia, e não ficaram definhando no depósito de um supermercado antes de ir para a prateleira.

Além disso, os feirantes são, em geral, gente local. E como normalmente são eles próprios, ou sua família, que atendem nas barracas, pode-se facilmente descobrir algo sobre eles. O resultado é mais parecido com um mercado de matching do que quando se vai a um hortifrúti, embora este esteja aberto todos os dias, o que o torna mais conveniente.

O hortifrúti pode abrir todos os dias, mas não fica aberto o tempo todo, porque é caro manter uma loja aberta quando há poucos compradores em perspectiva. Mas, quer você compre na feira livre ou no hortifrúti, é preciso ir até lá. A internet, no entanto, está mudando tudo isso ao tornar os mercados mais onipresentes.

Mercados no ar... e em toda parte

Hoje, com um smartphone e um cartão de crédito se pode comprar uma passagem de avião, reservar um hotel, pedir comida em casa ou adquirir um par de sapatos. Na internet, pode-se comprar de milhões de vendedores — e se você acessar, pelo celular ou pelo computador, um grande varejista da internet como a Amazon, pode encher seu carrinho virtual com itens vindos de diversos vendedores e comprá-los em uma única transação. É também por isso que os mercados de internet são tão fáceis de usar e tão bem-sucedidos. Quando meu relógio quebra, posso entrar na Amazon e comprar um novo. Mas também posso comprar um espelhinho para minha bicicleta e um livro, e em seguida pagar por todos esses produtos, juntos, com cartão de crédito e pedir para entregá-los em casa. Para mim, parece que é uma única transação, embora eu tenha comprado cada objeto de um vendedor diferente que usa o serviço de mercado da Amazon.

Ao atrair tantos clientes e comerciantes, a Amazon criou um mercado denso, com muitos participantes prontos para fazer muitos tipos diferentes de transações. E a densidade do seu mercado — ou seja, a disponibilidade imediata de tantos compradores e vendedores — reforça a si mesma. Mais vendedores serão atraídos por todos esses potenciais compradores, e mais compradores irão a esse mercado devido à variedade cada vez maior de vendedores. Assim, a Amazon me permite comprar facilmente muitas coisas diferentes no mesmo lugar, e meu celular permite que esse lugar seja onde quer que eu me encontre.

O smartphone é um mercado central não só para as mercadorias da Amazon, mas também para os aplicativos, ou simplesmente apps, que ampliam o que ele pode fazer. É por isso que seu celular funciona, quase com certeza, com um dos dois sistemas operacionais mais populares, o iOS da Apple ou o Android do Google. As pessoas querem celulares com uma longa lista de aplicativos para escolher, e sabem que mais tarde vão querer outros aplicativos que ainda nem foram inventados. Ao mesmo tempo, um desenvolvedor de software que cria um aplicativo deseja vendê-lo num mercado com muitos possíveis compradores, para que tenha a chance de ser um grande sucesso.

Os compradores de celulares e os desenvolvedores de aplicativos desejam se encontrar num mercado denso — ou seja, que tem muitas possibilidades do *outro* lado do mercado. É por isso que os desenvolvedores independentes criam primeiro aplicativos para celulares com muitos usuários, e os compradores procuram celulares que já contam com uma abundância de aplicativos. O sistema operacional do seu celular é a chave para o mercado, já que cada aplicativo tem que ser criado de modo a ser compatível com determinado sistema operacional.

Tanto a Apple como o Google lançaram seus sistemas operacionais exclusivos com uma infinidade de aplicativos já disponíveis, para que os clientes sejam atraídos imediatamente por essa densidade. No entanto, a Apple e o Google escolheram outras opções, notavelmente diferentes, ao desenhar seus mercados. A Apple escolheu um sistema operacional "fechado", que lhe permitia controlar quais aplicativos poderiam ser vendidos para os usuários do iPhone. O Google, que entrou no jogo mais tarde, optou por um sistema "aberto", divulgando o código de programação de modo que qualquer desenvolvedor possa criar aplicativos para ele. Essas opções refletem decisões estratégicas também opostas, tomadas pela Apple e pela Microsoft no alvorecer da era do computador pessoal. Qualquer um poderia criar softwares para a plataforma PC, mas só a Apple (ou os desenvolvedores aprovados por ela) poderia criar softwares para o Macintosh. Essas decisões permitiram que o mercado de softwares para PC ganhasse densidade muito mais depressa do que o mercado de softwares para Mac. Mas a decisão da Apple de manter tanto seu hardware como seu software num esquema patenteado exclusivo acabou lhe rendendo enormes lucros.

Tal como acontece com outros tipos de mercados, os sistemas operacionais populares logo se tornam cada vez mais populares, ao atrair novos compradores e também novos vendedores. Com o tempo, eles se tornam, na prática, os padrões do setor — ou seja, estabelecem um mercado em que os produtos (aplicativos novos) podem ser vendidos. Quando isso acontece, eles podem, pelo menos por um tempo, dominar seus mercados tão completamente que os sistemas operacionais concorrentes não conseguem atrair usuários e desenvolvedores suficientes, tornando-se nada mais que ofertas de nicho.

É exatamente isso que aconteceu no mercado de smartphones. Os dois sistemas operacionais mais populares, ios e Android, capturaram uma parte tão grande do mercado que passaram a perpetuar a si mesmos. E, nesse processo, tiraram da competição outros sistemas operacionais para telefonia de internet, antes populares, como o BlackBerry. Este, por sua vez, havia substituído os telefones que não tinham internet e os assistentes digitais que não eram telefones, como o PalmPilot.

Observe como os mercados interagem. A Amazon não podia se tornar o mercado que ela é sem a internet, a qual não poderia se tornar um mercado sem que existissem primeiro os computadores, e depois os smartphones. E os smartphones não poderiam se tornar um mercado sem uma forma de pagar pelas compras com o celular. Na feira livre e no supermercado, qualquer pessoa pode pagar em dinheiro, se quiser. Na internet, é conveniente pagar com cartão de crédito. E o cartão de crédito também é um mercado, razão pela qual há uma boa chance de que você possua uma das grandes bandeiras: Visa, MasterCard ou American Express. Tanto os consumidores que usam cartão de crédito como os comerciantes que os aceitam estão à procura de um mercado denso, com muitos participantes do outro lado.

Tenho idade suficiente para me lembrar do tempo em que as pessoas costumavam pagar com dinheiro ou cheque. Era difícil pagar com cheque se você estivesse em outra cidade, pois os comerciantes não queriam assumir o risco de ficar sem o dinheiro se ele voltasse.

Mas se você fosse cliente de um restaurante local, o dono em geral aceitaria seu cheque de bom grado.

Os cartões de crédito trouxeram segurança aos comerciantes,[2] mas isso tem um custo, que são as taxas por transação. A maioria dos comerciantes estava disposta a pagá-las porque aceitar cartões traz clientes que do contrário não comprariam, e também porque o cartão torna seguro para eles aceitar pagamentos sem dinheiro vivo de pessoas que não conhecem bem, já que o banco garante o pagamento, como uma forma de seguro.

Demorou um pouco para os mercados facilitados pelo cartão de crédito se tornarem densos, concentrando-se em alguns cartões principais, mas não surpreende que isso tenha acontecido. Imagine como os cartões seriam menos úteis se os mercados tivessem se movido na outra direção e cada loja usasse um diferente. No início, algumas pessoas levavam na carteira diversos cartões de crédito ou débito, e várias empresas aceitavam apenas alguns deles. Isso às vezes criava problemas quando a conta era entregue no restaurante. Assim, os cartões mais populares se tornaram os mais úteis para se utilizar e aceitar, já que davam acesso aos mercados mais densos — ou seja, de um lado, à maior parte de lojas e restaurantes e, do outro, à maioria dos consumidores de bens e serviços. No final dos anos 1960 já havia começado uma reorganização do setor. Vários cartões famosos — em especial o Diners Club, que foi o primeiro a disseminar — foram desaparecendo.

Um dos fatores para o bom funcionamento dos cartões de crédito é que eles simplificam as transações, tanto para os compradores como para os vendedores. A concentração em apenas alguns cartões simplifica ainda mais as coisas de ambos os lados do mercado. Assim, desde essa grande reorganização não surgiu nenhum novo cartão para concorrer com os maiores; a barreira à entrada no mercado ficou muito mais forte. Dito isso, nos últimos anos a revolução da internet abriu as portas a concorrentes vindos de direções inteiramente novas — incluindo novos tipos de serviços de pagamento, tais como PayPal; uma rede internacional de caixas automáticas concorrendo com os velhos recursos, como os cheques de viagem; e talvez até mesmo novos tipos de "dinheiro virtual", como Bitcoin. No momento em que escrevo, em 2014, a Apple anunciou um novo sistema de pagamentos para os iPhones mais recentes, e podemos esperar que esses novos sistemas de pagamento por celular vão se generalizar.

O banco que trata das operações da Amazon, ou o que gerencia a conta de um restaurante, normalmente não é o mesmo que emitiu o cartão de crédito do cliente e aceita seu pagamento. Ou seja, também nos bastidores existe um mercado interbancário, pelo qual os pagamentos fluem. Ele alivia o congestionamento que poderia resultar se uma empresa tivesse que lidar com numerosas transações de valores relativamente pequenos, da mesma maneira que a Amazon alivia o congestionamento que ocorreria fazendo várias compras pequenas de diversos vendedores. Esse mercado interbancário permite que cada vendedor lide com apenas um banco, da mesma forma como o extrato mensal do cartão de crédito permite ao cliente fazer um pagamento único para saldar sua conta com diversos comerciantes. O cartão de crédito também atua como credor. (Isso é o que distingue os cartões de crédito dos cartões de débito, que oferecem apenas a facilidade de comprar sem dinheiro vivo.) O cartão dá ao portador acesso ao mercado de crédito, de modo que sempre que você quiser comprar algo pode pedir dinheiro emprestado — embora normalmente a juros exorbitantes — simplesmente não pagando o valor total devido quando a fatura chegar. O banco que emitiu seu cartão de crédito consegue cobrar juros tão altos porque, uma vez que você já fez a compra, ele não enfrenta muita concorrência para lhe oferecer crédito fácil. Na verdade, você até pode ter escolhido esse cartão porque ele lhe dá milhas. Muitas pessoas que fazem isso não prestam muita atenção à taxa de juros, porque planejam pagar suas contas na íntegra. Só que raramente trocam de cartão;[3] portanto, não há muita pressão sobre os bancos para baixar as taxas. Espero que você não pegue dinheiro emprestado do cartão de crédito com muita frequência: é um mau negócio — do tipo que você já deve ter sido convidado a fazer quando o outro lado do mercado não é denso.

Em mercados mais densos, nos quais os clientes têm alternativas, é mais difícil para um vendedor oferecer impunemente esses maus negócios. Em dado momento os comerciantes tentaram repassar aos consumidores o custo das compras com cartão, cobrando extra por seu uso em vez de dinheiro. A tentativa não deu certo, em parte porque os clientes não gostaram da taxa extra e podiam simplesmente comprar em outros lugares. Os casos em que os consumidores rejeitam ofertas que consideram injustas são mais comuns do que se imagina, surpreendendo até mesmo gigantes do marketing. Em 1999, por exemplo, a Coca-Cola testou máquinas de venda que podiam aumentar os preços, automaticamente, quando a temperatura ambiente subisse. A reação negativa foi rápida — e a empresa também foi rápida em abandonar a ideia. Vemos assim que as pessoas comuns que julgam certas transações especialmente desagradáveis têm voz ativa quando podem comprar em outro lugar, ou simplesmente não comprar — e isso desempenha um papel na formação dos mercados.

Aliás, o fato de que a maioria das compras custa o mesmo, quer sejam pagas com cartão de crédito ou em dinheiro, abre as portas para uma competição entre os cartões que parece atraente, mas talvez não seja. Muitos cartões concorrem oferecendo aos consumidores coisas como "dinheiro de volta" ou outros benefícios que podem parecer uma economia. Essas restituições provêm das taxas que as empresas de cartão cobram dos comerciantes, e se refletem nos preços que estes cobram dos clientes. Assim, quando dois clientes estão na fila do caixa com compras idênticas e um deles paga com cartão e outro com dinheiro, o que paga em dinheiro está pagando pelo desconto que o cliente com cartão está recebendo. Ou seja, à medida que mais clientes são atraídos pelas maiores devoluções de dinheiro e os cartões competem por clientes, elevando esses subornos, os comerciantes pagam maiores taxas de cartão e reagem aumentando os preços. Um desconto a partir de um preço mais alto não é um desconto tão bom assim, em especial para quem está pagando em dinheiro. Dito de outra maneira, nós pagamos um custo pela conveniência de usar um intermediário; e isso ocorre, em parte, porque os intermediários[4] — no caso as empresas de cartão — competem pelas nossas compras de uma forma que acaba anulando a concorrência de preço entre os comerciantes. É importante lembrar: a concorrência pode assumir muitas formas, e nem sempre é fácil ver quem ganha e quem perde.

Cada um desses mercados onipresentes conseguiu uma maneira de se tornar denso, não congestionado, seguro e *simples de usar*. No entanto, fazer com que um mercado seja simples de usar pode não ser nada *fácil*. Atrás do balcão único da Amazon, por exemplo, existem serviços como armazenamento, transporte, servidores de internet de alta velocidade e formas seguras de pagamento, envolvendo criptografia e arquivamento dos números de cartão de crédito, de modo que os clientes fiéis não precisem ter o trabalho de digitar toda vez que voltam para fazer compras.

A simplicidade é uma ferramenta competitiva que pode permitir que novas plataformas de mercado tomem o lugar das antigas. Os cartões de crédito substituíram os cheques, e ainda veremos se os sistemas de pagamento por celular vão substituir os cartões de crédito. Se isso acontecer, será porque é mais simples usar o celular do que inserir o cartão de crédito numa máquina, ou mais seguro, ou porque é mais fácil para o comerciante aceitar pagamentos dessa maneira. Observe que, quando a concorrência derruba um mercado antes bem-sucedido, muitas vezes é porque o vencedor conseguiu enfraquecer a densidade do sucesso anterior. Se, por exemplo, os pagamentos com celular acabarem sendo mais atraentes para os comerciantes do que os cartões de crédito, o que pode acontecer é que, à medida que o mercado de pagamentos por celular for se tornando mais denso, alguns comerciantes podem deixar de aceitar os cartões de crédito, que envolvem taxas elevadas. Isso, por sua vez, tornaria os cartões menos atraentes para os consumidores, e o abandono destes tornaria os cartões desinteressantes para um número ainda maior de comerciantes. Ou seja, um mercado antes denso começaria a ficar rarefeito.

Nos capítulos seguintes, você começará a ver os mercados sob um foco mais nítido, dando mais atenção aos detalhes do seu funcionamento — isto é, às "regras do jogo".

Vou falar também sobre alguns mercados que ajudei a projetar ou que estudei cuidadosamente. Outros são apenas mercados de que participo, assim como você — tal como o mercado de celulares, cartões de crédito ou cafezinhos.

Quando pensamos em mercados, a maioria das pessoas imagina a Bolsa de Valores, ou uma loja oferecendo produtos aos clientes, ou a crescente demanda por novos smartphones, ou apenas uma feira livre tradicional. Mas, como já vimos, encontramos muitos outros mercados todos os dias, e sem eles nosso mundo seria completamente diferente (e muito menos agradável). Esses mercados incluem não só nossas experiências no supermercado e na loja de celulares, mas também os mercados que envolvem entrar na faculdade, conseguir um emprego, tomar o café da manhã e até mesmo conseguir um transplante de rim.

Uma coisa que veremos é que a "mágica" do mercado não acontece por mágica nenhuma: muitos mercados não funcionam bem por terem sido mal projetados. Não conseguem se tornar densos e seguros, nem dar conta do congestionamento; e existe uma oportunidade de ajudá-los a funcionar melhor. Às vezes surge uma oportunidade de construir um mercado a partir do zero, de servir a um mercado totalmente novo, de facilitar outro tipo de troca. Veremos isso no próximo capítulo, no qual falo sobre a troca de rins.

CAPÍTULO 3

Trocas que salvam vidas

O dr. Michael Rees estava cansado de ver seus pacientes sofrerem e morrerem.

Com muita frequência era isso que acontecia quando dizia a alguém com insuficiência renal que era preciso esperar até que surgisse um rim compatível de alguém que tivesse morrido. O que tornava essa conversa ainda mais difícil era que muitos pacientes chegavam cheios de esperança. Já tinham encontrado alguém — um membro da família, um amigo próximo, por vezes apenas um conhecido — disposto a lhes doar um rim (o doador, como qualquer pessoa saudável, pode viver com apenas um dos seus dois rins). Uma doação de um conhecido pode salvar um paciente e poupá-lo da exaustão da diálise. Mas não basta haver alguém disposto a isso. Os tipos sanguíneos têm de ser compatíveis e o sistema imunológico do paciente não pode rejeitar de imediato o novo rim. Inúmeras vezes, o dr. Rees fez testes no Centro Médico da Universidade de Toledo, no estado de Ohio, e precisou dar a má notícia aos pacientes: nenhum dos possíveis doadores era compatível. Ele odiava essa conversa. Havia estudado medicina para curar as pessoas, não para mandá-las ficar numa fila às portas da morte, esperando que algum infeliz com rins saudáveis morresse.

Foi então que, no início de 2000, o dr. Rees ouviu falar de uma "troca" de rins realizada no Hospital Rhode Island. A equipe de transplantes, chefiada por Anthony Monaco e Paul Morrissey, tinha encontrado dois pares incompatíveis de paciente-doador, e notou que o rim de cada doador daria certo no outro paciente. Com a permissão dos pacientes e dos doadores, os médicos fizeram a troca.

Imaginando que talvez pudesse ajudar seus pacientes com trocas semelhantes, o dr. Rees levou para casa duas caixas de prontuários de pacientes e doadores. Depois de colocar as crianças para dormir, sentou-se à mesa da cozinha e passou quatro horas debruçado sobre as fichas, observando as incompatibilidades de sangue e de tecido de cada paciente. Logo a mesa estava coberta pela papelada. Um por um, ele comparava o prontuário dos pacientes com os prontuários dos doadores. "Na verdade, eu não tinha uma estratégia", lembra ele. "Fiquei acordado a noite toda até que encontrei dois pares que poderiam ser cruzados."

Devido aos avanços em drogas imunossupressoras, que reduzem a chance de rejeição do órgão doado, o paciente pode receber um rim de alguém que não é seu gêmeo idêntico ou mesmo um parente consanguíneo. Mas encontrar um doador compatível é mais difícil do que apenas encontrar o tipo sanguíneo necessário. Por exemplo, o fato de que minha esposa e eu somos pais reduz a probabilidade de que ela possa aceitar um dos meus rins. Durante os partos ela pode ter sido exposta a algumas das minhas proteínas, herdadas pelos nossos filhos, e seu sistema imunológico pode ter criado anticorpos contra elas.

Foi o que aconteceu em uma das trocas renais do dr. Rees. De início parecia que ela ia dar certo, pois os tipos sanguíneos dos pacientes e dos doadores eram compatíveis; no entanto, um dos pacientes tinha anticorpos contra algumas proteínas renais do doador proposto. Como esse transplante não daria certo, a troca não poderia ser feita.

A primeira tentativa do dr. Rees tinha falhado, mas ele percebeu que a doação renal cruzada era possível. O que ele precisava era de um banco de dados maior com pares de pacientes e doadores, aumentando assim as chances de que desse certo, e de um software capaz de avaliar as possíveis combinações. De posse desses dois fatores, o dr. Rees estava certo de que conseguiria encontrar correspondências.

Pode parecer que rins e cadáveres são um assunto estranho em uma explanação sobre mercados. Mas a história da criação do intercâmbio de rins (na qual tive um papel importante) afeta quase todos os assuntos que vou apresentar nos próximos capítulos, sobre como o desenho de mercado tem que resolver problemas relacionados a incentivos, densidade, congestionamento e rapidez, e como certas transações podem ser consideradas repugnantes pela maioria das pessoas. Ao descrever como foi criado o mercado de troca de rins, estarei apresentando os principais temas deste livro.

Outra coisa importante: note que algo tão íntimo, pessoal e, francamente, perturbador como a troca de rins humanos pode não só ser organizado como mercado, mas também melhorado nesse processo, tornando-se mais justo e eficiente. Esse fato ressalta a primeira coisa que espero que você comece a notar ao seu redor: *existem mercados que operam de diversas formas, incluindo algumas que não se encaixam nas noções convencionais de mercado e outras em que o dinheiro desempenha um papel pequeno ou nulo.*

Vamos então voltar para as esperanças do dr. Michael Rees em relação às trocas renais e usá-las como uma introdução ao desenho de mercado.

Quando vemos uma longa fila de gente esperando para comprar algum bem escasso, logo suspeitamos que a procura excede a oferta. Se soubermos algo de economia, também podemos concluir que esse desequilíbrio está ocorrendo porque o preço é muito baixo visando gerar mais oferta.

Enquanto escrevo, mais de 100 mil pessoas estão à espera de um transplante renal nos Estados Unidos. E o preço de um rim é zero, já que é ilegal comprar ou vender rins para transplante no país, como na maior parte do mundo. É claro que muito dinheiro precisa ser gasto em hospitais e com médicos e medicamentos antes que se possa realizar um transplante. Mas, por lei, o rim em si deve ser doado.

Assim sendo, os rins precisam ser trocados sem que dinheiro mude de mãos, numa espécie de permuta.

No final dos anos 1800, o economista William Stanley Jevons observou que a invenção do dinheiro foi uma boa solução de desenho de mercado, superando uma grande limitação da permuta: a necessidade de encontrar alguém que tenha aquilo que você quer e que também queira aquilo que você tem. O dinheiro facilita encontrar essa "dupla coincidência": com ele, basta encontrar alguém oferecendo aquilo que você quer. Você pode então simplesmente comprar o que deseja dessa pessoa.

A dificuldade que o dr. Rees encontrou quando tentou organizar sua primeira troca foi exatamente a que Jevons observou: uma troca não pode acontecer sem uma dupla coincidência. A questão então passou a ser: como projetar uma câmara de compensação para as trocas renais que funcione como um mercado eficiente, mas sem usar dinheiro?

Ciclos de trocas

Eu tinha acabado de fazer meu doutorado em teoria dos jogos quando cheguei à Universidade de Illinois, em 1974. Também tinha feito doutorado em pesquisa de operações na Universidade Stanford, na Califórnia. No início dos meus estudos, aprendi que a maioria das ferramentas matemáticas disponíveis para organizar operações focava nas coisas, e não nas pessoas. As aplicações de otimização matemática desenvolvidas para organizar fábricas, armazéns, horários de trens, aviões etc. não levavam em conta que pessoas diferentes podem ter objetivos diferentes, os quais têm que ser acomodados. A exceção era o campo recém-criado da teoria dos jogos — o estudo das interações estratégicas.

Fui atraído por essa teoria porque me interessava saber de que modo as pessoas fazem escolhas e se organizam. Os teóricos dos jogos tentam se colocar no lugar dos participantes do mercado para compreender como poderiam usar as estratégias que têm à sua disposição.

Nesse mesmo ano, dois veteranos da teoria dos jogos, Lloyd Shapley e Herb Scarf,[1] publicaram um artigo no primeiro número do *Journal of Mathematical Economics* em que apresentavam uma experiência de raciocínio: *como podem as pessoas trocar bens indivisíveis, se cada uma precisa de apenas um, possui um só para trocar e não pode usar dinheiro?* Embora Shapley e Scarf não tivessem em mente nenhum mercado específico, chamaram esses bens de "casas". Como ficará claro para você — tal como ficou claro para mim —, as pessoas nessa experiência de raciocínio também podiam muito bem ser pares de paciente-doador incompatíveis, com cada par necessitando de um rim e possuindo um rim para dar em troca.

Mas eu estava longe de pensar sobre trocas renais em 1974. Embora uma experiência de raciocínio como essa possa, com o tempo, se transformar numa ferramenta prática, ela começa a vida como um brinquedo. Assim como as crianças se preparam para ser adultos por meio de brincadeiras, um modelo matemático abstrato permite que os economistas brinquem com as possibilidades de uma maneira simplificada, sem complicações. Shapley e Scarf tinham proposto um novo brinquedo capaz de explorar um sistema de trocas num caso difícil, em que não se podia usar dinheiro e as trocas tinham de ser de um para um, já que cada pessoa tinha um item indivisível para trocar — isto é, não se podia trocar algo por apenas uma parte de outra coisa.

Tais negociações podem ocorrer em *ciclos*. O tipo mais simples de troca seria um ciclo com dois sentidos, entre dois pares doador-paciente em que cada doador fosse compatível com o paciente do outro par. Um ciclo maior, entre três pares, realizaria mais um transplante: o doador do primeiro par doaria um rim para o paciente do segundo par; o doador deste doaria um rim para o terceiro par, e o doador deste doaria um rim para o primeiro par, fechando assim o ciclo.

Shapley e Scarf mostraram que, para quaisquer preferências dos pacientes e seus médicos em relação aos rins, sempre há uma maneira de encontrar um conjunto de doações cíclicas, que chamaram de Ciclos de Trocas Prioritárias (Top Trading Cycles, TTC). Esses ciclos têm a seguinte propriedade: nenhum grupo de pacientes e doadores poderia procurar por conta própria e encontrar outro ciclo de trocas que preferisse. Organizar as trocas dessa maneira ajudaria a tornar mais seguro para os médicos inscrever seus pacientes num mercado assim, já que os pacientes não poderiam obter um resultado melhor trocando entre si de maneira diferente.

Brincando com esse modelo, passei a considerá-lo a possível arquitetura para uma câmara de compensação centralizada, capaz de ajudar os participantes a superar os obstáculos à permuta. Mas, para que ela pudesse encontrar o conjunto de trocas mais desejável, precisaria ter acesso às necessidades e preferências dos pacientes; portanto, a participação teria que ser segura também nesse aspecto.

As preferências são, de modo geral, informações privadas, mas para que uma câmara de compensação possa funcionar as pessoas têm que revelá-las. No entanto, um paciente e seu médico podem temer que, se revelarem demais, a câmara pode usar isso para lhes doar um rim menos desejável, já que se mostraram dispostos a aceitá-lo, mesmo que o órgão preferido também estivesse disponível. Outro temor seria que, tentando dar ao paciente seu resultado preferido, ele perderia a chance de obter um que seria quase tão bom como aquele, pois não era sua primeira opção. Em 1982, porém, consegui demonstrar que os Ciclos de Trocas Prioritárias possibilitam organizar uma câmara de compensação de forma a garantir a privacidade dos pacientes e seus médicos.[2] Estes poderiam, assim, revelar as informações com total sinceridade, em segurança.

Também em 1982, comecei a lecionar na Universidade de Pittsburgh, cujo centro de transplante de órgãos era o mais ativo do país. Seu diretor, Thomas Starzl, que havia realizado o primeiro transplante de fígado bem-sucedido, era uma espécie de herói. Eu costumava vê-lo cercado por cirurgiões mais jovens num café perto do campus. Com isso, os transplantes se tornaram o principal assunto na minha mente. Ao ministrar aulas sobre o comércio de bens indivisíveis sem utilização de dinheiro, comecei a usar os rins como exemplo do item a ser trocado, em vez das "casas" de Shapley e Scarf.

Rins eram um exemplo melhor do que as casas, porque na vida real elas são trocadas por dinheiro, mas é contra a lei comprar ou vender órgãos. Mesmo que os alunos estejam dispostos a tolerar uma aula com modelos "de brincadeira", eles ficam mais felizes quando veem que podem ter aplicação prática. E, embora eu acredite firmemente no valor dos modelos abstratos, também fico mais feliz quando posso ver possíveis resultados do meu trabalho.

Em 1998, passei para a Universidade Harvard. Pouco depois, em 2000, ocorreu a primeira doação renal cruzada nos Estados Unidos. Ao mesmo tempo, os progressos em outra área tinham preparado o terreno para minhas reflexões posteriores sobre o assunto. Dois economistas turcos, Atila Abdulkadiroğlu e Tayfun Sönmez, vinham examinando o problema da alocação de quartos nos dormitórios universitários — no qual o dinheiro tampouco desempenha um papel.

A alocação dos quartos nas residências universitárias tem mais em comum com as trocas de órgãos do que se poderia imaginar. Alguns alunos, calouros, precisam de um quarto. Por outro lado, há quartos disponíveis, que foram desocupados pelos formandos. Também há quartos com um ocupante interessado em mudar para outro quarto que ele prefere. Agora compare isso à questão dos rins: os pacientes com doadores incompatíveis são como ocupantes que gostariam de trocar de quarto. Os pacientes sem um doador vivo são como os calouros ainda sem quarto para morar. E os rins de doadores falecidos são como os quartos que foram desocupados pelos formandos.

Em 2002, um ex-orientando de doutorado meu em Pittsburgh, um rapaz turco chamado Utku Unver, veio da Universidade Koç, em Istambul, para estudar em Harvard com uma bolsa de pesquisa. Sugeri que déssemos uma palestra sobre as trocas renais para meu curso de desenho de mercado. Divulgamos nossas anotações na internet, e Tayfun, que foi colega de Utku da Universidade Koç, as leu e se ofereceu para colaborar conosco na elaboração de um sistema prático de trocas renais.

A colaboração foi intensa e cansativa, mas também nos rendeu muitas alegrias. A diferença de sete horas entre Istambul e Boston nos dava a sensação de que estávamos trabalhando o dia todo. Quando terminamos, havíamos elaborado um algoritmo para a troca de rins entre pares de paciente-doador. Além disso, o algoritmo permitia integrar essas trocas com "doadores não dirigidos", tais como doadores falecidos e um número crescente de doadores vivos, pessoas que se ofereciam para doar um rim a alguém necessitado sem estar emparelhadas a um destinatário específico.

Uma troca que começa com um doador não direcionado é uma *corrente*, e não um ciclo, já que não precisa voltar para o início: o doador não direcionado é uma pessoa altruísta que chega sem a intenção de doar para determinado paciente: está pronta para doar um rim sem receber outro em troca. No passado, as doações não direcionadas, de falecidos e outros, sempre se dirigiam ao primeiro nome na lista de espera. Agora, porém, as trocas renais possibilitam que uma doação não direcionada desencadeie mais transplantes, pois a corrente poderia começar com o doador não direcionado, incluir alguns pares de paciente-doador e terminar com uma doação para alguém na lista de espera. Nosso algoritmo encontrava os Ciclos de Trocas Prioritárias entre os pares paciente-doador e também as correntes que iniciavam com um doador não direcionado, de uma forma que tornava seguro para os pacientes e seus cirurgiões participarem. Agora, só faltava transformar a teoria em prática e convencer os cirurgiões de que podíamos ajudá-los. Isso não foi tão fácil. Os médicos não costumam considerar os economistas seus colegas.

Publicamos nosso artigo na internet[3] e enviamos cópias para cirurgiões renais de todo o país. De início apenas um médico respondeu: Frank Delmonico, professor de cirurgia de Harvard e diretor médico do Banco de Órgãos da Nova Inglaterra. Comecei então a conversar com ele sobre a logística de organizar trocas entre muitos pares paciente-doador.

Delmonico começou observando que esses grandes ciclos e correntes que estávamos propondo seriam complexos demais; ele julgava que a troca renal não seria prática com mais de dois pares de cada vez — pelo menos naquele momento. Como o transplante e a nefrectomia (retirada do rim) têm que ser feitos ao mesmo tempo (mais adiante darei detalhes a respeito), até mesmo uma troca com apenas dois pares exigiria quatro salas de cirurgia e quatro equipes cirúrgicas. Delmonico temia que um esquema maior exigisse uma logística complicada demais.

Assim, arregaçamos as mangas novamente e elaboramos outro algoritmo. Demos muita atenção ao fato de que os pacientes e os doadores não podem simplesmente receber ordens, como os trens de carga, de dirigir-se para certo lugar. E o algoritmo também tinha que garantir a segurança dos pacientes e seus cirurgiões ao revelar todas as informações necessárias. Muitas dessas informações, porém, não estão disponíveis automaticamente — têm que ser apresentadas de maneira voluntária.

Por exemplo, um algoritmo bem elaborado obteria as informações sobre quantos doadores cada paciente tem para apresentar. Suponha que um paciente tenha dois doadores possíveis: a esposa e o irmão. O algoritmo provavelmente encontraria mais combinações possíveis se o paciente se inscrevesse no programa com ambos os doadores, mesmo que apenas um precisasse doar. Ter dois doadores aumenta a possibilidade de conseguir uma combinação com outro par paciente-doador, já que um dos dois pode ser compatível com o outro paciente. (Em comparação, um algoritmo que desse prioridade aos pacientes que têm apenas um doador geraria um desenho de mercado ruim: nesse caso, os pacientes com dois doadores poderiam revelar apenas um, a fim de receber prioridade.) Assim, esse algoritmo tinha que tornar seguro para os pacientes e seus médicos revelarem todo tipo de informações, já que elas são essenciais para se encontrar o melhor conjunto de trocas.

Com o apoio de Frank Delmonico, essa nova proposta conseguiu mais repercussão. A partir desse trabalho surgiu, em 2004, o Programa de Troca de Rins da Nova Inglaterra (New England Program for Kidney Exchange, NEPKE). Sua primeira atividade foi organizar os catorze centros de transplante renal da região para ajudar os pares incompatíveis de paciente-doador a encontrar correspondências.

Um ano ainda se passaria até que o NEPKE pudesse começar a realizar as trocas. Era preciso obter formulários de consentimento dos pacientes e seus doadores para poder montar os bancos de dados. O NEPKE também tinha que contratar pessoal, incluindo sua gerente de programas clínicos, Ruthanne Leishman, enfermeira com mestrado em saúde pública. Ela ia coordenar, meticulosamente, todos os detalhes do intercâmbio de rins — uma tarefa bem complicada.

Tayfun, Utku e eu nos sentimos gratificados ao ver nosso software sendo usado com bons resultados no NEPKE, e também ao ver nossas ideias básicas subjacentes serem adotadas em outros lugares. Mas ficamos frustrados ao ver que só ocorriam trocas de mão dupla, isto é, entre dois pares paciente-doador. Sabíamos que mais pacientes receberiam transplantes se os hospitais tentassem fazer intercâmbios mais amplos. Isso porque alguns pacientes que não se encaixavam em nenhuma troca bilateral poderiam se encaixar em trocas envolvendo mais pares. Sabíamos que isso era possível logisticamente, porque já tinham ocorrido algumas trocas de três vias e até mesmo quatro.

Em 2005,[4] escrevemos um artigo que mostrava que muitas vantagens das trocas mais amplas poderiam ser aproveitadas se os centros de transplantes realizassem, regularmente, trocas entre três pares de paciente-doador, assim como entre apenas dois pares. (Quantos transplantes poderiam ser realizados a mais combinando trocas de duas e três vias, em vez de apenas duas? Isso depende do número total de pacientes no banco de dados e de quantos pares lá contidos são fáceis de combinar.) Mais uma vez, a diferença de fuso horário nos favoreceu, pois Utku havia voltado para a Turquia, enquanto Tayfun estava em Harvard com bolsa de pesquisa. Propusemos uma maneira de organizar as trocas limitando a três ou quatro os pares que poderiam participar de uma. Divulgamos nosso artigo amplamente, e dessa vez nossos colegas do NEPKE se convenceram. Dentro de um ano, o NEPKE e outras redes incorporaram trocas mais amplas nos seus procedimentos operacionais.

Isso pode parecer um tanto abstrato, mas, se relatarmos uma troca real de três vias,[5] o leitor terá uma visão mais clara, e também mais dramática, do processo e seu impacto. Nessa troca, os três pares de paciente-doador eram casais residentes na Nova Inglaterra. Por acaso, um dos doadores também era nefrologista (especialista em doenças renais). Esse doador, o dr. Andy Levey, do Tufts Medical Center, é casado com a dra. Roberta Falke, oncologista.

Vários membros da família de Roberta Falke tinham o mesmo problema que ela: a doença renal policística (DRP), que já havia matado seu pai aos 54 anos. Dois de seus quatro irmãos também a tinham, assim como seu filho adulto. Outro irmão já havia doado um de seus rins para uma das irmãs de Roberta Falke. Vários amigos se ofereceram para doar, mas nenhum era compatível. Levey tampouco era.

Dois outros casais da região também sofriam com essas procuras fúteis: Peter e Susan Scheibe, de Merrimack, New Hampshire, e Hai Nguyen e Vy Yeng, de Revere, Massachusetts. A diabetes, uma culpada frequente da insuficiência renal, estava destruindo os rins de Peter Scheibe e de Hai Nguyen. A esposa de cada um queria doar um órgão, mas não havia compatibilidade. O NEPKE combinou os três pares, mostrando que o rim de Levey daria certo para Peter, o rim de Susan Scheibe daria certo para Nguyen e o rim de Yeng daria certo para Roberta Falke. As doações e os transplantes ocorreram em 15 de dezembro de 2009.

Levey e Falke fizeram suas cirurgias no Tufts Medical Center. O dr. Levey achou comovente a experiência de ficar internado no mesmo hospital onde havia trabalhado durante três décadas. "Eu conhecia a maioria das pessoas que cuidaram de mim", lembra. "Trabalhei com elas a maior parte da minha vida. Foi uma sensação maravilhosa." Outra surpresa veio quatro semanas depois, quando ele voltou ao trabalho. "Meus pacientes acharam aquilo fantástico", diz ele. "Muitos me diziam que tinham orgulho do que eu tinha feito."

A essa altura já havia mais cirurgiões interessados nas nossas ideias. O dr. Mike Rees colaborava com Steve Woodle, cirurgião veterano especializado em transplantes da Universidade de Cincinnati, que tinha recebido, ele próprio, um transplante de fígado em 2003, depois que o seu fora destruído pelo câncer. Os dois médicos já tinham começado a utilizar um software para identificar pares compatíveis — aliás, uma versão inicial do algoritmo foi escrita pelo pai de Mike Rees. Pediram então ajuda a mim, a Tayfun e a Utku para adaptar nossos algoritmos para o sistema deles. O objetivo era descobrir como organizar as trocas de modo a gerar o maior número possível de transplantes, respeitando os critérios que adotavam.

No ano seguinte, em janeiro de 2006, o dr. Steve Woodle me pediu para dar uma palestra sobre trocas renais na Escola de Medicina da Universidade de Cincinnati. Uma troca renal de duas vias que nosso software tinha identificado estava marcada para aquele mesmo dia, e o dr. Woodle me convidou para acompanhar. Um par de cirurgias ia se realizar no seu hospital, e o outro, no hospital do dr. Rees em Toledo.

Naquela manhã, o dr. Woodle me pegou de carro e fomos até o Centro Médico da Universidade de Cincinnati. Trocamos de roupa, colocando as vestimentas cirúrgicas. Os preparativos já estavam sendo feitos nas duas salas de operação adjacentes. Simultaneamente, os mesmos preparativos estavam em curso em Toledo. De tanto em tanto, o dr. Woodle ligava para saber notícias de Toledo. Seu último telefonema confirmou que as quatro pessoas — os dois doadores e os dois receptores — estavam totalmente anestesiadas, com as incisões iniciais já feitas. Todas estavam prontas; ninguém havia tido dificuldades com a anestesia. As duas nefrectomias receberam sinal verde.

A cirurgia a que assisti, feita no doador, foi uma "nefrectomia laparoscópica com assistência manual". Esse procedimento possibilita ao doador uma recuperação mais rápida do que a cirurgia antiga, em que o rim era removido por uma incisão muito maior. O cirurgião trabalhou através de duas pequenas incisões. Por uma delas inseriu uma câmera e uma luz, que projetaram uma imagem numa tela para que pudesse ver o que estava fazendo, o que também permitia que acompanhássemos o procedimento. Através da outra incisão, inseriu um instrumento parecido com uma tesourinha presa à ponta de uma agulha de tricô. A tela mostrava não só os instrumentos e os órgãos do paciente, como também a mão enluvada de um cirurgião assistente, inserida em uma incisão maior. Os dois médicos trabalhavam em conjunto, com a mão atendendo às solicitações de tensionar certos tecidos para que fossem cortados e cauterizados. E, tal como um coelho puxado da cartola do mágico, o rim saiu do corpo, na mão do segundo cirurgião, e foi colocado de imediato numa cuba de aço gelada.

A cuba foi rapidamente levada para a sala de cirurgia adjacente, onde o paciente estava à espera. Mas, antes do transplante, o rim tinha que ser preparado. Os desenhos nos livros de anatomia mostram o sangue entrando no rim pela artéria renal e saindo pela veia renal. Na realidade, há muitas veias menores que se ramificam a partir da grande veia central, e elas também têm que ser localizadas e suturadas. O dr. Woodle e seu colega, o cirurgião Rino Munda, fizeram isso em dupla, encontrando e suturando rapidamente os numerosos vasos sanguíneos. A habilidade dos dois me fez lembrar pescadores preparando suas iscas.

Eu tinha decidido não comer nada no café da manhã, temendo que as cenas e os odores da sala de operações me deixassem nauseado, mas não foi isso que aconteceu. Fiquei tão fascinado que não senti nenhum enjoo. Enquanto trabalhavam, o dr. Woodle e o dr. Munda estavam tão relaxados que tiveram tempo para ir comentando o procedimento comigo. A principal veia renal parecia um lenço de papel molhado; era difícil imaginar que poderia ser suturada. Contudo, Woodle e Munda trabalhavam com a facilidade vinda de uma longa prática. Seguravam as agulhas de costura com instrumentos que pareciam pinças gigantes e as manobravam como se fossem extensões das suas mãos. Quando deram a um jovem cirurgião a oportunidade de costurar uma artéria (que é mais firme, portanto mais fácil de costurar do que a veia), a falta de jeito do rapaz deixou bem claro que a competência dos dois veteranos era fruto de muitos anos de trabalho.

Pagando antecipado

À medida que os cirurgiões e os hospitais ganhavam mais confiança e experiência com a troca renal, intercâmbios mais ambiciosos começaram a ser aceitos. A ideia de que a troca renal poderia ser considerada uma mistura de ciclos já parecia mais prática do que na época em que lançamos a proposta. O tipo mais interessante de corrente de trocas vinha do número pequeno, porém crescente, de doadores vivos interessados em doar um rim a qualquer pessoa que precisasse. Anteriormente, esses doadores não direcionados, "altruístas" ou "bons samaritanos" doavam seu rim a um paciente que estava na lista de espera. Agora eles tinham a oportunidade de salvar mais de uma vida, dando início a uma corrente de transplantes. O primeiro elo seria o presente do doador não direcionado a um paciente no conjunto de pares paciente-doador, e não a alguém na lista de espera.

John Robertson, de Portsmouth, New Hampshire, tornou-se um doador desse tipo em 2010 depois de ver uma reportagem na CBS. "Era sobre uma mulher de Phoenix que tomava um táxi três vezes por semana para fazer diálise", diz Robertson. "Ela disse ao taxista que ia morrer se não recebesse um rim. E o taxista disse: 'Pode ficar com um dos meus'."

Essa história inspirou Robertson. Ele estava quase aposentado, pois havia vendido sua livraria alguns anos antes e podia tirar uma folga para a cirurgia e a recuperação. Mesmo assim, não sabia se aos 62 já estava muito velho para ser um doador. Um hospital de sua cidade o colocou em contato com a coordenadora de transplantes do Brigham and Women's Hospital, em Boston. "Perguntei: 'Vocês aceitam rins de idosos?'. E ela disse: 'Sim, mas a pessoa tem que ser extremamente saudável'. Quanto mais eu ficava sabendo, mais queria doar."

Robertson teve que passar por semanas de exames de saúde, enquanto o NEPKE procurava um receptor compatível. "A parte mais difícil foi controlar a ansiedade", diz ele.

Enquanto Robertson estava impaciente, Jack Burns se desesperava. Tinha diabetes desde os trinta anos. Depois de três décadas, seus rins estavam falhando. Sem um transplante à vista, ele enfrentava a diálise e a perspectiva de perder o emprego de subgerente de alimentação no Fenway Park. A diálise é tão debilitante e demorada que muitos pacientes acabam desempregados. Sua esposa, Adele, queria lhe doar um rim, mas os tipos sanguíneos não eram compatíveis. O coordenador do transplante de Jack inscreveu o casal no NEPKE. Naquele mês de maio, os Burns foram informados de que fariam parte de uma corrente de três vias. Um doador de New Hampshire — cujo nome não lhes disseram — daria um rim para Jack, enquanto o rim de Adele iria para alguém na lista de espera. A cirurgia foi marcada para junho.

As cirurgias de Adele Burns e John Robertson foram feitas simultaneamente. Assim que os cirurgiões do Brigham and Women's Hospital retiraram o rim de Robertson, o órgão foi enviado ao Centro Médico Beth Israel-Deaconess, virando a esquina, onde Jack já estava preparado. O rim de Adele foi implantado num rapaz de Cambridge, Massachusetts. Enquanto no sistema antigo haveria apenas uma doação — de Robertson para uma pessoa na lista de espera —, ocorreram duas. Na época, algumas correntes do NEPKE envolviam três doações e três transplantes, ou seja, seis cirurgias no total.

E por que apenas seis? Como as correntes do NEPKE continuavam a ser feitas com cirurgias simultâneas, várias equipes médicas e várias salas de operação tinham que ser coordenadas, o que impedia correntes maiores. Depois de tanto sucesso, essa limitação nos deixava frustrados.

Em um artigo de 2006,[6] Tayfun, Utku e eu, junto com Frank Delmonico e Susan Saidman, especialista em imunologia do NEPKE, propusemos que mais transplantes poderiam ser feitos se as exigências para cirurgias simultâneas fossem reduzidas. A proposta causou controvérsia. Mas, para entender por que mesmo assim era atraente, vamos fazer uma análise simples de custo-benefício que explica por que as trocas convencionais são feitas simultaneamente.

Com as cirurgias não simultâneas, numa troca convencional entre dois pares, um doador pode desistir e deixar o receptor em apuros. Vamos imaginar como isso pode ocorrer. Digamos que eu doo um rim para o irmão de alguém hoje, na expectativa de que minha esposa receba um rim amanhã. Mas, quando amanhã chega, o potencial doador da minha mulher desiste. Assim, eu já doei meu rim sobressalente — ou seja, eu e minha esposa já não podemos participar de uma futura troca de rins —, e ela continua precisando de um. O elo rompido nos prejudicou irremediavelmente. Para evitar esse problema, as trocas em ciclos fechados sempre são feitas ao mesmo tempo.

A presença de um doador não direcionado pode eliminar o risco desse grave prejuízo para um par que doa um rim e não recebe outro em troca. Agora seria possível programar para que cada par recebesse um rim *antes* de doar outro. E se essa corrente se quebrasse inesperadamente — ou seja, se alguém não quisesse mais doar, ou tivesse um problema que o impedisse de doar — ninguém sofreria dano irreparável.

Para compreender melhor, vamos agora acrescentar outro casal — eu e minha esposa — à corrente Robertson-Burns. Imagine que estamos na fila atrás de Jack e Adele Burns: estou programado para doar um rim depois que minha esposa receber o de Adele. A corrente começaria da mesma maneira, com a doação altruísta de John Robertson para Jack Burns. Mas, como as cirurgias não são simultâneas, Adele tem tempo de entrar em pânico e desistir. (A verdadeira Adele não faria isso, mas vamos supor que sim.) O que acontece?

Minha esposa e eu ficamos decepcionados, mas não estamos em piores condições do que estávamos antes de Robertson se apresentar para doar. Eu continuo com meu rim, e ainda podemos entrar numa futura troca. Isso reduz o custo de uma quebra na corrente e, portanto, aumenta o atrativo de permitir cirurgias não simultâneas.

Tal como observamos antes, quando Tayfun, Utku e eu lançamos a ideia de trocas não simultâneas, encontramos uma resistência considerável. Ruthanne Leishman, do NEPKE, disse-nos que os cirurgiões nunca aceitariam isso. Frank Delmonico, pensando em proteger o sistema de trocas renais que ajudara a criar, temia que houvesse processos judiciais se alguém desistisse de uma doação prometida. Não só isso — a má publicidade resultante de um caso assim poderia prejudicar todo o programa.

Mas, em Ohio, o dr. Rees estava disposto a arriscar. Ele já tinha organizado trocas envolvendo vários estados do país, através de uma organização sem fins lucrativos fundada por ele, a Aliança para a Doação Emparelhada (Alliance for Paired Donation, APD). Sua primeira corrente não simultânea começou com Matt Jones, um doador altruísta de Michigan. Ele era gerente de uma agência da National Car Rental quando decidiu doar um rim. Embora tivesse apenas 28 anos, queria fazer algo admirável, para que seus filhos se lembrassem dele para sempre com orgulho. A doação de Jones, em julho de 2007, desencadeou uma corrente de dez transplantes que ocorreu ao longo de oito meses. Jones colocou a bola rolando no jogo ao tomar um avião para Phoenix e doar seu rim para uma mulher. O marido dela então doou para uma mulher de Toledo. Em março de 2008, a corrente já tinha passado por seis centros de transplante e cinco estados do país. Por duas vezes houve um intervalo de vários meses entre o momento em que o paciente de um par recebeu um rim e o momento em que o doador desse par doou o seu. No entanto, apesar da longa espera, ninguém voltou atrás. Em novembro de 2009, a revista *People* declarou que o dr. Rees e os doadores daquela corrente eram "heróis entre nós". E a corrente ainda não tinha terminado: a última foto na página da *People* com 21 pacientes e doadores era de Heleena McKinney, de 29 anos, filha do último receptor. Embaixo da sua foto havia a legenda: "Doadora à espera". Foi difícil emparelhar algum paciente com ela; mas quase três anos depois foi encontrado um receptor compatível. Ela doou um rim e assim deu prosseguimento à corrente. Esta acabou por incluir dezesseis transplantes, e só terminou quando a última pessoa doou seu rim para um paciente na lista de espera que não tinha nenhum doador para continuar a corrente.

Graças à corrente do dr. Rees e à publicidade em torno dela, começou uma revolução. Pessoas com um rim para doar perceberam que poderiam salvar dez vidas, e mais doadores passaram a entrar em contato com o dr. Rees e com outros hospitais. Nosso relato sobre essa primeira corrente não simultânea no prestigioso *New England*

Journal of Medicine deu uma chancela de aprovação ao procedimento, permitindo que outros centros de transplante renal e outras redes de trocas experimentassem essas correntes com confiança. Desde então as correntes não simultâneas[7] vêm se multiplicando com a participação de dezenas de outros hospitais e redes de doação.

Um dos discípulos mais ativos do dr. Rees na utilização das correntes não simultâneas não é um cirurgião, e sim um homem de negócios, Garet Hil, que tomou conhecimento das trocas quando sua filha sofreu uma falência renal, em 2007. Nem Garet nem os tios da menina eram compatíveis com ela. Garet se inscreveu em todos os programas de troca renal que encontrou por todo o país e se lembra com gratidão da calorosa acolhida que recebeu do NEPKE e da APD. No entanto, ficou frustrado com suas relações com alguns hospitais que tinham programas de troca renal, incluindo o Johns Hopkins e o Centro Médico da Universidade de Pittsburgh. "Vários deles não permitiam entrar no programa a menos que você tomasse um avião e fosse até lá, mesmo sendo uma cidade distante, e passasse por todo o processo no local", recorda Garet. "E não só eu, mas também minha filha, que estava fazendo diálise. Quando eles disseram: 'Você tem que transferir sua filha para nosso centro de transplantes', respondi: 'Minha filha está muito bem no hospital da Universidade Cornell [em Nova York]'. Mas eles não cederam." Garet concluiu que esses hospitais estavam colocando seus interesses financeiros à frente dos pacientes. Ele continua acreditando que estavam "usando a troca emparelhada como uma arma para ganhar mais mercado".

Dentro de alguns meses, terminou a discussão para saber se a filha precisaria mesmo viajar para receber um transplante. Um primo se ofereceu para doar, e as cirurgias ocorreram em julho daquele ano. Uma semana depois, aconteceu algo que reforçou a convicção dele de que os pacientes devem fazer o transplante perto da cidade onde moram. As pernas da filha começaram a inchar, e Garet e sua esposa temiam que ela estivesse rejeitando o novo rim. Eles a levaram às pressas para a emergência do New York-Presbyterian, o hospital da Universidade Cornell. "Não foi uma rejeição", diz ele. "Mas se ela tivesse recebido o transplante numa cidade a mil ou 2 mil quilômetros de distância seria um pesadelo! Por isso o centro de transplante precisa ficar relativamente perto."

As frustrações de Garet o levaram, no fim de 2007, a criar uma rede de trocas que chamou de Registro Nacional de Rins (National Kidney Registry, NKR). Sediada perto da sua casa em Long Island, ela visa facilitar a realização de correntes não simultâneas longas recrutando hospitais e doadores não direcionados. Se um hospital envia um doador não direcionado, o NKR promete terminar uma das suas correntes nele. Isso garante que o hospital não "perca" um transplante, liberando assim seu doador para entrar em outra corrente. Tenha em mente que os hospitais geram receitas com seus transplantes — eles também são empresas comerciais, não instituições de saúde.

Falando em comércio, quando explico toda a estrutura do desenho de mercado, da programação de computadores e da politicagem médica que é necessária para realizar uma troca renal, sempre alguém — por vezes um colega economista — vem me dizer que seria possível simplificar as coisas comprando e vendendo órgãos. Basta deixar o mercado agir, diz a pessoa, e o preço de um rim ia se estabilizar no ponto em que um número suficiente de pessoas estaria disposto a vender um rim; assim, a lista de espera desapareceria. Afinal, não faltam compradores altamente motivados.

Como economista, compreendo esse ponto de vista. Os mercados muitas vezes realizam aquilo que as pessoas querem, sem exigir esforço dos planejadores. Mas o grande obstáculo para a compra e venda de rins é algo que já observei, porque essa é uma prática ilegal em todos os países exceto o Irã. Muitas pessoas acham repugnante a venda de órgãos. No capítulo 11, vamos explorar a repugnância como um fator que restringe operações que de outra forma seriam plausíveis. Por enquanto, parece que a norma contra a venda de rins não vai mudar tão cedo.

Combinações fáceis e combinações difíceis

Enquanto isso, as câmaras de compensação bem planejadas podem ajudar as pessoas que precisam de rins. Não creio que a troca do órgão por si só vá eliminar as listas de espera, que não param de crescer; mas, se convencermos muitos pacientes, cirurgiões e hospitais a participar e a compartilhar plenamente suas informações, poderemos realizar muito mais transplantes.

Contudo, ao crescer e se generalizar, a troca renal enfrenta novos obstáculos, tal como ocorre em muitos mercados que vão ficando bem estabelecidos. Quando começamos, o problema era projetar as trocas renais de uma forma que permitisse aos pares paciente-doador e aos cirurgiões se inscrever com segurança. Hoje, os diretores de centros de transplantes se tornaram participantes estratégicos, e o maior desafio é projetar câmaras de compensação de uma maneira que seja interessante para os hospitais inscreverem nelas *todos* os seus pares de paciente-doador, e não apenas os mais difíceis de combinar. No momento, alguns hospitais estão conservando só para si seus pares fáceis de combinar, de modo a poder realizar as cirurgias ali mesmo. É só quando um desses hospitais não consegue realizar uma troca que ele repassa esse par "difícil" para a câmara.

Conservar as trocas fáceis de combinar é uma tentação comum nos mercados em que há intermediários. Pense no mercado imobiliário. Quando está aquecido, muitos imóveis fáceis de vender podem nem sequer aparecer no mercado. Em vez disso, os corretores vão fazer a correspondência entre os vendedores dos imóveis a preços razoáveis e os que desejam um imóvel e podem comprar sem precisar vender sua própria casa. Isso pode ser bom para esses compradores e vendedores ou não. Para os vendedores, com certeza é ótimo fazer uma venda rápida, sem aborrecimentos; mas eles poderiam conseguir um preço melhor se oferecessem o imóvel mais amplamente. No entanto, sem dúvida é interessante para a corretora, que pode concluir os dois lados da transação rapidamente, com pouco investimento de tempo e esforço. Observe que o sistema também obriga todo o mercado a trabalhar mais, já que mantém os compradores e vendedores fáceis fora do mercado aberto, deixando uma parcela desproporcional de imóveis caros e de compradores com pouco dinheiro nele. Isso pode resultar em menos vendas no total, já que alguns imóveis de preço razoável poderiam ser adquiridos por compradores que ficaram de fora do mercado aberto.

Os corretores da bolsa dispõem de incentivos semelhantes; assim, hoje há leis e regulamentos do setor para impedir que as firmas de corretagem conservem só para si as transações fáceis. É tentador para esses profissionais economizar — e lucrar mais — comprando diretamente dos vendedores que pedem preços baixos e vendendo logo em seguida aos compradores dispostos a aceitar preços elevados. Observe que essa prática pode ser boa para as corretoras, mas não necessariamente para seus clientes — e decerto não para o mercado como um todo. Nesse esquema, o mercado serve a menos pessoas do que se fosse mais denso — isto é, se todas as transações fossem listadas nas bolsas de valores.

Da mesma forma, quando um centro de transplante retém os pares fáceis de combinar e realiza esses transplantes internamente, isso reduz o número de pessoas que podem ser casadas no nível nacional, já que é mais fácil encontrar correspondências para os pares difíceis se eles estiverem num universo mais amplo e não precisarem encontrar correspondência apenas com outros pares difíceis. Estudei esse problema junto com Itai Ashlagi, professor do MIT, e acreditamos que ele pode ser corrigido com mudanças relativamente pequenas nas práticas já existentes. A ideia seria ampliar uma espécie de contabilidade que já está em prática, a fim de monitorar os hospitais que iniciam correntes com doadores não direcionados. Seria uma espécie de programa de milhagem[8] numa versão para hospitais: poderíamos acompanhar quantos pares fáceis de combinar cada hospital inscreveu na câmara de compensação. Então, sempre que houver um empate entre dois pares difíceis de combinar, disputando qual será incluído em alguma troca, a câmara daria preferência ao par com um paciente vindo de qualquer hospital que também inscreveu pares fáceis. Infelizmente, isso significa reconhecer explicitamente que os hospitais são participantes estratégicos e concorrem uns contra os outros — algo que todo mundo sabe, mas que muitos médicos e administradores hospitalares têm dificuldade de reconhecer.

Enquanto isso, o problema dos hospitais que retêm os pares fáceis tende a piorar. E isso tornará ainda mais importantes as longas correntes não simultâneas,[9] pois, quando os hospitais conservam seus pares fáceis, os pares difíceis que estão inscritos na câmara terão dificuldade para entrar numa troca simples com apenas um ou dois outros pares. Fica difícil fechar o círculo, ou seja, é raro encontrar aquela coincidência dupla ou tripla de desejos quando todos os pares são difíceis de combinar.[10]

Jogando bem em equipe

Os problemas que atualmente impedem a troca renal de atingir seu pleno potencial não nos pegaram de surpresa. Afinal, o desenho de mercado não trata apenas de compreender os mercados e descobrir como organizá-los melhor. Há muita política envolvida; quando se está lidando com um setor de bilhões de dólares, como o tratamento das doenças renais, há interesses institucionais e profissionais em jogo, e a reação é lenta e cautelosa quando surgem novas possibilidades tecnológicas e organizacionais. Isso ficou bem claro nos esforços para organizar as trocas renais em nível nacional.

O NEPKE, de Frank Delmonico, e a APD, do dr. Rees, criaram mercados mais densos ao reunir pares de paciente-doador vindos de dezenas de hospitais. Mais tarde, o Registro Nacional de Rins de Garet Hil também entrou nesse grupo seleto. Mas esses três programas raramente conseguem compartilhar os dados dos seus pacientes de modo a realizar transplantes abrangendo várias redes. E muitos hospitais simplesmente se recusam a participar. Portanto, o mercado não é tão denso como poderia ser. E isso significa que alguns transplantes possíveis não estão sendo feitos.

Ficou claro desde o início que a melhor maneira de tornar o mercado denso o suficiente para encontrar todas as trocas possíveis seria organizar uma câmara de compensação para os rins. No entanto, dois problemas logo se apresentaram: um técnico e computacional, o outro político e organizacional.

Ficou provado que as questões políticas e organizacionais são mais difíceis de resolver em vários aspectos do que as computacionais e têm importância igual ou maior para o desenho do mercado. A dura realidade é que os hospitais têm dificuldade de trabalhar juntos porque competem pelos pacientes. Isso tornou difícil para o NKR e a APD ganhar escala nacional, embora ambos estejam progredindo nesse sentido.

Já existe, na verdade, uma organização nacional para a qual os centros de transplante podem comunicar a existência de órgãos de doadores falecidos: a Rede Unida para o Compartilhamento de Órgãos (United Network for Organ Sharing, UNOS). Mas, quando Frank Delmonico foi eleito seu presidente, em 2004, ele descobriu que os profissionais de lá não estavam nada ansiosos para assumir a nova responsabilidade de lidar com trocas renais entre pessoas vivas.

Em 2010, a UNOS iniciou um programa-piloto nacional para sua câmara de compensação. Até agora ele gerou poucos transplantes, embora haja sinais de mudança. A UNOS responde a muitos interesses diferentes, o que a impede de agir rapidamente e adotar as melhores práticas desenvolvidas por outras redes de trocas renais. Na ausência de uma câmara organizada no nível nacional, outras como a APD e o NKR podem continuar a se ampliar e futuramente se fundir. Mas há um sucesso: o NEPKE fechou no final de 2011 a fim de fundir suas operações com a UNOS, que é um programa nacional; e a administradora do programa clínico do NEPKE, Ruthanne Leishman, entrou na UNOS. Antes de Ruthanne assumir novas responsabilidades em meados de 2011, o programa da UNOS havia realizado apenas dois transplantes; após a sua chegada, logo foram feitos mais quinze. Mas a UNOS ainda tem um longo caminho a percorrer[11] para estar à frente das trocas renais, enquanto vai crescendo por todo o país.

Quer exista uma só câmara nacional ou várias grandes redes, ainda há um fator indispensável para que a troca renal continue a crescer: o governo federal e os planos de saúde precisam descobrir uma maneira de reembolsar o custo[12] das operações. Os Estados Unidos se encontram hoje numa situação bizarra: o Medicare e os planos de saúde particulares pagam pela diálise, que é mais cara e menos eficaz do que o transplante, mas não financiam todo o trabalho necessário para viabilizar as trocas. É por isso que os hospitais às vezes dependem de pilotos particulares voluntários, como meu colega Jerry Green, que conhecemos no capítulo 1, para transportar os rins de um lugar para outro.

Espero ainda ver o dia em que a doença renal seja apenas uma lembrança e os transplantes se tornem desnecessários. Mas, até lá, gostaria que o máximo possível de pacientes que necessitam de um rim possa fazer um transplante. E, embora muitas vezes me sinta frustrado pela lentidão do nosso progresso, nunca imaginei que íamos progredir tanto em tão pouco tempo.

Em 2014, enquanto escrevo este livro, a troca renal se tornou um método-padrão de transplante nos Estados Unidos, e segue crescendo no mundo todo. À medida que as experiências se acumulam, vai ficando mais evidente que as correntes não simultâneas potencialmente longas favorecem os pacientes renais e *especialmente* os mais difíceis de combinar. Já foram realizados milhares de transplantes que de outra forma não teriam sido possíveis. Nos últimos anos, a maioria deles ocorreu por meio de correntes.

A troca renal é muito diferente dos mercados que vimos no capítulo 2. Mas, como tentei demonstrar, o desenho de mercado para ela também consiste em tornar o mercado denso, não congestionado, seguro, simples e eficiente. No caso das trocas renais, tornar o mercado denso exigiu montar bancos de dados de pares paciente-doador. Evitar o congestionamento inicialmente dependia de poder agendar suficientes salas de operação ao mesmo tempo; agora depende de organizar correntes. Tornar o mercado seguro e simples consiste em facilitar para os hospitais inscrever nos programas todos os seus pares de paciente-doador, de modo que o mercado possa oferecer transplantes ao máximo possível de pacientes.

Para qualquer mercado funcionar bem, todos esses problemas têm que ser resolvidos, embora as soluções variem para cada um.

O desenho de mercado tem outro aspecto essencial, relativo ao comportamento humano. Nos últimos anos, os economistas comportamentais derrubaram muitas premissas econômicas tradicionais ao perceber que as pessoas nem sempre são puramente calculistas e egoístas. Quem desenha um mercado perderá boas oportunidades se esquecer isso. Pense nos doadores de rins não direcionados. Se todos agissem apenas por interesse próprio (como sugerem, por vezes, os modelos econômicos da velha escola), eles não existiriam. E o que dizer dos doadores em correntes não simultâneas? Se a maioria das pessoas só se preocupasse com elas próprias, seus parentes e amigos, ocorreriam mais casos de desistência; muitos deixariam de doar seu rim depois que seu conhecido já tivesse recebido o transplante. No entanto, muito poucas voltam atrás no compromisso assumido. Cada etapa do projeto das trocas renais exigiu ajustes no desenho do mercado — uma espécie de dança entre os modelos matemáticos; a logística das cirurgias; e os incentivos, riscos e recompensas para os pacientes, os médicos e os hospitais. Quando propusemos, originalmente, que as trocas renais integrariam ciclos e correntes, não previmos que teríamos que começar com simples trocas bilaterais; tampouco previmos que, quando os ciclos e as correntes maiores ficassem viáveis, as longas correntes não simultâneas passariam a desempenhar um papel tão importante. Cada um desses fatos envolveu uma modificação do desenho do mercado em resposta às alterações nas condições do mercado e no comportamento dos participantes.

A lição geral que devemos manter em mente ao examinar os mercados mais comuns é que eles precisam resolver os diversos problemas envolvidos em criar um mercado denso, administrar o congestionamento e garantir que a participação seja simples e segura. Mas não é só isso — *eles também precisam continuar resolvendo esses problemas continuamente, à medida que o mercado evolui.*

Assim como os engenheiros aprendem muito sobre a construção de pontes estudando as que caem, os desenhistas de mercado podem aprender muito sobre o que faz o sucesso de um mercado estudando os que fracassam. Uma ponte cai se sua parte mais fraca ceder; assim também um modelo de mercado só será bem-sucedido se conseguir evitar o fracasso de seus pontos fracos. Muitas vezes, os mesmos impulsos competitivos que fazem o sucesso de um mercado bem desenhado causam o fracasso de um mercado mal desenhado.

Nos próximos quatro capítulos, vamos examinar as falhas — de densidade, congestão e segurança/ simplicidade. Poderemos então compreender melhor de que modo alguns mercados que tinham fracassado conseguiram ser redesenhados e reparados.

PARTE II

Desejos frustrados: como os mercados fracassam

CAPÍTULO 4

Cedo demais

Para entender as muitas maneiras com que um mercado pode fracassar, devemos começar antes mesmo do início.

Tornar um mercado denso exige, entre outras coisas, encontrar um momento em que muita gente vai participar dele ao mesmo tempo. Mas, quando a regra é "o primeiro a chegar é o primeiro a ser servido", muitos podem tentar driblar o sistema para chegar antes dos concorrentes.

Por exemplo, no fim dos anos 1800, as fraternidades universitárias eram sobretudo clubes sociais para os alunos dos últimos anos. Mas, no esforço de se adiantar às concorrentes, algumas começaram a correr para recrutar alunos cada vez mais cedo. Hoje a situação é tal que os alunos do primeiro semestre já são alvo delas.[1]

A corrida para agir mais cedo rendeu o apelido dos habitantes de Oklahoma: "Sooners" [adiantados]. Tudo começou em 22 de abril de 1889, com a corrida pelas terras de Oklahoma. O termo entrou verdadeiramente no vernáculo americano quatro anos depois, em 16 de setembro de 1893, no ápice da corrida pelas terras dos cheroquis. Em ambos os casos, milhares de homens — foram 50 mil em 1893 — se enfileiraram na fronteira do antigo território indígena e, ao soar um tiro de canhão, saíram às pressas para demarcar terrenos que o governo lhes cederia gratuitamente.

Pelo menos esse era o plano.[2] E a maioria dos participantes respeitou as regras — mesmo porque a cavalaria americana estava patrulhando as terras dos cheroquis, com ordens de atirar em qualquer pessoa encontrada em território aberto ou atravessando a linha antes do tiro de canhão. E, para provar que estava falando sério, quando um infeliz — talvez confundido por um tiro de pistola — saiu correndo antes do sinal a cavalaria o pisoteou e o matou a tiros, para horror de milhares de espectadores.

Quando, finalmente, ouviu-se o estrondo do canhão, milhares de homens — montados a cavalo, em carroções e até mesmo em carruagens — avançaram pela faixa, fato registrado numa imagem fotográfica que se tornou famosa.

A 25 quilômetros dali ficava a hoje movimentada Enid. Ali se situava o único edifício público da faixa cheroqui: um cartório de registro de terras combinado com agência dos correios. Por volta do meio-dia, o agente postal Pat Wilcox pegou seu binóculo e subiu no telhado da casa. Olhando para o sul, viu um homem solitário a cavalo, um caubói de 22 anos chamado Walter Cook, despontar na crista de uma colina. Avançando em direção ao correio e logo passando adiante, Cook reivindicou a posse de um lote bem no centro do que viria a ser a cidade.

Cook havia respeitado as regras, esperando o sinal para avançar. Mas muitas outras pessoas, apesar dos esforços draconianos da cavalaria, tinham cruzado a linha antes. Esses seriam os que viriam a ser chamados de Sooners — e, seguindo a longa tradição de transformar piratas, ladrões de banco e outros criminosos em anti-heróis venerados, o apelido passou para todos os cidadãos de Oklahoma e por fim deu nome ao time de futebol da universidade local.

Era ilegal fraudar o sistema entrando no território de Oklahoma antes de 16 de setembro para requerer a posse de um terreno, o que não impedia que isso ocorresse. E essa não foi a única coisa que não seguiu de acordo com os planos naquele dia maluco.

Veja-se o que aconteceu com o pobre Walter Cook. Seu pedido de posse do terreno foi logo superado por três centenas de falsos pretendentes ao mesmo lote, todos se aproveitando do fato de que os agentes da lei só chegariam dali a várias horas para validar e registrar as reivindicações. No fim, Cook não recebeu nada mais que uma lição sobre os perigos de um mercado sem leis ou mal regulamentado.

Cook poderia ter uma chance se o cartório de registro estivesse aberto quando ele chegou e tivesse processado seu pedido rapidamente. Mas a fila logo aumentou para centenas de requerentes, e em seguida milhares, vindos de toda a faixa. Ocorreram brigas e roubos, e pelo menos uma pessoa morreu de ataque cardíaco.

Houve pelo menos duas falhas na alocação de terras naquele dia. Em primeiro lugar, os cidadãos respeitadores das regras foram precedidos por muitas outras pessoas que entraram no território e demarcaram seus lotes. Em segundo lugar, o fato de que todos esses pedidos tinham de ser registrados no mesmo dia no cartório de Enid causou congestionamento e confusão, de modo que mesmo alguns que chegaram a tempo de requerer a posse, como Walter Cook, não conseguiram registrá-la. O mercado não era rápido o suficiente para processar todas as reivindicações feitas naquele dia, e nem sempre conseguia determinar qual requerente havia chegado primeiro.

Às vezes os problemas são mais sutis. "Queimar a largada"[3] pode levar um mercado potencialmente denso a desmoronar. Ele se torna rarefeito quando há demasiados participantes tentando agir antes que os concorrentes estejam bem despertos e presentes no mercado.

Por exemplo, em 2012 a Universidade Estadual da Louisiana ofereceu uma bolsa para Dylan Moses, um atleta de catorze anos que ainda não tinha começado o oitavo ano e só poderia entrar na faculdade em 2017. Por enquanto ninguém sabe se ele será um rapaz corpulento, saudável e talentoso o suficiente para jogar no time da universidade quando finalmente tiver idade para tal. Mas os treinadores sabem que todos os outros times estão antecipando o recrutamento, e se não fizerem o mesmo podem perder uma futura estrela.

Sempre que conheço atletas da Stanford, onde trabalho, pergunto quando foi que conheceram o treinador da universidade. Até agora, quem o fez com mais antecedência foi uma jogadora de basquete, procurada quando estava no sexto ano. Ela se apressou a acrescentar que já era *muito alta* nessa época e jogava num time com meninas mais velhas, e disse que o treinador tinha ficado surpreso ao descobrir sua idade — ele estava caçando talentos no oitavo ano...

Corrida para a glória

Correr para chegar mais cedo não é algo que se vê apenas nos livros de história ou nas páginas dos cadernos esportivos. Se você conhece uma pessoa recém-formada que há pouco conseguiu emprego num grande banco de investimentos, como o Goldman Sachs, há uma boa chance de que ela receba um telefonema logo que começar a trabalhar. Será um convite de uma grande empresa de fundos de investimento, como a Kohlberg Kravis Roberts, interessada em assinar um contrato com ela que só entraria em vigor depois que trabalhasse para a Goldman por dois anos. E se você conhece alguém que acaba de se formar em direito e trabalha para um grande escritório de advocacia norte-americano, essa pessoa provavelmente foi contratada inicialmente como estagiária temporária, uns dois anos antes de se formar.

Será essa uma boa ideia? Um excelente aluno de primeiro ano de direito pode sofrer várias mudanças nos próximos anos. Os escritórios de advocacia nem têm como adivinhar com dois anos de antecedência de quantos advogados vai precisar. Fazendo uma suposição errada hoje, poderão ter muitos problemas depois.

Quando a organização de um mercado causa problemas, previsivelmente, os economistas começam a se perguntar se ela é *ineficiente*, ou seja, se uma organização diferente poderia deixar todos os envolvidos em melhor situação. Já vimos que, quando os participantes se antecipam ao início oficial, isso pode criar combinações ruins; mas também pode acontecer de essa tática beneficiar algumas pessoas e prejudicar outras. O mercado de jovens advogados nos permite ver como a má organização pode prejudicar a *todos*.

Em especial, quase todo mundo poderia ter ficado em melhor situação se esse mercado não tivesse desmoronado tanto durante a grande recessão de 2008, que reduziu a demanda das empresas por serviços jurídicos externos. Contratar alguém mais de um ano antes impedia os escritórios de advocacia de prever a demanda. Assim, milhares de estudantes que trabalharam como estagiários temporários aceitaram ofertas "permanentes" para pouco depois ter as ofertas rescindidas ou adiadas antes de começarem a trabalhar, no outono de 2009.

Algumas firmas, para conservar sua reputação e seus relacionamentos, pagaram a esses jovens uma parcela do salário inicial e os incentivaram a passar um ano trabalhando sem cobrar honorários — um resultado oneroso para ambos os lados do mercado. Se essa negociação com dois anos de antecedência parece ruim, considere que no final dos anos 1980 a contratação ocorria ainda mais cedo — alguns alunos recebiam ofertas de estágios logo depois de *entrar* numa boa faculdade de direito, antes ainda de ter assistido à sua primeira aula. Sem dúvida esses escritórios gostariam de ver como seus contratados se sairiam no curso, mas temiam que, se esperassem, outras firmas passariam na sua frente e abocanhariam os melhores talentos. Assim, seu raciocínio era que, se Yale aceitava um aluno, ele tinha grandes chances de se tornar um bom advogado.

Se fazer ofertas cedo demais torna difícil identificar bons candidatos para um emprego, poderíamos imaginar que algumas empresas esperariam um pouquinho mais e fariam ofertas a candidatos que talvez já tivessem recebido um convite de outra empresa. Mas algumas empresas impedem isso com *ofertas-relâmpago* — ou seja, do tipo "pegar ou largar" —, sem dar tempo de outra firma entrar na competição pelo mesmo candidato, de modo que ele não tem outra oferta com que comparar a primeira.

As ofertas-relâmpago são comuns nos mercados mal organizados. As empresas fazem ofertas antes de ter em mãos todas as informações desejáveis sobre o desempenho acadêmico dos candidatos, e estes precisam aceitá-la ou rejeitá-la antes de saber quais outras ofertas poderão surgir. Dito de outra forma, as ofertas-relâmpago tornam os mercados *rarefeitos* (o oposto de *densos*), além de antecipados, e os participantes são privados de informações sobre a qualidade das combinações e sobre que tipo de matchings poderiam oferecer.

Nessa situação, *ninguém* tem informações suficientes para tomar a melhor decisão.

Mais do que as outras causas de fracasso do mercado que vamos explorar, a ineficiência provém de uma falta de *autocontrole*. Os participantes simplesmente não conseguem se impedir de transacionar cedo demais, pois, se resistirem ao impulso, outra pessoa pode fechar o negócio. É mais ou menos o que aconteceu quando minha família plantou uma pereira no nosso quintal em Pittsburgh, junto a uma encosta arborizada. Todos os anos, muito antes de as peras amadurecerem, algum esquilo as levava embora. Não sei se esses animais gostam de peras verdes ou se apenas temiam que, se esperassem mais, outros animais as pegariam.

Agora, se um mercado está desempenhando mal e dando resultados insuficientes, faz sentido para os participantes se unir (mesmo que seja apenas em prol da sua própria preservação) e conceber novas regras para fazer o mercado funcionar melhor. Foi o que aconteceu na década de 1980. Organizações estudantis, faculdades de direito e escritórios de advocacia apoiaram uma organização de elaboração de regras chamada Associação Nacional de Colocação de Advogados (National Association for Law Placement, NALP), que tentou trazer alguma ordem ao mercado sem lei dos profissionais das leis. Como os advogados gostam de regras precisas, examiná-las nos dá uma boa perspectiva para compreender por que é tão difícil controlar o funcionamento ruim vindo das ofertas antecipadas.

Uma regra visava dar aos estudantes de direito a oportunidade de aprender um pouco sobre as leis antes de ter que enfrentar uma oferta-relâmpago de algum escritório de advocacia. Ela dizia que, se uma oferta fosse feita para um aluno que ainda não havia completado o primeiro ano da faculdade, ela deveria permanecer aberta até o final do primeiro semestre, em dezembro.

Infelizmente, é difícil fazer regras para refrear os advogados, pois muitos deles ganham a vida justamente obedecendo à letra da lei enquanto fogem da intenção da lei. Portanto, a regra funcionou durante um ano ou dois, até que algum advogado, responsável pela contratação na sua firma, teve a brilhante ideia de escrever uma carta de oferta que dizia, em essência: *De acordo com as diretrizes da NALP, esta oferta permanece aberta até o final do semestre*. O emprego não oferecia grande coisa em termos de salário, mas havia um bônus considerável na assinatura do contrato, que elevaria o salário para o nível habitual. *Porém*, ele só seria pago se a oferta fosse aceita *imediatamente*.

A regulamentação do mercado para novos advogados logo se tornou uma corrida armamentista entre os criadores das regras e seus infratores. No momento em que escrevo, as regras mais recentes da NALP dizem que os *bônus-relâmpago* também são proibidos.

Juízes apressados

Os advogados e os escritórios de advocacia pelo menos aparentam obedecer às regras enquanto procuram maneiras de contorná-las. No entanto, na área mais prestigiada do mercado — a dos juízes do tribunal de apelação que contratam os melhores alunos como estagiários e assistentes —, muitos as ignoram abertamente. Ou, talvez, uma maneira mais "judiciosa" de dizer isso seja: os juízes federais acham que podem criar suas próprias regras.

Ser assistente de um juiz de um tribunal de apelação é um primeiro emprego "nota dez", o melhor que um aluno ambicioso pode conseguir. Por um lado, é um ingresso para o tipo de carreira que faz com que as pessoas queiram estudar direito. É por isso que o obituário de um sócio sênior de um grande escritório de advocacia muitas vezes menciona seu estágio, feito décadas antes. (A primeira frase pode dizer, por exemplo: "Clancy Goldfinger, ex-sócio do escritório X, formado em Harvard em 1951, que foi assistente do juiz Y, faleceu na terça-feira".)

Portanto, há muita concorrência entre os alunos das melhores escolas de direito para ser assistente de um juiz do tribunal de apelação, que são relativamente poucos. À primeira vista, o mercado desses estágios não parece em risco de ser tomado pelo caos, embora seja fácil compreender por que um estudante de direito seria tentado a aceitar uma oferta antecipada de um juiz de apelação. Mas, como há tão poucos juízes e tantos estudantes de direito, cada juiz poderia obter um assistente muito bem qualificado, bastando esperar para ver quais alunos se saem melhor na faculdade. Porém, embora haja poucos juízes de apelação, eles sabem que há um número ainda menor de estudantes de direito que vão conquistar prêmios e notas impecáveis, ou editar revistas acadêmicas. Além disso, os juízes de apelação ficam em diferentes circuitos, nem todos com igual prestígio. Tampouco todos os juízes de determinado circuito têm a mesma probabilidade de que um de seus assistentes um dia passe para a Suprema Corte, em um segundo estágio ainda mais prestigioso.

Portanto, se todos os juízes esperassem para recrutar apenas os alunos do terceiro ano — quando já ficou claro quem deles será um aluno excepcional ou vai editar uma revista acadêmica — apenas os juízes mais prestigiosos conseguiriam contratar os melhores alunos. E essa é uma ótima motivação para os juízes com um pouco menos de prestígio fazerem ofertas antes ainda do terceiro ano.

Um estudante precisa ser muito corajoso para recusar um convite vindo, digamos, de um juiz do tribunal de apelações do nono circuito (que abrange toda a Califórnia, um dos maiores estados americanos) na esperança de que, se aguardar mais um pouco, poderá receber uma oferta do circuito da capital Washington, ainda mais prestigioso. Isso pode acontecer, se ele tiver sorte. Mas, com um pouquinho menos de sorte, o aluno pode ter que se contentar com um estágio muito menos atraente do que se aceitar o convite que acaba de receber e precisa aceitar ou recusar de imediato. É claro que o juiz também está se arriscando: um estudante que parece destinado a se formar com honras pode não chegar a tanto, e assim tornar-se um assistente que não corresponde às expectativas. Se o mercado começasse a funcionar mais tarde, o "casamento" entre estudantes e juízes seria mais previsível, com os melhores cargos indo sempre para os alunos que tirassem as notas mais altas.

Note que os alunos que recebem essas ofertas iniciais não enfrentam de modo algum a perspectiva do desemprego; mesmo assim, é uma decisão difícil. Haverá cargos para eles mesmo que esperem um pouco mais; porém, talvez não sejam tão bons. Eles precisam tomar decisões estratégicas rapidamente, levando em conta o que o resto do mercado está fazendo.

A hora do casamento

Poucos de nós vão receber uma oferta para um estágio num tribunal federal de apelações. Mas, quando se compreende esse tipo de decisão estratégica, passamos a enxergá-la em todo lugar — desde o namoro e o casamento até a busca de uma vaga para estacionar. Muita gente enfrenta esse dilema quando decide se vai casar com o parceiro atual ou se é melhor romper o namoro na esperança de encontrar um par melhor. Tomamos decisões diferentes quando o mercado é denso — por exemplo, se você está na faculdade em meio a muitos solteiros da sua idade — e quando o mercado é rarefeito — isto é, quando a maioria das pessoas da sua idade já está casada. Alguns mercados de casamento são mais difíceis que outros. Considere uma noiva beduína adolescente em cuja comunidade é comum a poligamia. Uma jovem nessas condições lamentou: "Quem tem vinte anos[4] ou mais pode acabar como segunda esposa!".

Mas não são as noivas adolescentes que enfrentam as decisões matrimoniais mais prematuras que há no mundo. Em épocas e lugares determinados, esse mercado desandou a tal ponto que os recém-nascidos já estão prometidos. Nos países em desenvolvimento, não é incomum encontrar casamentos arranjados assim cedo, em especial para as mulheres; e ainda mais em lugares onde os homens têm várias esposas e, portanto, a oferta de noivas acaba sendo baixa. Alguns países, como a Índia, criaram leis que estipulam uma idade mínima para o casamento, mas elas se revelaram difíceis de aplicar, já que ocorrem arranjos privados informais.

Buscando um exemplo notável desse mercado em mau funcionamento, eu e Xiaolin Xing examinamos lugares onde ocorrem casamentos infantis e sociedades primitivas em que até mesmo bebês ainda por nascer já são prometidos em casamento. O exemplo mais marcante que encontramos foi entre um povo aborígine da Austrália, os arunta. Como eles são polígamos, há uma relativa escassez de mulheres.

Os casamentos entre os arunta com frequência são arranjados entre dois homens, um dos quais acabava de ser pai de um menino e o outro, de uma menina. No entanto, quando esses dois homens se encontram para organizar o casamento, não se trata de uma união entre esses dois bebês. Já era muito tarde para isso, pois o casamento da menina já foi arranjado. Em vez disso, os dois pais acordam que o menino vai se casar com a primeira filha da menina. Ou seja, a recém-nascida pode se tornar *sogra* do recém-nascido. É um casamento arranjado pelo pai do menino em nome do filho e pelo pai da menina em nome da *neta*. Na sociedade arunta, um casamento pode ser arranjado mais de uma geração antes de ser consumado. E podemos compreender que um jovem pai responsável não gostaria de ficar para trás quando se trata dos arranjos para o casamento de seu filho — ou de sua neta.

Note-se que, em muitos países desenvolvidos, a idade do primeiro casamento está subindo, não diminuindo. Agora que há mais mulheres no ensino superior e no mundo profissional, elas esperam mais tempo para se casar. Ao dizer isso, estou focando nas escolhas feitas pelas mulheres. Mas ela não pode simplesmente selecionar um cônjuge; *quando* vai se casar tampouco é uma decisão individual para homens ou mulheres.

Pense numa época em que poucas mulheres tinham curso superior. Em 1947, por exemplo, havia mais que o dobro de homens[5] nas faculdades americanas. Muita gente se casava com o par da escola, já que se tratava de um mercado casamenteiro denso, em que se podia encontrar muita gente solteira do sexo oposto; essas oportunidades não seriam tão abundantes mais tarde.

Por volta de 1980, havia muito mais jovens na faculdade, de ambos os sexos, e em número igual; assim, havia oportunidades de fazer uma combinação, e a pressão para casar cedo diminuiu. Hoje, o advento dos sites de namoro também oferece a possibilidade de um mercado de casamento mais denso para os formados na universidade. Não é tão arriscado adiar a união quando se sabe que o mercado vai permanecer denso no futuro; e pessoas mais maduras podem ter mais chance de reconhecer um bom par.

Portanto, o momento de fazer as transações não depende apenas do que está disponível agora, mas do que provavelmente estará disponível mais tarde.

Quando você está dirigindo por uma rua movimentada na esperança de encontrar uma vaga para estacionar, precisa tomar uma decisão semelhante àquela que um estudante de direito tem que tomar quando recebe uma oferta-relâmpago ou de alguém pensando em se casar com o namorado da escola, embora com consequências menos graves. Você vê uma vaga quando ainda está a alguma distância do seu destino. Será que deve ocupá-la? Ela provavelmente vai ser tomada antes que consiga dar a volta no quarteirão, e você pode ter que se contentar em estacionar ainda mais longe ou num estacionamento. Ou será melhor se arriscar e esperar uma vaga melhor, na frente do seu destino? Essa seria uma escolha mais segura se você soubesse que há muitas vagas disponíveis lá.

Como você vê, não é difícil encontrar mercados mal regulamentados. Acabamos de ver exemplos em mercados de matching que vão desde os esportes até a advocacia e o casamento, e em decisões simples como esperar ou não até que uma pera esteja madura para colhê-la, ou a que distância do seu destino é melhor estacionar.

Esse tipo de fracasso do mercado não era muito comentado quando comecei a observá-lo na década de 1980, ao estudar o mercado para novos médicos. Na década de 1940, os estudantes de medicina tinham que listar suas primeiras opções de emprego dois anos antes de se formar. Ou, vendo a situação da perspectiva inversa, os hospitais tinham que selecionar residentes a partir de um universo de estudantes que não tinham nem sequer começado a parte clínica de sua formação. Cada lado sentia — e corretamente, dadas as circunstâncias — que, se não agisse depressa, os bons cargos e alunos já teriam sido agarrados. Era uma situação caótica.

De início, pensei que essa má organização era incomum, uma espécie de acidente raro que acontecia em mercados relativamente especiais, como o dos médicos. Mas, como vimos, acontece com muitos. Na verdade, é um fenômeno ainda mais difundido[6] do que sugeri até agora. Por exemplo, hoje muitas faculdades americanas mais seletivas preenchem mais da metade das vagas de calouros por meio da "admissão antecipada vinculativa", uma espécie de oferta-relâmpago em que os alunos se candidatam cedo e se comprometem a cursar essa faculdade, se forem aceitos, sem considerar nenhuma outra.

Isso sem falar em escolas particulares que recebem matrículas de recém-nascidos. Na Wetherby School, na Inglaterra, onde estudaram os príncipes William e Harry, no início de cada mês são abertas vagas, e a escola aconselha as mulheres a programar uma cesariana para conseguir um lugar antes que todos sejam tomados.

Na verdade, a má organização dos mercados é um problema antigo. Na Inglaterra medieval, comerciar antes da abertura oficial de um mercado, por vezes, era considerado crime. Hoje não é mais assim, mas tente dizer isso aos vendedores na feira livre perto da minha casa, que se recusam a me vender qualquer coisa se eu aparecer antes da hora oficial de abertura. Eles têm razão, pois temem deflagrar uma corrida com os outros vendedores para ver quem consegue montar a barraca primeiro.

Esses feirantes estão exercendo autocontrole, talvez com uma pequena ajuda da prefeitura, que os autoriza a usar a rua apenas em certo período do dia. Mas nem sempre se pode limitar a desorganização por meio do autocontrole. Mesmo que uma firma de advocacia consiga se controlar e adiar suas contratações até um momento razoável, se os concorrentes contratarem antes, ela será pega desprevenida. Esse medo de ficar para trás motiva muitos dos problemas dos mercados.

Vemos assim que a má organização é difícil de controlar num mercado que depende do autocontrole. Mesmo que *você* tenha muito autocontrole, basta suspeitar que outros participantes talvez comecem antes da hora que vai fazer a mesma coisa. Seria irracional não fazer. Em muitos mercados, o que vemos de início é que a desorganização começa lenta e de repente vira uma corrida louca. É apenas nesse ponto que os participantes percebem que a vantagem de se antecipar vai sendo engolida pelo custo de competir com todos os outros que também estão começando muito antes. E muitas vezes é só nesse ponto que surge finalmente um consenso de que é necessário reverter essa situação caótica. É então que se pode considerar um novo desenho de mercado.

Gostaria agora de relatar uma solução simples de desenho de mercado que foi capaz de interromper e reverter a desorganização de um mercado em que essa era a única falha que restava a ser resolvida. O truque foi eliminar a necessidade de autocontrole dos que sentiam a tentação de fazer ofertas antecipadas, dando algum poder para aqueles que recebem as ofertas.

A coragem de esperar

Se você tem menos de cinquenta anos, provavelmente não costuma ir ao gastroenterologista, médico que cuida do sistema digestivo (depois dessa idade, é preciso consultá-lo para procurar sinais de câncer de cólon).

Para se tornar um, após se formar em medicina o jovem deve ganhar uma bolsa de especialização depois do primeiro emprego ou da residência. O mercado das residências médicas foi o primeiro mercado mal regulamentado que estudei. Hoje ele não é mais assim, e os novos médicos são emparelhados com residências no último ano da faculdade, mantendo o mercado denso, descongestionado e seguro. (Vou contar essa história no capítulo 8.) A residência médica que os futuros gastroenterologistas devem fazer tem três anos de duração. Os que se especializam nisso poderiam, em tese, ser contratados depois de três anos de experiência médica. Infelizmente, a má organização do mercado fez essa contratação começar cada vez mais cedo, até que os residentes de primeiro ano começaram a ser entrevistados para um emprego no qual só começariam dali a dois anos. Também nesse caso, isso poderia custar caro — tanto para os diretores dos programas de especialização, que contratavam jovens ainda inexperientes, como para os jovens, que tinham que escolher antes de ter tempo de descobrir suas preferências.

Quando estudei a desorganização desse mercado com minha colega Muriel Niederle, observamos que os diretores das especializações estavam, cada vez mais, contratando candidatos que tinham feito a residência no próprio local. Isso porque os únicos residentes de primeiro ano que eles podiam contratar com segurança eram os capazes de apresentar recomendações confiáveis de seus próprios colegas.

Essa restrição no universo dos candidatos disponíveis reduzia a diversidade desejável aos estudantes na especialização. O que esses diretores não percebiam — até ver nossos resultados — era que todos estavam adotando essa política de contratação local. Somente então eles perceberam que o problema que cada um considerava só seu estava ocorrendo, na verdade, no mercado inteiro. É fácil imaginar que isso gerou muito interesse em contratar alunos mais tarde.

Muriel e eu acabamos por ajudar esses diretores a planejar uma câmara que entrava em ação mais tarde na carreira dos residentes, tal como a que fazia a combinação entre os novos médicos e as residências. Mas esses mesmos diretores não confiavam que os outros iam cooperar e esperar a câmara de compensação; todos temiam que os demais continuariam a contratar por meio de ofertas-relâmpago antecipadas. Se esperassem para participar da câmara, os melhores candidatos já estariam contratados.

Essa falta de confiança favorecia que todos continuassem a fazer ofertas antecipadas, para o caso de outros também o fazerem — apesar de ninguém, ou quase ninguém, desejar fazer isso. Assim, perguntamos às quatro principais organizações profissionais de gastroenterologistas se elas não podiam proibir seus membros de contratar antes de a câmara começar a funcionar. Elas responderam que não tinham poder para regulamentar o comportamento dos seus membros, os diretores dos programas de especialização.

Perguntamos então a essas organizações se poderiam aprovar uma resolução dando aos candidatos que haviam aceitado ofertas muito antecipadas a opção de mudar de ideia caso, mais tarde, com o funcionamento da câmara, se arrependessem da sua decisão prematura. Essa proposta causou alguma preocupação: os administradores temiam que o resultado seria muitas ofertas aceitas e depois rejeitadas. Usando vários tipos de provas, conseguimos convencê-los de que isso não aconteceria, já que o incentivo para fazer uma oferta antes de saber se o candidato é bom seria eliminado se as ofertas e as escolhas iniciais não fossem vinculativas. Ao liberar os estudantes para mudar de ideia, a nova abordagem removeu o incentivo a essas ofertas e libertou todos do medo de que os concorrentes fizessem isso. Assim, podiam agora esperar com segurança e deixar para abordar um ótimo candidato mais tarde, quando a câmara abrisse.

Nossas provas também vieram do mercado para novos doutorandos nas universidades. Quase todas as universidades americanas já concordaram que os alunos não precisam aceitar suas ofertas antes de 15 de abril. Se o aluno for pressionado a aceitar uma oferta antes desse prazo, pode fazê-lo e depois declinar, a fim de aceitar outra. Essa única regra praticamente eliminou as ofertas-relâmpago em busca de candidatos a doutoramento.

Apresentamos uma prova experimental: quando organizamos essas regras no laboratório de informática e as executamos num mercado artificial simples, elas eliminaram as ofertas-relâmpago.

Outra comprovação foi teórica: ofertas-relâmpago não ocorrem se todo mundo tem experiência de mercado o suficiente para saber o que esperar. Quando isso acontece, os economistas dizem que o mercado está "em equilíbrio". Nesse caso, equilíbrio significava que todos esperavam que os programas de especialização estariam comprometidos a contratar os jovens médicos a quem fizeram ofertas antecipadas, mas que tiveram um desempenho *abaixo* das expectativas. Mas os programas não iam empregar os alunos que aceitaram as ofertas iniciais e que *superaram* as expectativas, pois estes aceitariam ofertas melhores depois. Já que o objetivo das ofertas-relâmpago antecipadas é "capturar" candidatos melhores, elas perderiam seu propósito e os diretores não as fariam mais. Não é preciso ter muito autocontrole para não fazer ofertas antecipadas se elas não dão os resultados que você quer.

Isso funcionou para os gastroenterologistas, que aceitaram os argumentos e puseram em prática nossos conselhos. Depois eles organizaram uma câmara de compensação que agora funciona muito mais perto da data em que os jovens realmente vão começar a trabalhar. As ofertas-relâmpago não são mais problema,[7] e assim quase todos conseguem contratar e ser contratados na câmara, que começa a funcionar mais tarde, no mesmo esquema do mercado bem-sucedido da residência. A câmara fornece um mercado denso pelo qual vale a pena esperar mais tempo. Da mesma forma, um mercado de casamentos denso na faculdade reduz a pressão para se casar com o namorado de adolescência; e se há muitas vagas perto de onde você quer estacionar é fácil deixar passar as que ficam longe do seu destino.

Nossa solução para o problema da contratação de novos gastroenterologistas destaca um aspecto crucial do desenho de mercado: o sucesso depende muito de seus detalhes, incluindo a cultura reinante e a psicologia dos participantes. Nos anos seguintes, encontramos uma série de outros mercados com problemas que, à primeira vista, pareciam idênticos. No fim, porém, alguns exigiram soluções muito diferentes.

Mudança cultural

Um bom exemplo disso é o mercado de cirurgiões ortopédicos, que de início nos pareceu quase um clone do mercado de gastroenterologistas.

Quando conversei com os cirurgiões ortopédicos no Hospital Geral de Massachusetts, logo ficou claro que eles tinham um problema de organização: estavam contratando novos bolsistas de especialização com até três anos de antecedência, quando ainda eram jovens residentes de cirurgia. Os cirurgiões veteranos não estavam muito preocupados por não poder avaliar a destreza deles, mas tinham notado que alguns dos novos contratados, quando finalmente apareciam para assumir o cargo, haviam se tornado pessoas rudes e autoritárias na sala de operações, fazendo com que as enfermeiras e outros funcionários não quisessem trabalhar com eles. Isso complicava a programação das operações e era ruim para o moral do grupo. Se os cirurgiões veteranos pudessem esperar até que os jovens residentes tivessem tempo de se tornar chefes de residência e assumir mais responsabilidades, poderiam avaliar melhor que tipo de colegas seriam, e não apenas sua habilidade com os instrumentos.

Quando eu e minha colega Muriel Niederle começamos a examinar os detalhes, descobrimos que a contratação dos cirurgiões ortopédicos parecia quase idêntica à dos gastroenterologistas: ofertas-relâmpago antecipadas, contratações locais etc. Naturalmente, sugerimos que a solução adotada para o mercado de gastroenterologia poderia funcionar para eles também. Isto é, se pudessem permitir que o candidato mudasse de ideia depois de aceitar uma oferta antecipada, elas cessariam e uma câmara bem-ordenada poderia ser organizada em uma data posterior conveniente.

Mas as organizações ortopédicas profissionais — que incluem pelo menos nove subespecialidades distintas — logo nos disseram que não conseguiriam dar aos jovens cirurgiões a opção de mudar de ideia sobre acordos que tinham feito com cirurgiões veteranos. Isso nunca ia acontecer, disseram: os cirurgiões mais velhos eram demasiado poderosos e imponentes e os mais jovens nunca sentiriam que podiam, de fato, mudar de ideia, independente do que alguém dissesse. Mas não viram nenhum obstáculo em impor sanções aos diretores dos programas de especialização que fizessem ofertas antecipadas. Uma das sociedades profissionais chegou a dizer que simplesmente não ia permitir que esses médicos se apresentassem no congresso anual. Assim, por meio de métodos mais incisivos, os cirurgiões ortopédicos também foram persuadidos a deixar de fazer ofertas-relâmpago, o que permitiu que algumas câmaras de compensação fossem organizadas em suas subespecialidades.

Os cirurgiões ortopédicos precisavam de um desenho de mercado um pouco diferente do dos gastroenterologistas para corrigir falhas semelhantes, já que as duas especialidades tinham culturas bem distintas. Mas ambas conseguiram encontrar uma maneira de impedir as ofertas-relâmpago.

O problema dos juízes federais no mercado de assistentes é mais duro de resolver, pois essa cultura na verdade combina as duas dificuldades — a dos gastroenterologistas e a dos ortopedistas. As organizações chamadas "associações judiciais regionais" são como as organizações de gastroenterologia; ou seja, não têm nenhuma maneira de impedir os juízes de fazer ofertas-relâmpago antecipadas nem de punir os que fazem. Ao mesmo tempo, tal como acontece com os cirurgiões ortopédicos jovens e veteranos, a situação dos estudantes de direito não lhes permite romper facilmente uma promessa feita a um juiz federal. Esses fatores dificultam a organização dos juízes de uma forma que lhes permita confiar uns nos outros e acreditar que vão obedecer às regras.

Os mercados caem na disfunção apesar da vantagem coletiva de contar com um mercado denso, em que muitas pessoas estão presentes ao mesmo tempo, com muitas oportunidades a ser consideradas e comparadas. Sem um bom desenho de mercado, os participantes podem continuar achando lucrativo chegar um pouco mais cedo e entrar numa competição tipo vale-tudo. *É por isso que o autocontrole não é solução*: você só pode controlar a si mesmo, e se os outros saltarem à sua frente talvez seja de seu interesse responder na mesma moeda.

Tanto para os gastroenterologistas como para os cirurgiões ortopédicos, o sucesso dependia não apenas de definir o momento em que o mercado deveria operar, mas também da existência de um mercado bem planejado naquele momento. Como veremos no próximo capítulo, fazer o mercado funcionar apenas dentro de um prazo limitado — mas sem fornecer alguma coisa, tal como uma câmara de compensação que traga ordem — geralmente não é uma solução boa para o problema de organização. Pode causar congestionamento, tal como acontece quando as pessoas numa multidão indisciplinada tentam exigir seus direitos todas ao mesmo tempo. E isso pode resultar em outra falha de mercado, quando as pessoas se sentem pressionadas a fazer ofertas (e exigir respostas) muito rápido, em vez de muito cedo. Um mercado congestionado pode entrar em colapso, fazendo os participantes se arriscarem demasiadamente.

CAPÍTULO 5

Rápido demais: sede de velocidade

Entrar no jogo *cedo demais* não é a única maneira como a velocidade pode prejudicar os mercados e impedi-los de atingir a densidade necessária para ter sucesso. Os mercados também podem funcionar *depressa demais.*

A velocidade pode fazê-los prosperar ou destruí-los. Ela ajuda os participantes de um mercado denso a avaliar e processar rapidamente muitas transações possíveis. Mas, por vezes, fazer um mercado trabalhar mais rápido piora seu funcionamento.

Já vimos como a velocidade — no sentido de iniciar as coisas cedo demais — pode fazer um mercado potencialmente denso fracassar, pois nem todo mundo gosta de todos os aspectos de um mercado denso. Normalmente os compradores querem poder escolher entre muitos vendedores, e os vendedores querem ver muitos compradores. Mas esses mesmos compradores não querem ver muitos outros compradores ansiosos fazendo subir os preços, e os vendedores odeiam quando perdem uma venda para os concorrentes. Essas atitudes não desaparecem num mercado denso.

O impulso de agir um pouco mais rápido que os concorrentes — e não apenas iniciar antes — já modificou muitos mercados, desde as finanças até os esportes, assim como muitos mercados de trabalho, incluindo direito e medicina. Vamos examinar um de cada vez, começando pelo mais rápido de todos: o das finanças.

Questão de milissegundos

Não muito longe da Câmara de Comércio de Chicago (Chicago Board of Trade, CCC), onde se negociam futuros de trigo, há outro mercado, a Bolsa Mercantil de Chicago (Chicago Mercantile Exchange, BMC). E, perto de ambas, na Universidade de Chicago, um desenhista de mercado inovador chamado Eric Budish, ex-aluno meu, vem refletindo sobre as operações financeiras de alta velocidade nessas duas bolsas. Budish está examinando o uso crescente de algoritmos (isto é, fórmulas de computador) e a maneira como isso influencia os mercados financeiros. Ele também estuda as mudanças no desenho dos mercados financeiros e como poderiam ajudar a resolver alguns antigos problemas estruturais.

A Bolsa Mercantil de Chicago é muito parecida com a Bolsa de Valores de Nova York (BVNY). Para começar, ambas têm uma estrutura de mercado semelhante: as operações são feitas[1] através de um registro eletrônico contínuo de pedidos, que marca as *ofertas de compra* (lances) e as *ofertas de venda*, começando pelo lance mais alto e a oferta mais baixa. Qualquer um pode vender ou comprar a qualquer momento, aceitando o melhor lance de compra ou encomendando algumas unidades da mercadoria financeira que está sendo negociada.

A BMC e a BVNY também oferecem produtos financeiros similares. Por exemplo, em ambos os mercados você pode investir em todo o conjunto de empresas integrantes do índice de ações Standard & Poor's 500, que serve como indicador para todo o mercado de ações dos Estados Unidos. Na BVNY, pode-se facilmente fazer um investimento comprando ações de um fundo da S&P 500 negociado em bolsa, listado como SPY. Na BMC pode-se tomar uma posição semelhante comprando futuros E-mini S&P 500, listados como ES. O preço do SPY na BVNY e o preço dos futuros ES na BMC têm alta correlação:

eles sobem e descem juntos — o que não surpreende, já que ambos são investimentos no mesmo conjunto de empresas.

Os mercados de SPY e ES são densos. Todos os dias são vendidos milhões de contratos de futuros e ações negociadas em bolsa. A qualquer hora quando os mercados estão abertos — e até mesmo a cada minuto — os compradores podem encontrar muitos vendedores e os vendedores podem encontrar muitos compradores; assim a concorrência de preços é intensa.

Porém a situação muda se examinarmos não as horas e os minutos e nem mesmo os segundos, mas os milésimos de segundos, *milissegundos*. (O dia tem 86 milhões de milissegundos, e é necessário bem mais de uma centena para piscar o olho.) Mesmo no mundo ultrarrápido das finanças, podem se passar muitos milissegundos sem que nenhuma operação se realize.

Assim, um mercado que parece denso numa escala de tempo humana, com centenas de oportunidades de negociações durante um único segundo, pode parecer relativamente rarefeito para um computador. Os milissegundos vão passando sem negociação alguma e sem alteração no maior lance de compra ou na menor oferta de venda.

Outra coisa igualmente importante: hoje leva só alguns milissegundos para a notícia de uma alteração de preço em Chicago alcançar os operadores da bolsa de Nova York, e vice-versa. Dito de outra forma, quando muda o preço do SPY ou do ES numa cidade, pode haver alguns milissegundos de atraso, e alguém que já sabe da notícia pode comprar barato num desses mercados e vender mais caro no outro.

Qual velocidade você precisa ter para ganhar dinheiro dessa forma? Antes de 2010, as notícias do mercado eram transmitidas entre Chicago e Nova York por cabos que corriam ao longo das estradas e ferrovias. Mas naquele ano uma empresa chamada Spread Networks gastou centenas de milhões de dólares para implantar um cabo de fibra óptica de alta velocidade que segue uma linha muito mais reta e reduz tanto a transmissão ida e volta das informações quanto os pedidos de compra de dezesseis milissegundos para apenas treze.

Essa diferença de três milissegundos significou que apenas os operadores que usassem o novo cabo poderiam lucrar com as diferenças momentâneas de preços entre Chicago e Nova York.

Como a carteira eletrônica de pedidos — um elemento importante do atual modelo desses mercados — funciona na base de "o primeiro a chegar é o primeiro a ser servido", quem começa primeiro consegue fazer um bom negócio. E há muito dinheiro a ganhar dessa maneira. Assim, não é surpresa que, desde 2010, já se tenham investido bilhões de dólares em cabos ainda mais rápidos. No momento em que escrevo, em meados de 2014, as cotações de preços mais rápidas são transmitidas por um canal de micro-ondas com um tempo de ida e volta entre Chicago e Nova York de apenas 8,1 milissegundos.

Ora, talvez não seja problema que os operadores mais rápidos possam ganhar mais dinheiro; mas com certeza não é um fato positivo que bilhões de dólares sejam gastos em cabos mais rápidos que não oferecem nenhuma melhoria aos mercados nem qualquer outro benefício social. Na verdade, os cabos mais rápidos pioram o funcionamento do mercado de diversas formas, prejudicando os outros operadores.

Explico o motivo. Uma maneira pela qual os mercados financeiros fornecem densidade aos investidores normais é dar a certos operadores profissionais o incentivo para se tornar "fornecedores de liquidez". Os membros desse grupo não planejam conservar determinado papel e vê-lo valorizar-se; em vez disso, fazem negociações rápidas e atuam como formadores de mercado. Eles sempre oferecem um lance para comprar e, simultaneamente, para vender a mercadoria financeira para a qual estão formando mercado. O provedor de liquidez ganha dinheiro na diferença ("spread") entre essas ofertas de compra e venda, que ele ajusta continuamente conforme as oscilações do mercado. Quanto menor o spread e quanto maior a quantidade de oferta de compra ou venda dele, melhor o serviço prestado a quem entra no mercado para negociar (e maior a probabilidade de que *ele próprio* realmente consiga fazer o negócio, e não seus concorrentes).

Mas quando há operadores de alta velocidade nos mercados, os provedores de liquidez são obrigados a trabalhar com spreads maiores, ou quantidades menores, para se proteger, pelo menos parcialmente, da possibilidade de ser ultrapassados por outro operador usando uma das novas linhas super-rápidas. Esse outro operador pode conseguir comprar deles pelo preço antigo (agora já não mais válido) e momentos depois vender de volta pelo novo preço, mais elevado. Quanto maior o spread apresentado pelos provedores de liquidez, mais os preços têm que variar até que possam ser explorados dessa maneira, de ambos os lados da negociação — e mais o custo de se proteger é repassado aos investidores comuns.

As negociações de altíssima velocidade também podem contribuir para a instabilidade no mercado. Um exemplo famoso, com negociações em alta velocidade de futuros ES e fundos SPY negociados em bolsa, foi o da quebra-relâmpago de 2010. Em apenas quatro minutos, os preços dos futuros e dos fundos SPY vinculados a eles (bem como muitas ações do índice) tiveram queda de vários pontos percentuais — uma oscilação enorme, na ausência de notícias importantes na economia — e depois se recuperaram com velocidade quase igual.

Uma investigação posterior da Comissão de Valores Mobiliários (Securities and Exchange Commission, SEC) e da Comissão Reguladora de Negócios com Futuros de Commodities (Commodity Futures Trading Commission) sugeriu que essa breve distorção resultou de algoritmos computacionais rapidíssimos negociando uns com os outros, a uma velocidade tal que escapou da supervisão humana e saiu de controle brevemente, antes que alguém pudesse reagir.

Após essa quebra-relâmpago, houve mais confusão envolvendo encomendas atrasadas e carimbos de data e hora incorretos, que dificultaram determinar quais negociações realmente foram realizadas, já que até mesmo alguns computadores em ação no mercado foram ultrapassados pelos operadores de alta velocidade.

É claro que os computadores e os cabos de alta velocidade não são as únicas maneiras de conseguir informações sobre o mercado e agir com base nelas antes que outros o façam. Há algumas leis bem estabelecidas[2] contra o *insider trading,* que proíbem os executivos da empresa e outras pessoas detentoras de informações privilegiadas de negociar com base nelas ou divulgá-las para outros — como para administradores de fundos de hedge — antes que sejam tornadas públicas. Esses anúncios normalmente acontecem depois do fechamento dos mercados, de modo que os operadores tenham tempo de absorver as informações antes de fazer novas negociações. Mas as prisões dos Estados Unidos também abrigam uma coleção considerável de figurões poderosos do mundo das finanças que não conseguiram esperar, alguns deles indiciados pelo procurador-geral do estado de Nova York, cuja jurisdição abrange Wall Street.

O procurador-geral está envolvido porque as leis contra *insider trading* se destinam a equalizar o jogo e dar segurança aos investidores comuns para comprar e vender ações. Há uma preocupação semelhante quando a concorrência baseada na velocidade toma o lugar da concorrência baseada nos preços. Esse tipo de "corrida armamentista" é ruim para os mercados de ações. Um dos fatores que mantêm um mercado saudável é a concorrência de preços entre operadores bem informados.

Em resposta a essa crise crescente, Eric Budish, Peter Cramton e John Shim sugeriram uma mudança simples no desenho desses mercados financeiros, capaz de restaurar a concorrência de preços — e tornar desnecessário tentar obter informações alguns milissegundos antes dos outros operadores. Eles propuseram que, em vez de haver um mercado em contínuo funcionamento, no qual o primeiro a fazer uma oferta de compra ou venda consegue fechar negócio, os mercados deveriam funcionar apenas uma vez por segundo.[3] No modelo proposto, durante o intervalo de um segundo entre os mercados (um prazo aparentemente interminável de mil milissegundos!), as ofertas seriam acumuladas — e as negociações, realizadas ao preço em que a oferta se iguala à demanda — entre os operadores que se ofereceram para negociar a esse preço. Assim, as negociações não ficariam para os operadores mais rápidos, mas para os que deram os lances mais altos para compra e os mais baixos para venda.

Nesse mercado de uma vez por segundo, ninguém precisaria esperar muito tempo numa escala humana: as notícias econômicas que alteram os preços podem esperar um segundo, se necessário, sem perturbar a eficiência do mercado. Negociar uma vez por segundo também facilitaria o monitoramento, pois para essa tarefa bastariam os computadores comuns.

Mike Ostrovsky, professor de Stanford e projetista de mercado (e meu ex-aluno), conta uma história que adaptei aqui para tornar mais fácil perceber a diferença entre "concorrência pela velocidade" e "concorrência pelo preço".

Imagine que houvesse um campo de futebol em Chicago, na trajetória dos aviões que usam o Aeroporto Internacional O'Hare, e um belo dia todos os aviões que ali aterrissavam e decolavam começassem a jogar dinheiro nele — um total de um bilhão de dólares por ano. Quem chegasse primeiro poderia pegar e guardar o dinheiro. O que aconteceria? Bem, o campo logo se tornaria um lugar *muito* popular, com multidões de gente correndo para pegar as notas caídas no chão.

Nem é preciso dizer que um bilhão de dólares por ano é muito dinheiro, e logo as empresas começariam a contratar atletas para correr velozmente nesse campo. Outras iam investir em máquinas e logo mais haveria drones rapidíssimos apanhando as notas ainda no ar, apenas um pouquinho à frente dos outros drones mais lentos.

Qual seria a quantia que os concorrentes iriam achar merecedora de investimento nessa corrida frenética pelos dólares? Provavelmente uma fração considerável daqueles bilhões de dólares. E, a menos que houvesse muitos outros usos inesperados para drones rápidos capazes de apanhar notas no ar, esse investimento seria um desperdício de recursos do ponto de vista da sociedade, embora gerasse uma renda atraente para os apanhadores de notas mais rápidos do momento.

Agora, suponha que as autoridades do aeroporto fechassem esse campo, recolhessem todas as notas ali caídas e vendessem o pacote fechado num leilão no final de cada dia. Continuaria havendo uma competição, mas de forma diferente. Agora, o total diário iria para o maior lance. Já que um dólar é uma pechincha quando se pode comprá-lo por apenas cinquenta centavos, em breve a concorrência iria levar os preços para mais perto do valor real das notas a ser leiloadas a cada dia. E, ao longo de um ano, um total de um bilhão de dólares em notas provavelmente seria vendido por um montante próximo de um bilhão de dólares. Poderíamos até chamar isso de preço justo de mercado; e certamente seria um preço competitivo.

Note-se que, ao contrário de comprar drones e contratar velocistas olímpicos, apresentar um lance de compra não consome muitos recursos. Embora as empresas pudessem investir para conseguir uma estimativa precisa de quantos dólares caíram a cada dia, haveria um limite para o valor das informações — por exemplo, quanto vale saber se o total geral foi 2739727 dólares ou apenas 2739726 dólares? Isso porque a empresa que tem mais competência para fazer essa estimativa não pode ganhar um bilhão de dólares por ano; na verdade, talvez ganhe apenas alguns poucos dólares por dia, insuficientes até para contratar uma pessoa para dar lances em tempo integral.

Nesse cenário em que os lances competem pelo preço, e não pela velocidade, o montante anual das notas custa mais ou menos o que vale; assim, não há muita tentação de desperdiçar vastas somas numa competição improdutiva. E, se o dinheiro arrecadado dessa forma fosse reembolsado para os passageiros de cuja bagagem veio o dinheiro que caiu, o mercado também poderia reduzir o custo das viagens aéreas — um benefício social — em vez de enriquecer os investidores mais rápidos.

É difícil dizer que chances tem de ser adotada em breve a proposta sensata de Eric Budish e seus colegas de que o mercado atue uma vez por segundo para que a ganância pelos milissegundos possa ser substituída pela concorrência de preços. Como os mercados financeiros são regulamentados, muitas coisas podem acontecer depressa quando uma ideia é adotada pelos reguladores. (E essa ideia já recebeu o apoio do procurador-geral do estado de Nova York.) Mas, na ausência de pressão suficiente por parte dos reguladores, um desenho de mercado totalmente novo raras vezes é adotado. Isso só acontece quando o mercado se torna tão disfuncional que seus usuários ficam desesperados por alguma coisa nova; ou até que um empreendedor, um formador de mercado, perceba uma maneira de competir com os mercados existentes, oferecendo um modelo melhor.[4] Não está claro se os mercados financeiros já atingiram esse estado de disfunção.

Como a história desses mercados financeiros deixa claro, nem sempre um desenho de mercado superior é posto em prática. Melhorar o projeto de uma ratoeira pode não ser um esforço recompensado quando os ratos fazem valer sua opinião sobre o assunto. Os mercados financeiros são parte de uma enorme indústria. Os atuais vencedores na escalada de velocidade estavam simplesmente reagindo ao desenho de mercado existente. Eles não ficariam nada felizes se seus grandes investimentos em canais de micro-ondas mais velozes acabassem se tornando inúteis. No entanto, já sabem que isso pode acontecer a qualquer momento se for construído um novo canal de comunicação, ainda mais rápido. Assim, uma mudança nas regras para equalizar o jogo não seria um grande choque, e se fosse implementada em fases, ao longo de um período de tempo, poderia até ganhar o apoio desses investidores.

Por exemplo, se fosse anunciado que um mercado de uma vez por segundo seria estabelecido dentro de um ano, isso iria desencorajar de imediato grandes investimentos em velocidade e permitiria que os operadores mais rápidos de hoje desfrutassem um pouco mais da sua vantagem antes da mudança. Menciono isso porque o desenho de mercado também inclui reconhecer que as boas ideias, sozinhas, podem não bastar para corrigir um mercado. Em geral, também é necessário conseguir o amplo apoio dos participantes para que sejam adotadas e implementadas.

Portanto, não se trata apenas de uma disputa entre mocinhos e bandidos. Devem-se levar em conta os interesses de uma vasta gama de participantes para garantir que um novo desenho de mercado beneficie o máximo possível de pessoas.

A internet vitoriana

Pode ser bom para os mercados financeiros desacelerar até chegar à velocidade humana, mas não seria nada bom desacelerá-los a tal ponto que não consigam reagir prontamente às mudanças no mundo e na demanda por transações financeiras. Essa é uma das razões pelas quais cada vez mais mercados financeiros usam computadores próprios para processar suas transações. Mas, voltando um pouco atrás, podemos ver como acelerar a transmissão das informações pode ter um efeito benéfico sobre os mercados — especialmente se essa velocidade for medida em dias, não em milissegundos.

No século XIX, o mercado de algodão era um dos maiores do mundo, e os Estados Unidos eram um grande participante nele. O país produzia o algodão e as tecelagens inglesas o transformavam em tecidos e produtos acabados. Quando o primeiro cabo transatlântico foi concluído, em 1858, as mensagens entre a Inglaterra e os Estados Unidos passaram a ser enviadas por telégrafo, e não mais por navio — ou seja, num prazo de horas, e não dias. O telégrafo ganhou uma definição famosa do jornalista Tom Standage: "a internet da era vitoriana". Assim como a internet resultou numa revolução da informação no nosso tempo, o telégrafo causou uma revolução na época da Guerra Civil americana (1861-5).

Antes do cabo transatlântico, demorava cerca de dez dias para um navio levar as informações sobre preços da Inglaterra para Nova York, e outros dez para um navio carregado de algodão fazer a viagem de volta a Liverpool. Assim, reagir aos preços no mercado inglês (que refletia a oferta e a demanda de lá) ocupava mais da metade do mês.

Depois que o cabo foi instalado, as informações sobre preços atravessavam o Atlântico em um dia. Como resultado, os embarques de algodão começaram a corresponder mais de perto às flutuações do mercado, e os preços se tornaram menos voláteis. Antes do cabo submarino, era mais difícil ajustar a oferta à demanda, já que a notícia que chegava a Nova York já tinha mais de uma semana de idade — ou seja, era mais lenta do que o ritmo dos acontecimentos, mesmo naquela época. Acelerar a informação permitiu que os investidores reagissem melhor ao mercado. A velocidade fez o mercado de algodão se aperfeiçoar.[5]

Mas, como veremos a seguir, acelerar a chegada das notícias de modo que se possa tomar decisões com mais informações é diferente de acelerar as decisões de tal forma que elas têm de ser tomadas antes de sua chegada.

Vamos dar mais uma rápida olhada no mercado de assistentes judiciais, pois ele mostra a relação — e a diferença — entre agir cedo demais e agir rápido demais. Depois que esse mercado solucionou temporariamente seu problema de funcionamento desencorajando os juízes a fazer ofertas prematuras, eles encontraram outra maneira de usar o tempo de uma maneira estratégica, tornando o mercado disfuncional novamente. O exemplo a seguir deixa claro por que um mercado tem que resolver diversos problemas para ter sucesso e reforçar todos os elos na corrente em que pode haver falhas, de modo que nenhum deles se rompa.

Resposta atrasada é resposta recusada

Recebi uma oferta[6] de estágio por mensagem de voz enquanto estava num avião, indo para a segunda entrevista. Na verdade, o juiz deixou três mensagens. A primeira para fazer a oferta. A segunda para dizer que eu deveria responder logo. E a terceira para retirar a oferta. Tudo isso num voo de 35 minutos.

Candidato a assistente de juiz federal, 2005

A citação acima é de um estudante de direito que se candidatou a assistente num tribunal de apelações. Os recados telefônicos chegaram enquanto ele corria da sua primeira entrevista, em Boston, para a segunda, no mesmo dia, em Nova York. Quando entrou no avião e desligou o celular, ele *ainda* não tinha nenhuma oferta. Quando aterrissou 35 minutos depois, ele *já* não tinha mais nenhuma oferta.

Ao estudar esse mercado, eu e meus colegas prometemos anonimato a todos os que contatamos; por isso, alguns nomes de juízes famosos serão omitidos. Mas posso dizer que meus companheiros de pesquisa foram os professores Chris Avery e Christine Jolls e o juiz Richard Posner, do tribunal de apelações do sétimo circuito, em Chicago. O juiz Posner participa de longa data no mercado em que os juízes de apelação contratam recém-formados em direito como assistentes. Esse mercado vem passando por muitas mudanças de regras ao longo dos anos, todas tentando impedir o mau funcionamento discutido no capítulo anterior.

Em cada um dos casos, os juízes tentaram elaborar uma regra definindo um momento antes do qual não se deveria fazer nenhuma oferta. E, em cada um dos casos, a tentativa atingiu seu objetivo em parte — até que mais e mais juízes começassem a contornar a regras ou ignorá-las por completo e o mercado entrasse novamente em colapso, numa corrida para ser o primeiro a contratar. Enquanto escrevo, o colapso mais recente mal começou; quando você terminar este capítulo, já terá uma boa ideia de como provavelmente vai acabar.

Ao longo dos anos, enquanto vêm lutando contra esse mau funcionamento, os juízes se concentraram apenas no problema de fazer ofertas cedo demais. E, embora falassem com eloquência sobre as dificuldades decorrentes, consideravam o assunto uma simples questão de autocontrole. Muitas vezes formulavam regras para controlar a data antes da qual os juízes não poderiam fazer ofertas a possíveis assistentes.

No entanto, eles não tentaram controlar *a maneira* como essas ofertas são feitas. Dito de outra forma, ao controlar o momento em que isso acontece, eles tornam o mercado denso, mas sem dar aos participantes nenhuma ferramenta para lidar com o congestionamento. Assim, as ofertas-relâmpago abertas apenas por um período de tempo absurdamente curto continuam muito comuns.

Os juízes não desanimam facilmente. Eles já propuseram regras semelhantes para o cronograma das ofertas em 1983, 1986, 1989, 1990, 1993 e 2002; a tentativa mais recente foi abandonada formalmente apenas em 2013. Após cada uma, o mercado caía de novo na disfunção, e antes mesmo que as regras fossem abandonadas oficialmente muitos juízes já as ignoravam.

No entanto, a citação do aluno sobre as ofertas-relâmpago que recebeu no avião é de 2005, um ano em que o mercado ainda *não* tinha entrado em colapso novamente: todas as ofertas daquele ano foram feitas mais ou menos ao mesmo tempo. E isso nos deixa face a face com o congestionamento — o tempo insuficiente para considerar todas as oportunidades necessárias para tomar uma boa decisão.

O congestionamento é um dos motivos do colapso de um mercado. É como o tráfego da hora do rush numa cidade grande. Se todo mundo vai trabalhar ao mesmo tempo, o resultado é um grande engarrafamento e maior demora para chegar ao trabalho. Uma forma de evitar o tráfego é sair mais cedo. Mas, quando muitas pessoas fazem isso, a "hora" do rush começa mais cedo e dura mais tempo. Assim, todo mundo continua perdendo tempo no trânsito diariamente, e algumas pessoas podem ser tentadas a iniciar seu trajeto até mesmo antes. Há várias maneiras de lidar com esse congestionamento coletivamente, tais como melhorias nas ruas, estradas e pontes, que podem fazer o trânsito andar mais rápido, ou um bom sistema de transporte público, que tire das ruas uma parte dos carros.

Em engarrafamentos virtuais como os que assolam perenemente o mercado de assistentes judiciais, as ofertas-relâmpago fazem o "tráfego de ofertas" funcionar um pouco mais rápido. Mas também há razões menos respeitáveis para fazer essas ofertas-relâmpago antecipadas, e não apenas tentar fazê-las fluir melhor. Se um juiz achar que o jovem que ele gostaria de contratar poderá receber ofertas mais atraentes se tiver mais tempo para esperar, ele pode tentar "capturar" essa pessoa, insistindo numa resposta imediata.

Em 2005, a contratação de funcionários judiciais deveria se concentrar nos estudantes do terceiro ano — ou seja, os que iam terminar a faculdade e se formar em direito no fim do ano. E só deveria começar depois do Dia do Trabalho nos Estados Unidos — a primeira segunda-feira de setembro.

Depois de muitos anos em que os estudantes de direito eram contratados antes ainda do segundo ano de faculdade, a regra do Dia do Trabalho entrou em vigor em 2003. Assim, em 2005, os juízes já tinham experiência com esse sistema. E o que eles aprenderam foi que, depois do Dia do Trabalho, seus colegas juízes — ou pelo menos alguns deles — começariam a contratar assistentes *rapidamente*.

Assim, o juiz que deu os telefonemas na citação anterior sabia que, se deixasse essa oferta em aberto por muito tempo e no fim fosse rejeitado, o próximo estudante que gostaria de convidar muito provavelmente já teria sido contratado. Não era *seguro* esperar. Por isso, fazia suas ofertas rapidamente e não aguardava nem mesmo 35 minutos por uma resposta. (Ele também pode ter inferido que um aluno que não atendesse seu telefonema de imediato poderia já estar em outra entrevista e provavelmente era uma causa perdida.)

Num artigo de 1991 intitulado "Confessions of a Bad Apple" [Confissões de um mau elemento], Alex Kozinski, juiz do tribunal de apelações do nono circuito, defendeu sua maneira de contratar assistentes, condenada como "mau comportamento" por alguns outros juízes, dizendo: "Este é o mercado que determina a carreira de alguns dos jovens advogados mais inteligentes e promissores do país; seria espantoso se ele funcionasse com a delicadeza de um minueto. Estamos, afinal, treinando gladiadores de tribunal,[7] não dançarinos de salão".

Dançarinos de salão e gladiadores de tribunal

Mas até mesmo o juiz Kozinski, que se orgulha de ter começado antes da data permitida, logo reconheceu as vantagens para todas as partes, inclusive ele próprio, se a contratação pudesse ser retardada. E, no entanto, apesar de seis tentativas feitas desde 1983 para ajustar as regras, houve trapaça em cada uma delas, com as regras desrespeitadas e depois abandonadas por completo. Logo após uma alteração das regras, os juízes trapaceavam só um pouquinho. Mas basta um pouquinho de fraude para abrir as comportas. E como sabemos disso? Porque os próprios fraudadores nos disseram quando perguntamos a respeito em entrevistas e pesquisas confidenciais.

Em 2004, um ano depois que foi implementada uma nova repressão aos convites precoces, nada menos que 46% dos juízes responderam nossa pesquisa informando conhecer um número substancial de colegas que não estavam cumprindo as regras. Em 2005, esse número havia subido para 58%. Também os estudantes questionados relataram, em 2004, que tinham agendado e realizado entrevistas antes da data permitida. Em 2004, apenas 12% disseram ter recebido uma oferta explícita antes da data; mas em 2006 essa porcentagem mais que duplicou.

Com a pressão subindo, muitas escolas de direito de primeira linha tentaram intervir, dizendo aos seus professores para não recomendar candidatos antes da data acordada. Mas era uma regra muito dura para eles seguirem, pois seus alunos seriam prejudicados se eles se recusassem a dar uma recomendação caso um juiz a pedisse. Imagine se um professor dissesse ao juiz: "Desculpe, meritíssimo, tenho uma aluna que poderia ser a melhor assistente que o senhor já teve até hoje, mas não posso dizer nada sobre ela agora; só depois do Dia do Trabalho". Com isso ele estaria simplesmente deixando que contratasse algum aluno de um professor mais disposto a cooperar, talvez de uma faculdade concorrente. (Tenha em mente que o cargo de assistente de um juiz de alto perfil gera uma grande vantagem, não só para o próprio aluno como também para seus professores e sua faculdade, já que essas contratações enaltecem a escola e ajudam a atrair alunos no futuro.)

Essa dança do recrutamento e suas relações com as regras escritas foi, para muitos estudantes de direito, o primeiro contato íntimo com juízes em plena ação; e para alguns, tornou-se um choque e uma decepção. O idealismo deles quanto à integridade dos juízes foi despedaçado. Alguns comentários que ouvi dos estudantes bem mostram isso:

> É triste (patético?) que os juízes não estejam obedecendo às suas próprias regras. Isso vai contra toda a noção de "lei e ordem". Um dos assistentes [do juiz Z] até me repreendeu por minha "adesão excessivamente rigorosa a esse cronograma que eles têm" e observou que outros alunos da minha faculdade estavam dispostos a ser entrevistados antes da data. Para mim foi um verdadeiro conflito. Senti como se tivesse que escolher entre trapacear ou (potencialmente) não conseguir um estágio. É muito desanimador ver tantos juízes federais — que para todos os efeitos são o paradigma das regras e do fair play — quebrando suas próprias regras... Eu esperava mais.

Note-se que os juízes que decidiram não seguir as regras começaram apenas *um pouco* mais cedo. Trapacear "só um pouquinho" era, na verdade, a opção mais atraente. Dessa forma, ele poderia fazer suas ofertas e contratar seus assistentes antes dos concorrentes, mas sem sacrificar informações importantes sobre os candidatos — informações que ainda não teria se convidasse muito antes da data.

Também é importante notar que os trapaceiros mais entusiastas não eram os juízes de maior renome nos circuitos de maior prestígio, tais como o circuito da capital. Tampouco eram os que estavam muito em baixo na hierarquia. Os juízes que mais antecipavam suas datas de contratação, e que de ano em ano as antecipavam um pouquinho mais, em geral eram os melhores de tribunais um pouco menos prestigiosos — tais como os do nono circuito da Califórnia, como o juiz Kozinski. Não é difícil entender por que isso ocorria, já que os juízes no topo da hierarquia são aqueles que sempre vão se beneficiar mais se a contratação só acontecer depois que todas as informações sobre os candidatos e suas trajetórias acadêmicas estiverem disponíveis. Isso porque, se todos os juízes esperarem, os mais prestigiados vão acabar contratando os melhores candidatos — então para que trapacear?

No outro extremo da escala, não daria certo para um juiz de pouco prestígio fazer ofertas antecipadas. Os melhores candidatos iam declinar, uma vez que aceitar ser seu assistente significaria renunciar à chance de uma oferta melhor. Esses juízes, mesmo que tentassem contratar antes de todos os outros, provavelmente não teriam muito sucesso.

Mas os juízes que estavam *quase* no topo tinham opções muito diferentes. Se esperassem para competir com os melhores juízes muito depois de todas as informações sobre os alunos estarem disponíveis, não conseguiriam contratar os melhores alunos, como os editores das revistas jurídicas. Poderiam contratar bons assistentes, mas não os alunos nota dez com chance de um futuro estágio na Suprema Corte.

É preciso ser um aluno muito autoconfiante (ou muito tolo), prestes a começar seu terceiro ano na faculdade de direito, para recusar um emprego fantástico só porque não é o emprego *mais fantástico* do país. Ao contratar um estudante nota dez no início do terceiro ano, um intrépido juiz "quase no topo" tem a chance de contratar alguém que poderá ser, mais tarde, um dos grandes vencedores — alguém que poderia até eliminar aquele "quase" da reputação do próprio juiz.

Assim, foram esses juízes os primeiros a desrespeitar o sistema. E quando começaram, de fato, a conseguir muitos dos melhores alunos, os juízes de primeira linha também tiveram que passar a contratar mais cedo, em defesa própria.

Assim, ano após ano havia cada vez mais desrespeito às regras, até que algumas escolas de direito pararam, discretamente, de dizer a seus professores que não aceitassem pedidos antecipados de informações sobre os candidatos a estágio. A Universidade Stanford, cuja faculdade de direito é de primeira linha, tomou uma medida tardia, porém pública, quando escreveu à Conferência Judicial dos Estados Unidos, em junho de 2012, explicando que, em vista da violação generalizada das regras, passaria a dar cartas de recomendação sempre que fossem solicitadas.

Isso indicava até que ponto tinha ido o desrespeito às regras. A carta dizia: "Um número crescente de juízes[8] começou a entrevistar e a contratar assistentes bem antes do Plano".

O fim oficial das regras de contratação — do "Plano", como eram chamadas as regras coletivamente — ocorreu em janeiro de 2014, quando até mesmo o circuito mais prestigioso, o da capital federal, considerou que o esquema já não vigorava mais ao publicar um aviso que dizia:

> Embora os juízes[9] deste circuito preferissem, uniformemente, continuar a contratar assistentes nos termos do Plano Federal de Contratação de Assistentes Judiciais, tornou-se evidente que ele não está mais funcionando [...] Estamos prontos para colaborar com os juízes dos outros circuitos para elaborar um sucessor adequado para o plano atual. Nesse meio-tempo, porém, os juízes deste circuito vão contratar assistentes no momento em que cada um, individualmente, considerar adequado. Já concordamos em que nenhum de nós vai fazer "ofertas-relâmpago", isto é, ofertas que expiram se não forem aceitas de imediato.

Essas poucas frases dizem muito sobre o prestígio e seus limites. O circuito de Washington, o mais prestigioso do país, era o que tinha mais a ganhar contratando os estudantes o mais tarde possível. Foi o último a abandonar as regras destinadas a promover a contratação mais tardia, e estava ansioso para restaurá-las no futuro — não apenas devido a um senso de justiça, mas porque seria ele quem ganharia mais com um mercado bem-ordenado. Embora o circuito de Washington parecesse estar fazendo um nobre sacrifício ao concordar em não lançar mão de ofertas-relâmpago, os juízes dos circuitos de maior prestígio não precisam delas. Ao contrário dos juízes de outros tribunais, eles têm confiança de que muito poucos alunos vão recusá-los. Mesmo assim, embora tendo os cargos mais desejados para oferecer, eram obrigados a contratar mais cedo do que gostariam, já que todos os outros estavam fazendo isso.

Assim, os juízes do circuito de Washington logo transferiram a contratação dos assistentes de 2014 para antes do Dia do Trabalho. A juíza Janice Rogers Brown, por exemplo, segundo se relatou amplamente, contratou um assistente chamado Shon Hopwood[10] na primeira semana de agosto de 2013. (Hopwood tinha uma história pessoal inusitada: antes de estudar direito, cumpriu uma longa sentença de prisão.) Essas contratações antecipadas logo se tornaram comuns. Assistentes que só iam começar a trabalhar em 2015 foram contratados em fevereiro de 2014, com um ano e meio de antecedência.

Posso prever que esse mau funcionamento do mercado de assistentes judiciais vai continuar e que, nos próximos anos, os juízes do circuito de Washington e outros mais uma vez vão contratar alunos no início do segundo ano de faculdade — e que os estudantes vão receber novas ofertas-relâmpago.

A história desse mercado[11] é um estudo de caso sobre como as mudanças incrementais no desenho podem falhar quando tratam apenas dos *sintomas* do fracasso de um mercado, e não das *causas*. Nesse caso, a mudança era um conjunto de regras que dizia que os juízes deviam esperar para fazer suas ofertas — apesar de a realidade do mercado não lhes dar a segurança necessária para obedecer.

Explosões em câmera lenta

Como vimos, os juízes manobram as ofertas-relâmpago com a mesma facilidade com que batem seu martelo. Elas acontecem em muitos mercados, mas por vezes assumem formas difíceis de reconhecer. Em certo mercado do Japão, ocorreram ao longo de meses. A essência de uma oferta-relâmpago não é o fato de expirar rapidamente, mas sim de obrigar o destinatário a responder antes de receber quaisquer outras ofertas. Já em 1953, para combater o mau funcionamento da contratação de formandos, foram feitas tentativas de especificar uma data antes da qual ninguém deveria oferecer emprego aos alunos. Naquele ano, as universidades, os ministérios e as organizações empresariais concordaram em que as primeiras só deveriam começar a recomendar seus alunos do quarto ano a partir de 1º de outubro. (O período letivo japonês começa em abril e termina em março, portanto isso significava a segunda metade do último ano.) Tal como muitas vezes ocorre, impor uma data não funcionou; mas os interessados não pararam de tentar. Os anos 1970 foram marcados por uma série de acordos[12] entre empresas, organizações universitárias e ministérios relativos à data inicial de diversas atividades de recrutamento.

Esses acordos fracassaram por razões que agora conseguimos facilmente adivinhar: alguns possíveis empregadores simplesmente os ignoraram, ou encontraram maneiras inteligentes de contornar as regras, tais como oferecer precocemente garantias informais de emprego.[13] Quando algumas empresas começaram a fazer ofertas adiantadas, outras empresas se sentiram pressionadas a começar antes ainda.[14] Na década de 1980, o Ministério do Trabalho anunciou que ia deixar de monitorar o acordo vigente na época, já que não tinha nenhuma maneira eficaz de fazê-lo vigorar. Porém, mesmo com toda essa violação das regras, as firmas japonesas acharam embaraçoso lançar ofertas de emprego *oficiais* antes da data especificada.

Em vez disso, começaram a fazer uma espécie de oferta-relâmpago em câmera lenta — basicamente, raptando os alunos a quem haviam feito ofertas antecipadas informais. Por exemplo, marcavam eventos obrigatórios no mesmo dia em que eram realizados os concursos para cargos públicos. Se um aluno não comparecesse ao evento da empresa, não receberia a oferta prometida quando chegasse o dia das ofertas oficiais. Assim, o estudante que quisesse aceitar uma oferta antecipada não poderia fazer o exame que lhe permitiria ser admitido, por exemplo, no Ministério da Fazenda. Em suma, o aluno tinha nas mãos uma oferta-relâmpago que teria que recusar caso quisesse considerar outras opções no futuro.

Uma pesquisa de 1984 mostrou que 88,4% das grandes empresas do Japão julgavam que o acordo vigente sobre recrutamento de formandos deveria continuar, embora 87,7% reconhecessem que não o respeitavam.

No mercado japonês de formandos, tal como nos mercados americanos para jovens advogados procurando cargos nos tribunais ou nas firmas de advocacia, era difícil criar uma densidade em que muitas pessoas pudessem optar entre várias oportunidades. Não bastava aprovar regras impedindo ofertas antes da data fixada. E, até mesmo quando elas eram todas feitas mais ou menos ao mesmo tempo, transformavam-se em ofertas-relâmpago; ou seja, não permitiam que esses formandos considerassem outras oportunidades. Para que os participantes possam desfrutar dos benefícios de um mercado denso, é preciso superar o problema do congestionamento que sempre o acompanha — isto é, permitir que várias ofertas sejam feitas e levadas em consideração dentro do prazo disponível. Vamos agora considerar o problema do congestionamento.

CAPÍTULO 6

Congestionamento: por que o mais denso tem que ser o mais rápido

Quando se trata de velocidade, os mercados tendem a se manter num ponto de equilíbrio: nem rápido nem lento demais.

Acabamos de ver como as transações muito rápidas podem ser prejudiciais, mas operações excessivamente lentas também atrapalham. É surpreendente, mas os mercados às vezes são lentos demais, ou *congestionados*, até mesmo na internet. Embora a rede funcione na velocidade dos computadores, as pessoas que a utilizam continuam precisando de certo tempo para considerar e agir. É por isso que, para operar em velocidades digitais, é preciso eliminar as pessoas do processo. Uma maneira de conseguir isso é fazer com que elas tomem deliberações mais cedo. (Daí o surgimento da nova "internet das coisas", em que os aparelhos aprendem as preferências do dono, conversam um com o outro e tomam decisões no lugar dele.)

Mercados que envolvem ofertas e respostas exigem uma comunicação bidirecional fácil. É por isso que a ascensão das comunicações móveis foi tão importante para o desenvolvimento de muitos mercados da internet: o smartphone abrevia o tempo de resposta.

Considere o Airbnb, que cria um mercado entre, de um lado, os viajantes à procura de um lugar agradável e barato para ficar e, de outro, pessoas que querem alugar apartamentos e quartos extras subutilizados.

Quando o Airbnb começou, em San Francisco, Califórnia, em 2008, a maioria das pessoas acessava a internet em desktops ou laptops. Assim, se você quisesse oferecer seu quarto de hóspedes na semana seguinte podia usar um dos dois e colocar um anúncio no Airbnb de manhã antes de sair para o trabalho. Ao voltar para casa à noite, verificaria se alguém tinha manifestado interesse; em caso positivo, confirmaria a reserva. Fácil.

Agora veja o outro lado dessa transação. Como possível hóspede, você teria que esperar o dia inteiro para saber se o quarto desejado ainda estava disponível; e, se ficasse sabendo no final do dia que não estava, teria que recomeçar toda a procura. Dá para perceber o problema. O modelo de negócios do Airbnb funcionava bastante bem no início, quando o mercado era pequeno e os viajantes eram jovens intrépidos, com orçamento apertado, dispostos a gastar tempo para encontrar um bom negócio. Na época, os concorrentes do Airbnb eram serviços de internet semelhantes, como o Crashpadder de Londres (comprado pelo Airbnb em 2012) e o iStopOver de Toronto (comprado pela 9flats de Berlim, também em 2012). A concorrência naqueles dias se baseava sobretudo em atrair mais e mais pessoas, tanto anfitriões como viajantes, para tornar o mercado mais denso. É por isso que os peixes grandes compraram os pequenos.

Mas quando o Airbnb ficou enorme, com um vasto número de anfitriões e de viajantes, tornou-se cada vez mais comum ter que fazer várias tentativas para conseguir uma reserva. Enquanto isso, os principais concorrentes já não eram outras pequenas empresas de internet, mas gigantes da hotelaria como Hilton, Marriott e Best Western. E uma enorme vantagem que essas grandes cadeias hoteleiras oferecem é a velocidade da confirmação e das operações: seja por telefone ou pela internet, pode-se ver rapidamente se há quartos disponíveis e reservar para o dia desejado. Isso porque todos os quartos, digamos no Hilton, são administrados por um sistema informatizado central, de modo que uma só busca permite verificá-los ao mesmo tempo.

Imagine se, em vez disso você tivesse que ligar para o Hilton para perguntar sobre cada quarto separadamente. Em dado telefonema, a única coisa que o atendente das reservas poderia lhe dizer é que, digamos, o quarto 1226 no hotel de San Francisco está disponível para a data desejada. E, se não estivesse, você precisaria dar outro telefonema para se informar sobre o quarto 1227, depois outro para o 1228, e assim por diante. Reservar um quarto com os anfitriões do Airbnb era mais ou menos assim.

O Airbnb precisou então descobrir de que modo um mercado com muitos anfitriões, cada um oferecendo um quarto de cada vez, poderia competir mais eficazmente com os hotéis. O preço era, obviamente, importante. Mas foi a generalização dos smartphones que ajudou a superar a diferença de velocidade, e isso pode ter sido o mais importante. Hoje os anfitriões administram e confirmam suas reservas pelo celular, sem precisar esperar até voltar para casa. E, assim que o quarto estiver reservado, podem atualizar imediatamente seu anúncio e retirar a disponibilidade. Isso, por sua vez, facilita encontrar um quarto disponível, mesmo que o viajante tenha que consultar um de cada vez.

Vemos assim que os smartphones fizeram o mercado de hospedagem funcionar melhor não só porque os anfitriões podem responder mais rápido, mas também porque podem atualizar antes a situação das reservas, o que os torna mais informativos. Isso também reduz o congestionamento (aparecem menos quartos disponíveis, e um quarto que aparece como disponível provavelmente de fato estará). Os viajantes podem, então, procurar de forma mais eficiente, com menos perda de tempo e pistas falsas.[1]

Assim como o Airbnb compete com os hotéis oferecendo um mercado de quartos em casas particulares, a empresa de transportes Uber concorre com os táxis oferecendo um mercado de carros particulares. Na maioria das cidades, apenas os táxis têm direito de pegar passageiros na rua, e os carros com motoristas só podem buscar clientes com reserva antecipada, o que levava tempo. Um motorista particular servia bem para uma viagem programada para o aeroporto, ou para uma frota de carros para um congresso, mas, se você tivesse que sair na chuva ou deixasse um hotel depois de tomar calmamente seu café da manhã, era muito mais fácil chamar um táxi na rua.

Mais uma vez, os smartphones mudaram tudo isso. Agora é possível chamar um motorista quase tão facilmente quanto um táxi, e como resultado muitos carros agora estão prontos para servir. E isso foi só o começo. O Uber e empresas como a Lyft são ainda mais parecidos com o Airbnb: estão formando um mercado para os lugares vagos nos carros particulares. A velocidade também é essencial para fazer com que funcionem de forma diferente do mercado "agendado" que já existia antes. Em alguns aspectos, esses serviços são mais rápidos que os táxis não ligados a aplicativos: não é preciso perder tempo fazendo o pagamento ao chegar, já que o app com que você chamou o carro vai descontar a quantia automaticamente do seu cartão de crédito. Isso funciona porque a chamada passa por uma câmara de compensação central que arquiva os detalhes dos cartões.

Talvez você esteja começando a ver aqui um esquema que se repete e já possa prever (ou até mesmo elaborar) mercados que ainda não existem. Motoristas particulares existem há muito tempo, e sempre se pôde alugar quartos vagos através de amigos. Mas os computadores e os smartphones ajudaram o Uber e o Airbnb a se transformar em empresas multibilionárias, tornando esses mercados mais densos e mais rápidos, maiores e menos congestionados.

A oportunidade bate à porta

A chance de ter sucesso construindo um bom mercado pode surgir sempre que houver recursos desejáveis e subutilizados que as pessoas demorem muito para encontrar e transferir.

O que dizer dos ingressos que você comprou para um jogo ou um show e não vai poder usar? E, do outro lado, os ingressos que você deseja muito comprar, mas estão esgotados? A StubHub está formando um mercado para eles. Em 2007, ela foi adquirida pelo eBay — que, por sinal, provavelmente foi a primeira empresa de internet a criar um mercado para objetos que estavam acumulando pó na garagem ou no sótão. (Aliás, a velocidade também está se tornando importante nele. Se antes a maioria dos objetos era vendida em leilão, hoje está disponível a preço fixo. É uma maneira mais rápida de fazer negócios, pois você pode comprar o que deseja assim que quiser, sem precisar esperar o final do leilão — e se arriscando a perder e ter que tentar novamente em outra ocasião.)

Assim como seu quarto extra poderia ter ficado ocioso antes de o Airbnb abrir um mercado para ele, sua conexão de internet sem fio pode ficar ociosa durante o dia enquanto você está no trabalho. Se eu for seu hóspede, posso pedir sua senha. Mas, se eu estiver passando de carro pela sua casa e meu celular detectar sua rede protegida, não vou conseguir acessá-la, nem pagando por isso. No entanto, no momento em que escrevo, uma nova empresa chamada BandwidthX (de cujo conselho consultivo faço parte) está descobrindo de que forma o provedor do celular poderia acessar essa rede automaticamente. Isso daria ao viajante uma conexão melhor quando o sinal estiver fraco ou o sistema sobrecarregado; e os donos das casas teriam redução nas taxas de telefonia ao vender o acesso.

Em todos esses novos mercados, os empresários que os construíram tiveram que descobrir:

1 como torná-los densos, atraindo muitos compradores e vendedores;
2 como superar o possível congestionamento resultante — ou seja, como fazer com que sejam rápidos mesmo sendo densos;
3 como torná-los seguros e confiáveis (voltaremos a isso mais adiante).

Para o Uber e o Airbnb, vencer o congestionamento era uma questão de vida ou morte. Se fazer a correspondência entre os carros e os passageiros se tornasse difícil, muitos passageiros voltariam a usar táxis. E, se ficasse muito complicado reservar um quarto na casa de alguém, os viajantes voltariam a reservar quartos de hotel. O congestionamento ameaça a densidade do mercado, um ponto-chave para o sucesso das duas empresas. Pode ser difícil observar como ele é perigoso para um mercado porque a maioria dos bem-sucedidos encontrou uma maneira de lidar com isso, e os que não conseguem lidar com o problema não se tornam grandes e densos e acabam por não ser notados. Mas o congestionamento faz os mercados funcionarem mal mesmo quando não ameaça a densidade, mantendo muitos participantes de ambos os lados.

Considere o mercado de combinações para matricular as crianças nas escolas públicas. Nova York tem numerosas escolas e um vasto número de alunos, e o Departamento de Educação da cidade não precisa se preocupar em perder nem um nem outro, mas tem que encontrar uma maneira de vencer o congestionamento para poder decidir, com eficiência, quem vai entrar em qual escola. Examinando a situação podemos ver claramente os problemas causados pelo congestionamento e como ele pode tornar as férias de verão um momento difícil para os alunos à espera de alocação.

Em Nova York tudo é possível

Se os mercados às vezes são muito lentos, mesmo usando internet e smartphones, imagine como podem ficar congestionados quando realizados pelo correio. Em comparação com as formas de comunicação mais recentes, o e-mail dá a sensação de algo mais vagaroso e relaxado. Mesmo que a pessoa esteja esperando com impaciência um e-mail importante, sente que dá para demorar um pouco para responder.

Fiquei sabendo de um problema assim certo dia em que meu telefone tocou em 2003. Na linha estava Jeremy Lack, diretor de planejamento estratégico do Departamento de Educação da cidade de Nova York. O chefe de Jeremy, o secretário de Educação Joel Klein, fora encarregado pelo prefeito Michael Bloomberg de reassumir o controle sobre o maior sistema de escolas municipais do país.

As escolas públicas de Nova York já funcionavam de forma descentralizada havia anos, dando autonomia aos diretores e aos conselhos escolares da comunidade. O objetivo do prefeito Bloomberg e do secretário de Educação era dar aos quase 90 mil novos alunos de nono ano uma escolha bem ponderada entre as centenas de escolas de ensino médio em que poderiam entrar.

Pouco depois disso, encontrei Parag Pathak, um aluno brilhante de pós-graduação que tinha feito meu curso de desenho de mercado em Harvard. Pathak veio ao meu escritório em busca de algum projeto, dizendo que queria combinar a teoria econômica com "algo real". Sugeri que me ajudasse a mergulhar no problema das escolas de Nova York. Hoje ele é professor de economia no MIT e especialista em opções escolares. Também atraímos para a equipe Atila Abdulkadiroğlu, que agora é professor da Universidade Duke, mas na época trabalhava num lugar muito conveniente para nós: a Universidade Columbia, em Nova York.

Com tantos alunos e centenas de estabelecimentos, o mercado de vagas escolares em Nova York era muito denso, mas também incrivelmente congestionado.

Naquela época, Nova York tinha um complicado sistema de admissão baseado em formulários de papel. Os alunos que se preparavam para entrar no ensino médio preenchiam com suas famílias formulários listando até cinco escolas desejadas, em ordem de classificação. O Departamento de Educação recolhia esses formulários e enviava cópias para cada uma das escolas listadas. Os formulários passavam a ser as fichas de candidatura dos estudantes às escolas.

Algumas eram obrigadas a admitir alunos por sorteio, mas outras podiam escolher quem iam aceitar ou colocar na lista de espera. Depois que as escolas decidiam, o Departamento de Educação enviava cartas informando aos alunos onde tinham sido aceitos. Cada carta pedia ao candidato que escolhesse uma escola (caso tivesse mais de uma opção) ou que indicasse se desejava continuar tentando outra escola, em vez de já entrar na que o tinha aceitado.

As regras diziam que os alunos poderiam aceitar uma única oferta e ficar em uma única lista de espera. As escolas que tiveram ofertas rejeitadas na primeira rodada poderiam então fazer outras, e o Departamento de Educação enviava uma segunda rodada de cartas.

Depois que os alunos respondiam, havia uma terceira e última rodada. Quem ficasse sem vaga depois disso era alocado pelo Departamento de Educação, geralmente para a escola com vagas disponíveis que fosse mais próxima de sua casa.

O resultado desse complicado sistema era uma grande confusão. Muitos alunos não conseguiam vaga em nenhuma das escolas a que tinham se candidatado — e, quando eram alocados, em geral já era em agosto, pouco antes do início das aulas. Com isso, muitos optavam por não tomar parte desse processo; em meio ao caos e ao congestionamento, conseguiam entrar pela porta dos fundos em alguma escola, através de canais não oficiais.

A realidade é que o processamento dos pedidos de 90 mil alunos em três rodadas simplesmente não dava conta de controlar tudo.

O sistema também estava congestionado: não havia tempo para mais de três rodadas. Apenas cerca de 50 mil alunos recebiam ofertas na primeira rodada; destes, 17 mil recebiam várias, que tinham de ser aceitas ou rejeitadas antes que a próxima rodada pudesse começar.

Dá para perceber facilmente como isso atrasava as coisas. Mesmo que você fosse aceito em sua primeira opção, talvez enviar sua carta de aceitação não fosse algo tão prioritário. Quem sabe você fosse comemorar um dia inteiro (ou três dias) antes de enviar a resposta ao Departamento de Educação. E, se não fosse aceito na sua primeira opção, talvez quisesse consultar seus vizinhos, amigos, professores e outros antes de entrar numa lista de espera — o que também leva tempo. Assim, o problema não é a lentidão apenas do correio convencional, mas também da tomada de decisões. Muitas tinham que ser feitas por uma série de pessoas ao longo do processo.

Quando a terceira rodada terminava, cerca de 30 mil alunos ainda não tinham sido aceitos em nenhuma escola da sua lista e tinham que ser alocados pelo escritório central. Pense nisso: 30 mil adolescentes e seus pais angustiados com uma das questões mais importantes da sua vida até então, suando de ansiedade até os últimos momentos de um longo e quente verão até poder finalmente entrar no ensino médio.

Isso já era uma grande frustração, mas os problemas não se restringiam ao congestionamento. Para muitos pais, o sistema todo parecia arriscado, inseguro e nada confiável. Havia, oficialmente, um processo de apelação e um processo "de balcão" para alocar os estudantes que haviam se mudado ou que por qualquer outro motivo ainda não tivessem uma vaga antes do início das aulas. Mas os pais experientes sabiam que também poderiam apelar diretamente aos diretores, já que as escolas não precisavam incluir, necessariamente, todas as suas vagas no processo centralizado. O resultado era um robusto "mercado negro" de pais muito motivados contornando um sistema que consideravam obscuro, na melhor das hipóteses, ou mesmo tendencioso e corrupto.

"Joel Klein sentia que os alunos estavam entrando em escolas com base em outras coisas que não o mérito", diz Tony Shorris, vice-secretário de operações da Educação. "As famílias bem relacionadas tinham vantagem." Outro aspecto do antigo sistema que complicava as opções escolares era que os diretores viam as listas de preferências dos alunos e sabiam qual classificação haviam dado à sua escola. Em resposta, muitas escolas não aceitavam ninguém que não as tivesse colocado em primeiro lugar.

Em vista da natureza especializada de algumas escolas de ensino médio de Nova York, isso pode parecer sensato. Digamos que você fosse o diretor da Aviation High School, localizada entre os aeroportos LaGuardia e Kennedy. Sua missão é preparar os alunos para a carreira na aviação. Você talvez quisesse aceitar apenas os que têm vocação para o setor, e pode assumir que eles vão indicar esse interesse classificando a Aviation em primeiro lugar. Mas, se você restringisse a admissão apenas a esses alunos, ninguém que classificasse a Aviation em segundo lugar poderia entrar. Além disso, alguns alunos para quem ela era na verdade a segunda ou terceira opção teriam de enfrentar uma decisão estratégica de classificá-la em primeiro lugar.

Um aluno cuja verdadeira primeira opção fosse uma escola difícil de entrar poderia simplesmente abdicar da Aviation se revelasse suas verdadeiras preferências. O Departamento de Educação reconheceu isso, implicitamente, no seu diretório de escolas de ensino médio de 2002-3, ao aconselhar os alunos que, ao classificar escolas, considerassem "a concorrência para uma vaga neste programa". Em outras palavras, o sistema escolar estava dizendo aos alunos e seus pais que calculassem e elaborassem estratégias de mercado, e não pensassem apenas em quais eram suas escolas preferidas. Isso significava que, mesmo se o diretor da Aviation só aceitasse os alunos que classificassem a escola em primeiro lugar, não podia garantir que ela era, de fato, sua primeira opção. *Na verdade, era apenas a melhor escola onde os alunos achavam que poderiam entrar se a colocassem em primeiro lugar.*

E as famílias não eram as únicas a criar estratégias. O sistema tampouco era seguro para os diretores escolares, que muitas vezes se sentiam pressionados a manipulá-lo ocultando a verdadeira capacidade da escola e segurando algumas vagas. Eles então tentavam preenchê-las com alunos que não estavam felizes com as que haviam recebido. O *New York Times* mais tarde citou um subsecretário de Educação que disse: "Antes, a escola que ia receber cem novos alunos de nono ano podia declarar apenas quarenta vagas e depois alocar as outras sessenta por fora do processo".[2]

Mas o problema mais urgente, o que os motivou a me pedir ajuda, foi a enorme massa de 30 mil alunos que não conseguiram entrar em *nenhuma* escola que tinham escolhido e precisavam ser alocados pela administração no último minuto. Esse também era um problema de congestionamento, não haver tempo para ofertas de admissão, aceitações e rejeições o suficiente para alcançar cada aluno que precisasse de uma vaga, permitindo ao mesmo tempo que as famílias tivessem influência no destino dos filhos.

É preciso descongestionar

Os mercados densos precisam ser rápidos, mas isso é difícil — mesmo que a tecnologia seja rápida — se precisam esperar que outras pessoas tomem decisões e as ponham em prática. No início do processo de opções de ensino médio as escolas de Nova York podiam fazer ofertas sem esperar ninguém. Mas, quando faziam isso, tinham que esperar as respostas antes de poder fazer uma nova rodada de ofertas; isso tornava o mercado congestionado e lento demais para processar cada aluno em tempo hábil.

Pense em como funciona o mercado imobiliário. Quando você está *vendendo* uma casa, o mesmo preço é pedido a todos. E, quando você está *comprando* uma casa, pode levar em consideração todas as casas à venda no mercado. Mas suponha que decida fazer uma oferta para determinada casa. O vendedor normalmente tem de considerar a oferta num prazo específico, talvez 24 horas — um pouco mais quando o mercado está lento e um pouco menos num mercado aquecido.

Enquanto a oferta está aberta, a maioria dos compradores não pode se dar ao luxo de fazer uma oferta para outra casa, por causa do sinal que é requerido nos Estados Unidos; eles precisam esperar uma resposta. Mas, num mercado aquecido, enquanto você espera, outra casa que talvez lhe interesse pode ser vendida. Da mesma forma, se o vendedor faz uma contraproposta formal, vai ter que esperar pela decisão do comprador, mas não quer deixá-la aberta por mais tempo que o necessário. Assim, embora o mercado comece com todo mundo falando com todos os outros, de repente se transforma em uma série de conversas particulares entre um comprador e um vendedor.

Já vimos que os mercados de trabalho também podem funcionar assim. Uma empresa que quer preencher uma posição importante pode pesquisar o mercado e entrevistar muitos candidatos, para depois considerar a quem fazer uma oferta. Porém, uma vez que o cargo é oferecido, ela precisa dar ao candidato algum tempo para considerá-la, e durante esse tempo os outros candidatos podem aceitar outros empregos e ficar indisponíveis. Como vimos no capítulo 5, isso é especialmente verdade num mercado com ofertas-relâmpago e onde tudo acontece mais rápido, de modo que as empresas podem se sentir compelidas a também fazer ofertas-relâmpago.

Os mercados de matching precisam dar conta do congestionamento, já que cada oferta não é apenas um conjunto de termos para um negó-

cio, e sim uma proposta para fazer uma combinação com determinada contraparte. No mercado imobiliário, por exemplo, mesmo que o comprador não se importe muito em saber *de quem* vai comprar, certamente se importa em saber *o que* vai comprar; assim, também são necessárias combinações. Os mercados de commodities normalmente têm um pouco menos de problema de congestionamento, já que uma oferta para comprar ou vender ações da Bolsa ou algumas toneladas de trigo pode ser feita para todo o mercado. Além disso, o comprador ou o vendedor pode mudar sua oferta a qualquer momento, sem precisar esperar pelas ações de ninguém. Mas, nos mercados de matching, algumas ofertas têm que esperar pelas decisões de outras pessoas.

Voltando às escolas públicas de Nova York, a chave para acelerar o sistema de escolhas não era apenas projetar um processo totalmente informatizado, embora isso fizesse parte. Os computadores são rápidos, mas as pessoas são lentas, e tanto as decisões a tomar como as informações que elas têm sobre as melhores escolas para seus filhos são fundamentais para o sucesso do mercado.

A solução para descongestionar as escolas de ensino médio de Nova York foi deixar os alunos indicarem suas preferências todos ao mesmo tempo e em seguida usá-las para processar as decisões rapidamente. Quando as preferências são apresentadas com antecedência, uma central informatizada já sabe qual escola um estudante vai preferir se lhe for dada uma escolha entre duas.

O mesmo sistema pode funcionar em outros mercados relacionados, como mercados de trabalho, em que o candidato pode indicar de uma vez só todas as suas preferências entre os empregos aos quais se candidatou.

Com vários colegas, ajudei a projetar câmaras de compensação informatizadas que hoje estão sendo usadas para processar as preferências por escolas, empregos e candidatos a empregos — preferências que as pessoas definem *antes* ainda de ligar o computador. O sistema pode, então, passar rapidamente pelas cadeias de oferta-rejeição-oferta, e assim há tempo para cada pessoa fazer todas as ofertas que desejar fazer.

O ponto-chave para que uma câmara assim funcione bem é tornar *seguro* para as pessoas declarar suas preferências sinceramente. Então, antes de começar a descrever as câmaras de compensação que já elaboramos, vamos falar mais sobre esse aspecto.

CAPÍTULO 7

Arriscado demais: confiança, segurança e simplicidade

Tornar os mercados seguros é um dos problemas mais antigos do desenho de mercado. Remonta a bem antes da invenção da agricultura, quando os caçadores trocavam seus machados e pontas de flechas — artefatos que hoje os arqueólogos encontram a milhares de quilômetros de onde foram feitos. Mais recentemente, uma das responsabilidades dos reis na Europa medieval era fornecer passagem segura para mercados e feiras. Para que possa haver um comércio saudável, os compradores e vendedores precisam participar deles com segurança, sem ser assaltados ou roubados (ou coisa pior) por salteadores de estrada. Sem alguma garantia de passagem segura, esses mercados teriam fracassado; seriam arriscados demais para atrair muitos participantes. E, se fracassassem, os reinos seriam privados da prosperidade que traziam e dos impostos que geravam.

No caos da corrida pelas terras de Oklahoma, que vimos no capítulo 4, mesmo aqueles que conseguiram a posse de terras desejáveis descobriram que para registrar a posse no escritório em Enid era preciso fazer uma viagem perigosa. Muitos preferiam ir juntos em grandes grupos para evitar emboscadas no caminho.

Esse risco de roubo e danos físicos ainda existe em alguns mercados, especialmente nos ilícitos, tais como os do sexo e das drogas ilegais, nos quais os compradores e os vendedores muitas vezes se encontram furtivamente em lugares isolados e mal policiados. O risco não vem apenas de terceiros que podem chegar para roubar dinheiro ou bens, mas dos próprios vendedores e compradores que por vezes atacam um ao outro. De fato, um dos argumentos mais bem estabelecidos para legalizar as drogas e a prostituição é que criminalizá-los nada mais faz do que relegá-los ao mundo da insegurança e do não regulamentado. (Falarei mais a respeito no capítulo 11, que trata de mercados repugnantes e proibidos.)

Claro, não são só os mercados ilegais que podem ser perigosos. Por exemplo, os motoristas de táxi nas grandes cidades enfrentam algum risco por parte de passageiros que pedem uma corrida a algum bairro mal policiado visando roubá-los. E basta assistir ao noticiário para saber que trabalhar no comércio — joalherias, bancos, postos de gasolina, lojas de conveniência — deixa as pessoas vulneráveis ao roubo. Tal como os europeus na Idade Média, os cidadãos da era moderna contam com o governo para fornecer a segurança básica sem a qual os mercados não podem prosperar.

Mas há outros riscos, mais prosaicos. É possível não receber os bens já pagos, ou eles podem não ser da qualidade esperada. Suas informações de cartão de crédito podem ser roubadas e usadas para comprar coisas pelas quais você será cobrado. (É justamente para tornar mais seguro usar cartão de crédito que o banco emissor indeniza o usuário contra esse tipo de perda financeira — mas não contra a inconveniência de lidar com as cobranças fraudulentas.) Por isso, comprar algo num mercado legal de um vendedor facilmente identificável é quase sempre mais seguro do que fazer uma transação ilegal. Um mercado legal lhe dá alguma confiança de que você vai ser tratado de forma justa; especialmente porque, se não for, pode recorrer à lei.

Anos atrás, quando eu e minha esposa morávamos na pequenina Farmer City (população: 2 mil), Illinois, fizemos um depósito para comprar uma mesa de jantar numa loja de um shopping de uma cidade maior. Meses mais tarde, depois de muitas tentativas infrutíferas de receber a mesa ou nosso depósito de volta, fui ao tribunal de pequenas causas. O escrivão me deu um formulário para preencher e explicou que eu poderia copiar o endereço da loja de uma das muitas outras reclamações já registradas contra ela.

Depois de várias idas ao tribunal, devidas às manobras dilatórias da loja de móveis, finalmente a sentença foi dada a meu favor. Conseguimos reaver nosso depósito pouco antes de a loja fechar. Assim, meu encontro com esse vendedor desonesto ou desorganizado foi apenas irritante, e posso até mesmo ter desempenhado um pequeno papel para melhorar o mercado local, contribuindo para que ele fechasse as portas. (É claro que ele pode ter apenas se mudado para outra cidade e recomeçado a receber depósitos até ficar com má fama também ali e precisar se mudar novamente.)

A reputação é muito importante. Se eu voltasse hoje a esse cantinho de Illinois, provavelmente iria encontrar algumas lojas de móveis que funcionam desde antes de eu me mudar da cidade, há três décadas, e já estão na segunda ou terceira geração de clientes. Sua longevidade atesta, em algum grau, sua honestidade e confiabilidade. Qualquer loja que esteja no mesmo lugar há muito tempo deve ter uma reputação razoavelmente boa; e, se você tiver dúvidas, pode facilmente perguntar e encontrar clientes satisfeitos ou insatisfeitos.

Quando todo mundo fica no mesmo lugar, a boa reputação pode ser ganha naturalmente pelos comerciantes honestos. Mas, parafraseando uma famosa caricatura da *New Yorker*, na internet ninguém sabe que você é um comerciante respeitável. Como cliente, é muito mais difícil avaliar a reputação de alguém que você só conhece por um nome de usuário e cujos demais clientes você provavelmente ignora. E quem montar uma loja on-line terá que encontrar uma maneira de convencer os possíveis clientes de que é confiável, e não algum vigarista sentado numa lan house do outro lado do mundo.

É por isso que, até poucos anos atrás, um dos maiores problemas dos novos mercados on-line era tornar seguro negociar com estranhos — e convencer os clientes de que essa segurança existe. Por exemplo, o desafio do eBay — especialmente depois de alguns golpes muito divulgados — foi fazer com que milhões de clientes a cada dia acreditassem que iam receber o que pedissem. Da mesma forma, se você fosse um anfitrião alugando seu quarto vago a um estranho pelo Airbnb, ou um motorista respondendo a uma chamada por um carro no Uber, ou alguém vendendo algo a um estranho na Craigslist, gostaria de receber alguma garantia sobre o cliente. E, se você fosse o cliente ou comprador, haveria de querer garantias sobre o anfitrião, o motorista ou o vendedor.

Até agora, falei sobretudo a respeito da segurança do mercado. Mas também quero abordar a *confiabilidade*. Tanto ela como a segurança fazem parte do esforço geral para tornar um mercado *confiável*. Quando você pede um carro no Uber, quer ter certeza de que terá um motorista responsável, de que o carro não estará caindo aos pedaços e de que vai chegar rápido. Igualmente importante: antes de baixar o aplicativo no seu smartphone, você quer uma garantia de que o sistema não será muito lento, impreciso ou cheio de erros de programação (ou seja, de que o carro conseguirá encontrar você como combinado). Você também quer poder fornecer suas informações pessoais, incluindo número do cartão de crédito, sem se preocupar com roubo de identidade. Se o aplicativo do Uber tivesse falhado em qualquer um desses aspectos, os clientes já o teriam eliminado dos seus smartphones e a empresa não teria sobrevivido.

Da mesma forma, o motorista do Uber quer saber se *você* é confiável — por exemplo, se não vai chamar um táxi na rua sem antes cancelar sua chamada e deixá-lo esperando em vão; e que a corrida será paga quando chegarem ao destino.

Para que um mercado seja verdadeiramente confiável, deve ser seguro. Os participantes de ambos os lados da operação devem poder confiar um no outro e na tecnologia.

Um bom nome

Os caminhos para tornar os mercados de internet confiáveis e seguros estão em constante evolução (em parte porque os bandidos também são espertos e se adaptam rápido). Até o momento em que escrevo, os desenhos de mercado que visam promover a confiabilidade têm focado em garantir métodos seguros de pagamentos, fornecer reembolso para as transações que não dão certo e montar sistemas de feedback que permitem aos vendedores e por vezes também aos compradores criar uma reputação e apresentá-la ao mercado.

O eBay foi um dos primeiros mercados on-line a enfrentar essas questões. Nos primeiros dias, muitos vendedores não tinham uma loja física já estabelecida capaz de lhes dar uma reputação que pudessem transferir para a internet. Quase todos os participantes tiveram que começar a construir uma reputação do zero.

A questão da confiabilidade afetava não apenas os vendedores (que podiam não fornecer os bens conforme descritos), como também os compradores (que poderiam não pagar ou demorar para fazer isso). Bastaram alguns poucos cheques sem fundo para que os vendedores passassem a exigir depósito em dinheiro ou transferência, ou esperar até que o cheque fosse compensado antes de enviar a mercadoria.

Essas preocupações motivaram o sistema original de feedback do eBay,[1] que foi criado antes da introdução de mecanismos convenientes de pagamento on-line como o PayPal. O sistema permitia que ambos os lados de uma transação, o comprador e o vendedor, dessem feedback um sobre o outro com avaliações que ficariam à mostra para futuros participantes. As regras iniciais, que pediam para dar uma avaliação positiva, neutra ou negativa, e fazer um comentário, logo tiveram algumas modificações com base na experiência. Agora a nova meta era impedir as pessoas de inflar artificialmente suas avaliações positivas. O sistema evoluiu e passou a identificar a avaliação pelo nome da pessoa que a deixa; e apenas o vendedor e o comprador que venceu o leilão podiam deixar comentários um sobre o outro. Dessa forma, as avaliações já não poderiam ser distorcidas facilmente pelo "feedback positivo inchado" de um só indivíduo.

Mesmo assim, com o tempo a grande maioria das avaliações se tornou positiva, o que as tornava menos informativas. O motivo disso nos mostra, mais uma vez, que dar atenção cuidadosa às sutilezas dos mercados acaba ressaltando aspectos do comportamento humano que normalmente ficariam ocultos. Nesse caso, a maior parte das reações tinha se tornado *recíproca*, com os vendedores deixando avaliações sobre os compradores que espelhavam as avaliações que estes lhes davam. Ambos os lados, compradores e vendedores, estavam aderindo a uma regra não escrita da cultura do eBay: "Amor com amor se paga". O resultado foi que a grande maioria das reações após uma transação era mutuamente positiva, com apenas um punhado de avaliações mutuamente negativas.

Com a ajuda de três economistas — Gary Bolton, Ben Greiner e Axel Ockenfels —, o eBay projetou um novo sistema de feedback[2] em que os compradores podiam dar ao vendedor anonimamente uma avaliação mais detalhada sobre a descrição da mercadoria e a rapidez do envio. Esse sistema melhorou o grau de informação das avaliações. De repente ficou claro o fato — surpresa! — de que nem todos estavam felicíssimos com suas transações. Aqui a experiência do eBay revelou outro princípio do bom desenho de mercado: os mercados dependem de informações confiáveis. No caso da reputação, os compradores desejam informações confiáveis sobre um vendedor sob a forma de avaliações de outros compradores quanto a suas experiências. Mas, se for caro ou arriscado para os compradores fornecer essas informações, eles não o farão, e todo o mercado vai sofrer. Quando o feedback no eBay não era anônimo, o comprador insatisfeito que divulga sua insatisfação, prestando assim um serviço aos demais compradores, corria o risco de retaliação por parte do vendedor. Determinados compradores e vendedores podem ter beneficiado (ou, em alguns casos, punido) um ao outro dando feedback recíproco; mas eles prejudicam o mercado como um todo ao limitar a oferta de informações precisas. Quando o eBay tornou mais seguro revelar a insatisfação, as informações sobre os vendedores se tornaram mais detalhadas e úteis.[3]

Quando visitei o eBay em 2014, fiquei sabendo que a empresa estava considerando fazer novas alterações para refletir a evolução do mercado. Hoje, as vendas no site cada vez mais provêm de comerciantes profissionais negociando produtos novos, não mais de pessoas oferecendo tesouros usados encontrados no sótão. À medida que o mercado se transforma, o seguro que o eBay oferece para cada transação pode aliviar os compradores de grande parte do risco que teriam que enfrentar. Em paralelo, a capacidade da empresa de monitorar o desempenho de um número cada vez maior de vendedores profissionais lhe permite exibir com mais destaque os mais bem-sucedidos e remover os desonestos ou incompetentes. Isto é, à medida que os vendedores profissionais começam a desempenhar um papel maior no mercado e se tornam mais parecidos com lojas convencionais, o eBay pode conseguir proteger mais eficazmente os compradores contra os vendedores ruins, tal como fazem os shoppings: expulsando os que dão ao mercado uma reputação ruim.

Excesso de informações

Embora os mercados precisem de muita informação para funcionar bem, às vezes pode haver um excesso de divulgação, já que os participantes querem e precisam preservar alguma privacidade. A ausência de privacidade pode tornar o mercado inseguro, o que por sua vez pode fazê-lo fracassar.

O exemplo mais simples é a privacidade de contas bancárias e cartões de crédito. No início da internet, as comunicações eram ainda menos privadas do que são hoje, mas ainda é preciso ter cuidado com as informações pessoais. O PayPal resolveu o problema de privacidade dos pagamentos no eBay e outros mercados on-line fornecendo um mecanismo que não exige digitar suas informações de cartão de crédito para cada transação. Mas você pode relutar em revelar outros tipos de informação, e isso pode interferir no funcionamento do mercado.

Por exemplo, num leilão do eBay, você é convidado a apresentar um "lance de proxy". Trata-se de um leilão automático usando o eBay como agente, estipulando a quantia máxima que você está disposto a pagar. A empresa promete usar essa quantia como limite para dar lances em seu nome, mas oferecendo apenas o necessário para vencer. É claro que você tem que confiar no eBay para usar as informações tal como promete (e não apenas cobrar de você o preço mais alto que está disposto a pagar seja qual for o transcurso do leilão). Essa confiança é essencial para o modelo de negócios do eBay, e não surpreende que eu nunca tenha ouvido qualquer sugestão de abuso de sua parte.

Mas há outras razões para relutar em revelar os preços que você está disposto a pagar. Outros concorrentes (ou vendedores inescrupulosos fingindo ser compradores) podem testar seu lance, aumentando o deles para ver como você reage (automaticamente) — seja para descobrir qual é o seu teto, ou apenas para elevar o preço. Mas você pode preferir virar a mesa e esperar, deixando outra pessoa fazer a oferta inicial — que será, assim, a mais alta —, e então agir no último momento com um lance maior, tão perto do fim do prazo do leilão que não é mais possível provocar uma guerra de lances (como poderia ocorrer com uma oferta feita no início do leilão).

De fato, muitos leilões do eBay são vencidos por um lance dado nos últimos segundos. Pode-se até comprar um software especial para automatizar esse processo.

Você pode pensar que isso é o oposto da disfunção do mercado devida a lances precoces, já que ocorre muito tarde, em vez de muito cedo. Mas ambos os fenômenos sugerem que o mercado principal se tornou arriscado, de uma maneira que faz valer a pena assumir outro tipo de risco. Nos leilões do eBay, muitos compradores sentem que é arriscado demais revelar muito cedo quanto estão dispostos a pagar. Pode-se evitar planejando dar o lance no último segundo, o que é outro tipo de risco, porque às vezes a pessoa se esquece de fazer a oferta ou o lance chega tarde demais e não é registrado.

Fiz um estudo, junto com Axel Ockenfels, sobre esse tipo de comprador do eBay[4] quando o site ainda era novo. Descobrimos que quase todos tinham passado pelos dois tipos de fracasso quando planejaram dar lances nos últimos momentos de um leilão. Mesmo assim, julgavam que isso era mais seguro do que revelar muito cedo quanto estavam dispostos a pagar (daí o mercado para o software que automatiza lances).

Quando os participantes num mercado relutam em revelar informações cruciais, pode haver ineficiência. No eBay, ocultar dos demais participantes as informações sobre os lances usando um software de automatização torna os preços imprevisíveis, e nem sempre esses leilões são vencidos pela pessoa disposta a pagar mais.[5]

Outros mercados já fracassaram porque tentaram forçar os participantes a revelar informações que eles não se sentiam seguros em divulgar. Por exemplo, a Covisint foi fundada em 2000 por um consórcio das maiores montadoras de automóveis. Visava ser um mercado on-line transparente para elas e seus fornecedores. Mas acabou se revelando que os fornecedores de autopeças não tinham nenhuma vontade de divulgar seus preços para os concorrentes e as montadoras. Em 2004, elas jogaram a toalha e venderam o Covisint por uma pequena fração do que tinham investido.

Um problema relacionado atingiu uma empresa de leilões de Pittsburgh chamada FreeMarkets, que em 1995 decidiu mudar a forma como as empresas compravam suprimentos. Ela se oferecia para realizar leilões para aquisição de materiais, nos quais os fornecedores dariam lances indicando quanto cobrariam por determinadas encomendas, com o menor lance vencendo. O FreeMarkets oferecia ainda outro serviço: encontrar novos concorrentes qualificados para as necessidades de seus clientes. A ideia era que, se uma empresa definisse os itens que precisava comprar de maneira muito precisa, como mercadorias padronizadas, poderia adquirir todas em leilão a partir de um conjunto maior de fornecedores e assim reduzir muito seus custos de pesquisa e aquisição de materiais.

Mas as coisas não funcionaram como o FreeMarkets esperava. Um forte motivo foi que muitas empresas não compram apenas mercadorias padronizadas, nas quais o preço é a única dimensão importante. Muitas vezes elas participam de mercados de matching e não de commodities porque estão num relacionamento de longo prazo com seus fornecedores. E esses fornecedores acharam arriscado revelar aos concorrentes seus descontos e suas práticas comerciais; assim, os mercados de leilão de compras empresariais não "pegaram".

Durante o boom das ponto-com, por um breve momento a capitalização de mercado da FreeMarkets foi maior que a da sua vizinha de Pittsburgh, a siderúrgica u.s. Steel. Mas isso não durou, e a Free-Markets foi vendida em 2004.

Mercados tão variados como eBay, FreeMarkets e o sistema de escolas públicas de Nova York mostram um desafio que deve ser enfrentado por praticamente todos os mercados: como gerenciar o fluxo de informações. Mesmo que o desenho do mercado seja ótimo em outros aspectos, terá problemas para dar às pessoas o que elas desejam se não tornar seguro para elas *tentar conseguir* o que desejam.

As escolas públicas de Boston

Em Boston, o sistema de atribuição de vagas nas escolas violava fundamentalmente esse princípio. Mas o maior problema do sistema era que ele nem sequer percebia que tinha um problema.

Em contraste, redesenhar o sistema de opções em Nova York foi, de certa forma, como tratar um ataque cardíaco: o paciente entendeu que algo tinha que ser feito, e rapidamente. Adiar não era uma opção — aqueles 30 mil estudantes ainda sem escolas não podiam ser ignorados. O grande problema nos estabelecimentos de Nova York era o congestionamento. O fato de que não era seguro para as famílias revelar suas preferências parecia secundário. Em comparação, resolver o problema do desenho do mercado de Boston foi mais parecido com tratar um paciente com pressão alta. Também é uma condição perigosa, mas os sintomas são mais sutis.

Diferente de Nova York, Boston já tinha um sistema informatizado de opções escolares, que rodava sem problemas; as famílias listavam as escolas em ordem de preferência e cada criança era admitida em uma única. Portanto, o congestionamento não era problema; todas as crianças eram distribuídas rapidamente, apesar de as listas de espera das principais escolas andarem muito devagar depois que terminava a alocação principal.

O sistema de Escolas Públicas de Boston (EPB) usava seu algoritmo de alocação não só para o ensino médio, mas para a educação infantil e a fundamental, e parecia atribuir muitas crianças à primeira opção escolar indicada por seus pais. Até aí, tudo bem.

Mas esses resultados positivos disfarçavam outro problema: *os usuários não confiavam no sistema*. O EPB fazia todos os esforços para dar às famílias o que elas queriam, mas a forma como conseguia isso tornava arriscado demais para as famílias revelar o que elas realmente queriam.

Na base do sistema de Boston havia regras de prioridade que seriam atribuídas a cada criança para admissão em cada escola. Numa escola normal, metade das vagas ia para crianças com irmãos mais velhos naquela escola. Em seguida, era dada prioridade às crianças que moravam nas proximidades, à distância de uma caminhada. Um número de loteria aleatório era atribuído a cada criança e usado para o desempate — por exemplo, quando não havia vagas para todas as crianças à distância de uma caminhada e só algumas podiam ser admitidas.

Para a outra metade das vagas em cada escola, a loteria era a regra.

Essa divisão das escolas de Boston em duas metades reconhecia implicitamente uma realidade política. A escolha da escola dividia os pais em dois "partidos": os que moravam perto de boas escolas se tornaram "o partido de ir à escola a pé", enquanto os que moravam em outros locais se tornaram "o partido da escolha". Era preciso um acordo entre os dois "partidos", e seus detalhes eram ajustados a cada ano com base em qual dos grupos exercia a maior influência.

Depois de feitos os ajustes nas prioridades e questões relativas, o antigo sistema de Boston, ainda usado em muitas outras cidades, funcionava da seguinte forma: o escritório central pedia às famílias que listassem pelo menos três escolas por ordem de preferência; o algoritmo então colocava o máximo possível de crianças na sua primeira opção. Quando a escola era a primeira opção de um número de alunos maior que as vagas disponíveis, eles eram admitidos seguindo as regras de prioridade até que todas as vagas fossem preenchidas. Ou seja, a escola admitia de imediato os alunos de prioridade mais alta que a tinham classificado em primeiro lugar até completar as vagas e rejeitava os restantes. Em seguida, esse algoritmo de "aceitação imediata" trabalhava com os alunos que sobravam e designava o maior número possível deles para sua segunda opção. Passava então a alocar os alunos para sua terceira opção, e assim por diante. Os alunos que não conseguiram vaga em nenhuma de suas escolas preferidas eram alocados pelo escritório central para a escola mais próxima com vagas remanescentes.

Aqui você deve estar se perguntando: o que pode haver de errado com um sistema que tenta garantir ao máximo possível de pessoas sua primeira opção?

Tudo isso parece positivo, racional e simples. *Mas o fato de ser fácil de descrever não significa que seja fácil aplicar.* Tal como o velho sistema de Nova York, Boston colocava as famílias diante de escolhas estratégicas difíceis e muitas vezes tornava arriscado para elas classificar as escolas na ordem que refletisse suas verdadeiras preferências.

Pense numa criança que mora perto de uma escola que tem uma educação infantil de meio período muito procurada. Essa escola é a segunda opção dos pais dessa criança. A primeira opção é uma escola de período integral, mais distante e quase tão popular.

Os pais sabem que têm prioridade para a escola próxima de meio período e acreditam que podem conseguir matricular o filho nela se a listarem como primeira opção. Mas, se priorizarem suas verdadeiras preferências, colocando a escola de tempo integral em primeiro lugar e a de meio período em segundo, podem acabar ficando sem nenhuma das duas. Provavelmente não vão conseguir vaga na de período integral porque o filho não tem prioridade ali — não tem um irmão que estuda lá e precisaria de transporte público para chegar a ela. Nesse caso, a criança também não vai conseguir vaga na segunda opção, pois essa escola é tão popular que todas as vagas terão sido preenchidas com os que a listaram em primeiro lugar. Ou seja, uma escola boa terá mais pedidos de matrícula como primeira opção do que vagas a oferecer; assim, todas as suas vagas vão ser preenchidas de imediato quando o algoritmo atribuir o máximo possível de alunos à sua escola de primeira opção. E a situação piora mais ainda, pois esses pais provavelmente não conseguirão sequer sua *terceira* opção, já que o filho só poderia entrar lá se ela já não estiver lotada de alunos que a listaram como primeira ou segunda opção. Isso é ainda mais válido para qualquer opção listada em quarto, quinto ou ainda mais abaixo na lista. De fato, no antigo sistema de Boston poucos pais sequer perdiam tempo em classificar mais que três escolas, já que as chances de conseguir uma de suas preferidas mais para a frente eram mínimas.

Vamos voltar ao nosso exemplo. Se os pais da criança listarem a escola de período integral em primeiro lugar, pode acontecer de:

1 conseguirem essa vaga (se tiverem sorte);
2 não conseguirem vaga em *nenhuma* das escolas que listaram, de modo que a criança será designada para uma escola tão sem prestígio que ainda tem vagas remanescentes depois que todos já escolheram suas preferidas.

É uma verdadeira roleta-russa educacional: ou você ganha muito ou perde feio. Se uma escola não é muito procurada, há uma razão; assim, se um estabelecimento de ensino pouco procurado for o único que esses pais podem conseguir, eles talvez optem por uma escola particular (se puderem pagar) ou até mesmo por mudar para outro bairro. Tenha em mente que o EPB, sendo um braço da prefeitura de Boston, tem fortes incentivos para evitar que os pais insatisfeitos optem por burlar o sistema. Na melhor das hipóteses, esse clima de insatisfação pode prejudicar o governo na eleição seguinte. E, na pior das hipóteses, os pais descontentes deixarão Boston, levando consigo a receita dos seus impostos. Por essas razões, o acesso efetivo a boas escolas públicas é amplamente considerado pelos economistas e urbanistas um fator essencial para manter as cidades saudáveis.

Diante de escolhas complicadas como esta, muitos pais, compreensivelmente, apostam no mais garantido. Cerca de 80% das crianças foram alocadas para a escola que os pais marcaram como *a primeira da lista*. Em tese, o sistema parecia um enorme sucesso, com a maioria dos participantes conseguindo matrícula na sua primeira opção. Mas a realidade era bem diferente: muitos desses pais tinham simplesmente escolhido opções garantidas, estratégicas. Jogar dessa maneira pode parecer natural. Já mencionei isso antes, quando falamos sobre a disfunção que ocorre quando se tem que tomar decisões prematuras. Quem dirige por uma rua movimentada à procura de uma vaga para estacionar enfrenta esse tipo de coisa. Mas pense como seria a situação se você tivesse que dizer qual seria sua primeira opção — isto é, se você tivesse que se candidatar para vagas de estacionamento do mesmo modo que os cidadãos de Boston se candidatam às vagas nas escolas, e a prefeitura concedesse ao máximo possível de cidadãos sua primeira opção. Você vê uma vaga livre. Será que deve ocupá-la agora (como faria *se fosse realmente* sua vaga preferida)? Ou será melhor se arriscar a encontrar sua *verdadeira* primeira opção, uma vaga bem em frente ao seu destino — mesmo que as chances de encontrar algo tão cobiçado sejam remotas?

Se você tivesse que conseguir uma vaga de estacionamento através de uma câmara de compensação que tentasse atribuir ao máximo possível de pessoas sua primeira opção, talvez listasse como primeira opção uma que sabia que conseguiria se *dissesse* que era sua primeira opção — isso para não acabar com algo muito pior.

Também essa simples escolha é *estratégica*, já que você tem que levar em conta as decisões prováveis de outras pessoas, que vão determinar quais vagas são as mais desejadas e têm mais chance de ser ocupadas. Em 2003, o repórter Gareth Cook comentou no *Boston Globe* um trabalho de economia publicado no início do ano por Atila Abdulkadiroğlu e Tayfun Sönmez, que analisaram o sistema de opções escolares de Boston. Cook não teve dificuldade em encontrar pais que confirmaram esse fato:[6] a necessidade de driblar o sistema lhes causou uma grande frustração. Um deles disse: "A sensação de alienação que alguns pais sentem vem da impossibilidade de listar como primeira opção sua *verdadeira* primeira opção".

Mais tarde naquele ano, o superintendente do EPB e sua equipe convidaram nosso grupo — eu, Atila, Tayfun e Parag Pathak — para conversar sobre os problemas que víamos no sistema de opções escolares de Boston e como corrigi-los. Até mesmo o convite para essa reunião envolveu um pouco de combinações, algo como armar um encontro com alguém que você nunca viu antes. Caroline Hoxby, eminente economista da educação, tinha pedido ao reitor da Escola de Pós-Graduação em Educação de Harvard para contatar o superintendente do EPB, Tom Payzant, e informá-lo que valia a pena conversar conosco.

Na manhã do dia 9 de outubro, nós quatro fomos até a Court Street número 26, sede do EPB. Já tínhamos enviado material à instituição descrevendo como o sistema de opções escolares poderia ser reorganizado para permitir que as famílias revelassem de forma segura suas verdadeiras preferências. Mas os funcionários do departamento escolar estavam céticos. "Talvez os economistas e professores consigam manipular o sistema, mas as famílias comuns não fazem essas coisas extravagantes", diziam. Naquele momento, comecei a achar que a nossa primeira reunião seria a última. Mas o clima mudou quando Tayfun começou a falar sobre uma experiência de laboratório[7] que havia realizado com um colega, Yan Chen. Os economistas vêm usando mais as experiências para mostrar como os ambientes econômicos influenciam o comportamento. Nós construímos economias artificiais no laboratório, pagando aos participantes pelos resultados que alcançam. Os experimentos não substituem as observações de campo, mas as complementam.

A vantagem é que no laboratório é possível controlar e medir diversos aspectos do ambiente que no campo só podemos deduzir por conjecturas. Assim, no laboratório, mesmo se não podemos estudar toda a gama de complexidades que os pais de verdade levam em conta ao fazer suas opções escolares, pode-se estudar claramente se o sistema usado — neste caso, o algoritmo de aceitação imediata — é uma boa maneira de alocar recursos escassos.

Na vida real, quando os pais apresentam listas de preferências de escolas ao EPB, ninguém podia ver suas preferências *verdadeiras*, apenas as *declaradas*. Mas, com uma experiência em que vagas artificiais estavam sendo alocadas, um pesquisador poderia dizer aos participantes quanto dinheiro ganhariam se conseguissem vaga em certa escola artificial. Isso permitiria ao pesquisador comparar as preferências que os participantes declararam quando solicitados a classificar suas escolhas aos pagamentos que iam de fato ganhar dependendo da escola que lhes foi designada.

Os participantes da experiência não sabiam que se tratava do sistema escolar de Boston; do seu ponto de vista, estavam apenas tentando ganhar algum dinheiro no laboratório, procurando obter a melhor alocação possível. O pesquisador poderia lhes dizer quais escolas seriam as melhores para eles, indicando o quanto ganhariam dependendo de onde fossem alocados. Isso significa que, no laboratório, o pesquisador poderia conhecer as verdadeiras preferências, algo muito mais difícil de conhecer no ambiente muito mais complicado das verdadeiras escolas de Boston.

Numa parte do experimento de Tayfun e Yan, os participantes representando famílias de Boston tentavam se alocar com as escolas utilizando o mecanismo existente do EPB. Os pesquisadores pagavam a cada participante dezesseis dólares se fosse alocado na escola mais bem paga; treze para a próxima mais bem paga, onze para a terceira mais bem paga, e assim por diante, com até dois dólares para a opção menos lucrativa. Dessa forma, Tayfun e Yan determinaram as preferências dos participantes para cada escola e puderam perceber quando alguém apresentava uma classificação diferente das suas verdadeiras preferências.

As autoridades do EPB ficaram surpresas com os resultados. Tayfun e Yan observaram que alguns participantes declaravam uma primeira opção que não necessariamente era a que pagaria mais. Isto é, os participantes tinham compreendido, intuitivamente, que podiam obter resultados melhores e ganhar mais pela sua participação se declarassem como primeira opção a melhor alternativa que poderiam conseguir — em vez de tentar ganhar os dezesseis dólares e se arriscar a ficar com muito menos dinheiro.

Depois disso, os funcionários do EPB ficaram mais receptivos à nossa mensagem. Perguntei a eles: "Qual é a melhor escola de educação infantil de Boston?". Eles sugeriram a Escola Lyndon, no bairro de West Roxbury. Perguntei então: "Será que todo mundo coloca a Lyndon como primeira opção?". Não, disseram eles; seria bobagem.

Ninguém ia desperdiçar sua primeira opção, já que não se consegue entrar na Lyndon sem ter alta prioridade. É uma escola muito procurada.

"Exatamente", respondemos.

Enxergando o problema

O resultado dessa primeira reunião foi que as autoridades das escolas públicas de Boston perceberam que *poderia* haver problemas no sistema corrente. Elas nos convidaram para provar que o problema era real e importante.

Anos mais tarde, depois de Tom Payzant ter se aposentado como superintendente, perguntei-lhe como chegara a essa decisão. Ele respondeu que, a partir do momento em que assumiu o cargo em 1995, temia que seu mandato fosse dominado pela política de alocação de escolas. Quando ele ficou sabendo que o EPB poderia obter uma consultoria de especialistas externos com experiência para lidar com o problema de uma forma técnica, e não política, como Nova York já tinha feito, ficou ansioso por experimentar.

Ao longo do ano seguinte, mergulhamos nos bancos de dados das opções escolares de Boston. Descobrimos que as famílias tinham, de fato, fortes incentivos para ser cautelosas ao revelar suas verdadeiras preferências. E não só isso: essa decisão tinha consequências diferentes para diferentes tipos de famílias. Uma mãe que compreendia o sistema antigo, mas queria tentar matricular seu filho numa escola cobiçada, ia listá-la em primeiro lugar; mas, em seguida, faria uma jogada segura, listando como segunda opção uma que provavelmente não teria todas as vagas preenchidas na primeira rodada.

Os pais que não tinham essa cautela, fosse porque não sabiam quais as escolas com melhor reputação ou porque não compreendiam o sistema, muitas vezes acabavam se arrependendo. Cerca de 20% listou como *segunda* opção uma escola de prestígio onde ninguém poderia entrar exceto como primeira opção. Muitas vezes acabavam não conseguindo nenhuma das escolas da lista. Em muitos desses casos, as crianças teriam conseguido a vaga se os pais não tivessem cometido esse erro — se, por exemplo, tivessem listado sua terceira opção em segundo lugar. Pelo menos um grupo de pais, na relativamente rica zona oeste da cidade, se dedicou a conseguir "informações" (por exemplo, conversando com outros pais e mães nos parquinhos da cidade) sobre quantas crianças iam pedir matrícula nas escolas mais cobiçadas e quantas dessas crianças já tinham irmãos mais velhos lá. Os irmãos mais novos teriam prioridade; portanto, saber quantos eles eram permitiria aos pais estimar quantas vagas sobrariam para outras crianças — e quais seriam as chances de matrícula de seu filho. Mas obter essas informações é um processo exaustivo e sujeito a erros, que os pais detestavam, e com razão.

Nossos resultados acabaram convencendo o EPB de que o sistema de opções tinha que ser mudado. "A função de um sistema de ensino público é oferecer oportunidades iguais para todos os alunos", diz Valerie Edwards, autoridade do EPB que teve um papel fundamental em convencer seus colegas logo de início de que valia a pena ouvir nosso grupo. "O fato de que nossa política de alocação de escolas obrigava as pessoas a burlar o sistema mostrava que ele tinha fracassado. Mostrava que o sistema escolar público não estava cumprindo seu dever."

No fim, a solução adotada por Boston foi semelhante à que ajudamos a elaborar em Nova York para o ensino médio, e ambas estão relacionadas com a câmara de compensação pela qual a maioria dos médicos americanos consegue seu primeiro emprego.

Agora estamos prontos para examiná-las.

PARTE III

Invenções para tornar os mercados mais inteligentes, densos e rápidos

CAPÍTULO 8

Combinações: remédios fortes para médicos jovens

As soluções para os problemas de desenho de mercado às vezes são inventadas, às vezes são descobertas, e com frequência um pouco de cada coisa. O desenho de muitos mercados evoluiu, em geral por tentativa e erro, durante a história humana. Por vezes podemos descobrir uma solução para uma nova falha em um mercado buscando um desenho testado em outro.

Essa solução normalmente ainda vai necessitar de novas modificações para se adaptar às circunstâncias do mercado em questão. Vejamos uma analogia médica. Os seres humanos são o produto de uma evolução ainda mais longa do que os mercados humanos. O sistema imunológico evoluiu para nos ajudar a combater as doenças. Mas às vezes ele falha, e os germes patogênicos vencem. O que fazer?

Bem, hoje podemos melhorar nossas defesas naturais com antibióticos, como a penicilina. Ela não foi inventada — foi descoberta pelo imunologista escocês Alexander Fleming em 1928. Fleming notou que o fungo *Penicillium* encontrado no pão produzia uma substância que matava as bactérias. Ou seja, a penicilina era um mecanismo natural que o bolor tinha desenvolvido para combatê-las. Mas a penicilina só se tornou um medicamento prático e amplamente disponível depois que se aprendeu muito mais sobre suas propriedades medicinais; foram cultivadas linhagens mais produtivas do *Penicillium* e criados métodos de produção industrial, com contribuições essenciais de Howard Florey e Ernst Chain (que dividiram o prêmio Nobel com Fleming em 1945).

Vemos que esse fungo criou uma maneira de enfrentar as bactérias que podia ser adaptada para corrigir uma falha do sistema imunológico humano. Da mesma forma, ideias para corrigir falhas do mercado podem começar com "observações da natureza", examinando a organização de outros mercados.

Vamos começar com o mercado para novos médicos que mencionei no capítulo 4. Ele é especialmente instrutivo, porque em vários momentos de sua história sofreu com muitas das falhas que são comuns nos mercados de matching. Vamos então voltar para o início, buscando entender a doença que afligia o mercado para médicos recém-formados e como se chegou à cura que acabou sendo aplicada em muitos mercados de matching.

Uma cura para o mal que aflige os médicos

Desde cerca de 1900, o primeiro emprego que os médicos americanos assumem depois de se formar em medicina é a residência, quando são supervisionados por médicos mais graduados. Ao longo do século XX, ela se tornou um requisito para obter a licença para praticar medicina de forma autônoma. (Antes de 1900, os médicos se formavam na escola de medicina e de imediato começavam a praticá-la, sem supervisão.) A residência logo se tornou uma parte importante da mão de obra dos hospitais, um componente essencial na formação dos médicos e uma influência substancial na sua futura carreira. Nem é preciso dizer que há muita pressão de ambas as partes para fazer uma boa combinação — por parte dos estudantes, para conseguir um bom primeiro emprego; e por parte dos programas de residência, para contratar jovens médicos promissores.

Mas quase desde o início algo estava errado nesse mercado. Um sintoma inicial foi que, ao competir pelos poucos já diplomados, os hospitais começaram a tentar contratar residentes um pouco antes que os concorrentes. Como resultado, os estudantes tinham que enfrentar decisões cada vez mais cedo em sua carreira. Muitas vezes eram obrigados a considerar ofertas de certo hospital sem saber quais seriam suas chances em outros. Esse problema se desenvolveu gradualmente, e você vai reconhecê-lo como um fator causador de caos.

Essa disfunção do mercado fez com que a data de contratação fosse cada vez mais antecipada, primeiro lentamente e depois mais depressa, até que por volta de 1940 os residentes por vezes eram contratados quase dois anos antes de se formar. Era arriscado contratar um aluno de medicina com toda essa antecedência. Ficava difícil antever quem seriam os estudantes mais promissores, especialmente porque os dois primeiros anos da faculdade são passados sobretudo em sala de aula, não com pacientes reais.

Como se pode imaginar, também era complicado para os estudantes saber que tipo de emprego eles poderiam desejar dali a dois anos. Depois de tirar dez em anatomia, alguém pode querer ser cirurgião; só que no terceiro ano, quando finalmente vai lavar as mãos para assistir a uma cirurgia de perto, descobre que desmaia à visão de sangue. Mas já seria tarde demais: ele já teria sido contratado muito tempo antes para a residência em cirurgia, que pensava ser o que queria. Tanto o aluno como os cirurgiões que o contrataram teriam feito uma má combinação.

Embora a contratação prematura fosse prejudicial para ambas as partes, já vimos que esse tipo de disfunção não pode ser resolvido pelo autocontrole. Foi só em 1945, quando uma terceira parte envolvida — as faculdades de medicina — concordou em não divulgar informações sobre os estudantes antes de uma data específica, que o cronograma das ofertas de residência ficou sob controle. As escolas de medicina passaram a bloquear a emissão de currículos, cartas de referência e até mesmo da confirmação de que um aluno estava matriculado. Isso decerto ajudou a controlar a data de início: já é bem arriscado contratar um estudante ainda no segundo ano de medicina, mas é loucura fazer isso com alguém que não se pode nem confirmar se realmente estuda medicina.

Uma vez que a data das contratações foi posta sob controle, de modo que todos os hospitais começaram a fazer suas ofertas ao mesmo tempo, surgiu um novo problema. Os hospitais descobriram que, se algumas de suas primeiras ofertas de estágio fossem rejeitadas após um período de deliberação, os candidatos a quem eles gostariam de fazer a próxima oferta muitas vezes já teriam aceitado outras posições. Em outras palavras, uma primeira oferta errada os tirava do jogo, especialmente se fosse rejeitada após algum tempo. Isso, naturalmente, levou a ofertas-relâmpago. Agora os candidatos tinham que responder imediatamente, mesmo antes de saber quais outras ofertas poderiam chegar. Isso, por sua vez, levou a um mercado caótico com duração cada vez mais breve de ano para ano e resultou não apenas em acordos desperdiçados como também em alguns violados. Em outras palavras, o mercado sofria de congestionamento: uma vez que os hospitais ficavam sabendo que outros estavam contratando cedo, não podiam se permitir ter calma para apresentar suas próprias ofertas. Nesse caso, não teriam tempo para fazer muitas ofertas; seus candidatos favoritos já seriam contratados por outros.

Depois de ter sofrido com esse congestionamento por cinco anos, os médicos fizeram algo extraordinário: reorganizaram o mercado radicalmente. Em vez de um mercado totalmente descentralizado, propuseram organizar o último estágio do mercado por meio de um instrumento centralizado, uma espécie de *câmara de compensação*. Essa decisão demonstrou ser decisiva e até mesmo histórica.

Com o novo plano, os estudantes do terceiro ano deveriam se candidatar a programas de residência por conta própria, como antes, e os programas de residência iriam chamá-los para entrevistas, também como antes. Mas aqui entra uma mudança: depois disso, o processo das ofertas seria feito através da nova câmara de compensação centralizada. Ou seja, os alunos apresentariam a ela uma lista com suas prioridades para os programas de residência em que tinham sido entrevistados. Em paralelo, os programas de residência apresentariam uma lista com os estudantes em ordem de classificação.

Antes da abertura da câmara, tanto os candidatos como os empregadores trocariam informações sobre o emprego (incluindo salário e outros aspectos) e sobre as qualificações dos estudantes, de modo que cada lado poderia elaborar preferências bem ponderadas. Note que eles iam fazer isso *com antecedência*, de modo que a câmara pudesse usar essas informações para sugerir correspondências entre candidatos e empregos.

Parte do plano, tal como foi proposto aos participantes, era uma explicação de como essas listas por ordem de prioridade seriam processadas para resultar na combinação sugerida. Vale a pena entrar em detalhes aqui — tanto sobre uma proposta inicial, malsucedida, como sobre a seguinte, bem-sucedida —, porque esses detalhes estão no cerne da estrutura do mercado. Nesse caso, a primeira proposta deu lugar a questões cruciais sobre se seria *seguro* (como vimos, um fator essencial) para os participantes revelar suas verdadeiras preferências em sua lista.

Na proposta inicial, os alunos foram convidados a classificar programas de residência específicos, enquanto os programas de residência os classificavam em grupos, com a nota 1 reservada para os preferidos até o número de vagas disponíveis; a 2 indo para o grupo seguinte, e assim por diante. O algoritmo proposto combinava todas as residências e alunos que fossem a primeira opção um do outro (classificações 1-1). Em seguida, as residências combinavam os alunos do segundo grupo (nota 2) com sua primeira opção (classificações 2-1). Vinham então as combinações entre a primeira opção das residências com a segunda opção dos alunos (classificações 1-2), e assim por diante (2-2, 3-1, 3-2, 1-3, 2-3...). A intenção parece ter sido dar uma vantagem para os alunos, já que, quando houvesse conflito entre as preferências, as primeiras opções deles eram consideradas antes das primeiras opções das residências.

Depois de um período de experiência, os alunos perceberam que não era seguro confiar suas verdadeiras preferências à câmara de compensação. Assim como com os sistemas de opção escolar décadas mais tarde em Nova York e Boston, alguém que listasse como primeira opção uma residência que não o tinha classificado como primeira opção poderia perder sua chance[1] de conseguir sua segunda opção (mesmo que ele fosse a primeira opção desse programa).

Um aluno que percebeu essa falha no desenho proposto foi Hardy Hendren. Ele ia se formar em medicina em Harvard em 1952, bem na época em que a câmara de compensação estava começando. Quando me falou a respeito, anos mais tarde, almoçando juntos em Cambridge, Massachusetts, ele já havia se aposentado (em 1998) do Hospital Infantil de Boston, onde fora diretor da cirurgia. Hardy entrou na Marinha na Segunda Guerra Mundial, em 1943, aos dezessete anos, e foi treinado como piloto; depois voltou para a escola de medicina. Como se pode imaginar, com essa trajetória de vida, ao procurar seu primeiro emprego como médico, ele não hesitava em expressar seus temores e dizer que a câmara não dava segurança aos alunos.

Hardy também não era do tipo que espera os burocratas se mexerem. Com um grupo de colegas, decidiu criar a Comissão Nacional Estudantil de Combinações de Residências, que organizou a oposição ao algoritmo proposto. Ela recomendou que o algoritmo fosse substituído por outra maneira de processar as preferências e definir as combinações, que ficou conhecida como Plano Conjunto de Boston. E foi este, de fato, o algoritmo finalmente implementado quando a câmara foi usada para combinar alunos e cargos em 1952. Ele viria a ser o modelo — uma cepa do fungo *Penicillium* — para uma série de projetos posteriores, incluindo o redesenho do sistema de correspondências entre médicos e hospitais que fui solicitado a elaborar em 1995.

Lá nos idos de 1952, essa câmara alternativa funcionava com sucesso utilizando máquinas de triagem de cartões perfurados (na época havia poucos computadores em uso). O que quero dizer com "funcionava com sucesso"? Bem, para começar, muitos alunos e muitos programas de residência participaram em 1952 apresentando suas listas com a ordem das preferências e depois assinando os contratos sugeridos pela câmara. Digo "sugeridos" porque naquele tempo tudo isso era feito de maneira estritamente voluntária. Ninguém era obrigado a enviar sua lista de preferências nem a aceitar a combinação proposta pela câmara. No entanto, não demorou muito para que esse sistema de combinações — que ficou conhecido justamente como "Match" — se tornasse uma instituição no mercado da medicina. Durante anos houve uma alta taxa de participação sem encontrar mais dificuldades — em contraste com os diversos problemas e falhas de mercado anteriores à existência da câmara centralizada.

Quando estudei essa câmara e outras bem-sucedidas no mercado de trabalho, descobri um dos segredos de seu sucesso. É que elas produzem um conjunto *estável* de resultados, ou seja: nenhum candidato e nenhum programa de residência *não* combinados entre si teriam preferido um ao outro a ficar com as combinações sugeridas pela câmara.

Se o conjunto de combinações sugeridas não é estável, isto é, se existe pelo menos um candidato e um empregador que não foram combinados entre si, mas gostariam de ser, esse par insatisfeito é chamado de *bloqueador*. Uma combinação é chamada de *instável* se houver bloqueadores, já que os membros desses pares podem negar a combinação instável proposta e emparelhar-se fora do sistema. Em um resultado estável como aquele do Match de 1952, o conjunto de combinações não tem pares bloqueadores.

Agora fica claro por que uma câmara de compensação que não consiga produzir combinações estáveis terá dificuldade para atrair o cumprimento voluntário das suas sugestões. Suponha que algum candidato e algum empregador que não foram combinados entre si, na verdade, *preferissem* um ao outro às combinações que lhes foram atribuídas. Ou seja, suponha que eles são um par bloqueador. Por exemplo, suponha que a câmara sugeriu uma combinação entre esse candidato e sua terceira opção de empregador; suponha ainda que um dos seus dois empregadores preferidos também goste mais dele que da outra pessoa sugerida pela câmara. Esse candidato só precisa dar dois telefonemas — para os dois empregadores com os quais gostaria de ser combinado — para concluir que é parte de um par bloqueador. Assim, o empregador que o prefere terá razão para ignorar, pelo menos parcialmente, o par sugerido pela câmara, e oferecer uma vaga para a ele.

Se isso acontecer com muita frequência, então nos anos seguintes o empregador pode reter algumas ou todas as suas vagas e não as listar na câmara, sabendo que pode fazer melhores contratações fora do sistema. (Lembre-se de como isso aconteceu em Nova York, quando diretores de escolas de ensino médio guardavam vagas em vez de oferecê-las pelo antigo processo de atribuição.) Por fim, se um algoritmo produz resultados instáveis, haverá candidatos e programas de residência que vão preferir combinar-se uns com os outros e não aceitar os resultados propostos pelo Match. Isso cria incentivos para que os pares bloqueadores descontentes queiram contornar o processo.

Olhando a coisa por esse lado, podemos ver que um resultado estável é o que devemos esperar de um mercado muito competitivo em que cada pessoa é livre para ir atrás dos seus próprios objetivos vigorosamente. Se há um par bloqueador — isto é, uma empresa e um trabalhador que querem ser combinados —, o que os está impedindo? Se não houver nada, deveríamos esperar que o mercado não produza um resultado instável, já que o par bloqueador não o aceitaria. Mas também já vimos nos capítulos anteriores que há muitas coisas que podem impedir o encontro desse par: o mercado pode estar muito rarefeito ou muito congestionado, ou ainda ser arriscado demais.

É claro que até agora isso tudo é só teoria. Mas a teoria de que uma câmara de compensação estável funciona melhor do que uma instável é apoiada por fortes evidências.

Por exemplo, descobri que quando o mercado britânico para residentes começou a fazer nomeações cada vez mais antecipadas, na década de 1960, cada região do Serviço Nacional de Saúde criou sua própria câmara centralizada. Várias delas usavam algoritmos muito similares ao proposto de início para os médicos americanos — aquele que foi recusado por não dar segurança aos alunos. Essas câmaras de compensação britânicas[2] eram instáveis, fracassaram e foram abandonadas depois que os candidatos e hospitais interessados — pares bloqueadores — aprenderam a contorná-las. Em contraste, as câmaras britânicas que geravam resultados estáveis tiveram êxito e continuaram em uso.

Em 1952, os economistas ainda não tinham descoberto nada disso, o que torna ainda mais admiráveis o insight de Hardy Hendren e os esforços da sua comissão para fazer um trabalho de base. A noção de estabilidade só foi claramente formulada dez anos depois, num artigo de 1962 de David Gale e Lloyd Shapley com o título intrigante de "College Admissions and the Stability of Marriage" [Admissões na universidade e estabilidade do casamento].[3] Os dois autores não sabiam nada sobre o Match, mas formularam um algoritmo para encontrar combinações estáveis que descobri mais tarde ser equivalente ao adotado pelos médicos na câmara de compensação em 1952. A versão de Gale e Shapley, chamada *algoritmo de aceitação postergada*, acabou se tornando a cepa mais importante do fungo *Penicillium* para consertar mercados de combinação defeituosos. E um dos motivos é que ele sempre produz um conjunto estável de combinações — pelo menos em mercados sem muitas complicações, tais como no caso de um casal que precisa de dois empregos na mesma cidade. (Falaremos disso mais adiante.)

Lloyd Shapley foi um dos fundadores da teoria dos jogos, um verdadeiro gigante. Escreveu muitos artigos que criaram áreas inteiras de estudo, mas foi esse trabalho que lhe rendeu o prêmio Nobel de economia em 2012. David Gale teria, sem dúvida, compartilhado o prêmio com Lloyd e comigo se ainda estivesse vivo. Gale e Shapley não foram os primeiros a descobrir o algoritmo de aceitação postergada, mas foram os últimos: a fórmula nunca mais se perdeu.

Eis como funciona o algoritmo. Vou descrevê-lo como se os candidatos e os empregadores estivessem executando ações, mas tenha em mente que a única ação real deles é apresentar suas preferências (etapa 0). Depois disso, tudo (do passo 1 em diante) acontece no computador, sem atrasos devidos a decisões que tenham que ser tomadas e comunicadas.

Passo 0: os candidatos e os empregadores apresentam privadamente suas preferências a uma câmara de compensação sob a forma de listas em ordem de preferência.

Passo 1: cada empregador oferece emprego para os candidatos que são sua primeira opção, até completar todas as suas vagas. Cada candidato examina todas as ofertas que recebeu, aceita *provisoriamente* a melhor (a que está mais no alto da sua lista de preferências) e rejeita todas as outras (incluindo as consideradas inaceitáveis e deixadas fora da sua lista de preferências).

Passo n: cada empregador que teve uma oferta rejeitada na etapa anterior oferece esse emprego para sua próxima opção, se ainda houver uma. Cada candidato considera a oferta que está mantendo, junto com sua(s) nova(s) oferta(s), e aceita *provisoriamente* a preferida (a mais alta na sua classificação). O candidato rejeita quaisquer ofertas restantes — incluindo, possivelmente, a que tinha aceitado antes e que agora não é mais a melhor oferta recebida. (Note-se que os candidatos não sabem em qual passo do algoritmo uma oferta foi recebida; apenas decidem se preferem essa nova oferta às outras já recebidas.)

O algoritmo termina quando nenhuma oferta é rejeitada, de modo que nenhuma empresa queira fazer mais ofertas. Nesse ponto, cada candidato e cada empregador são (finalmente) emparelhados, ou seja, cada candidato aceita a última oferta que tinha aceitado provisoriamente. Ou seja, todos os aceites são postergados até o final do processo, quando não há mais ofertas por vir.

O fato surpreendente que Gale e Shapley provaram é que o conjunto final das combinações é sempre estável em relação às preferências apresentadas pelos empregadores e candidatos, *sejam quais forem essas preferências*. Isto é, quando o algoritmo termina e cada candidato fica com a última oferta que não rejeitou (e os candidatos que não aceitaram nenhuma oferta ficam sem emparelhamento, assim como as ofertas não aceitas), as combinações resultantes são estáveis. Não há pares bloqueadores, ou seja, não há candidatos e empregadores que não estão emparelhados e gostariam de estar.

Como sabemos disso? (Prepare-se para um argumento matemático tão simples que não precisa de nenhuma equação, apenas de raciocínio lógico. E ajudou a ganhar um prêmio Nobel.)

Vamos supor que certo candidato, digamos o dr. Arrowsmith (A), e certo empregador, digamos a residência em pediatria do Massachusetts General Hospital (P), não estão emparelhados. Como sabemos que ambos não gostariam de ser combinados?

A chave aqui é a palavra "ambos". Pode ser que A, que foi combinado com a residência da Clínica Rouncefield (R), preferiria trabalhar na P (ele classificou P antes de R na sua lista de preferências). Mas, nesse caso, P não deve ter lhe oferecido emprego durante o algoritmo, pois se tivesse ele teria rejeitado a R, o que não fez, já que acabou sendo emparelhado com ela. Por que P não ofereceu um emprego ao dr. A? Porque P preencheu todos os seus cargos com os candidatos que abordou antes de querer oferecer uma vaga para A. Ou seja, P preencheu todas as suas vagas com os candidatos que achou preferíveis a A. Portanto, se A preferiu ser combinado com P, mas não o foi, só pode haver uma razão: P não retribuiu a preferência. (Esse argumento não é difícil de seguir, mas é matemática real, do tipo que nos permite compreender algo que não é nada óbvio.)[4]

Ao passar por esse argumento, nós (eu e você) simplesmente reproduzimos a surpreendente observação de Gale e Shapley. Demonstramos que, para qualquer médico que prefira uma residência diferente da que lhe foi alocada, a residência não retribuía seus sentimentos. (Equivale a demonstrar que se algum programa preferiria receber outro médico àquele que lhe foi atribuído é porque aquele médico não retribuiu a preferência.) Qualquer um desses fatos demonstra que o conjunto das combinações é estável; não tem pares bloqueadores.

Esse pacote importante de ideias simples — um modelo de combinação estável, o algoritmo de aceitação postergada e a prova de que este produz um conjunto estável de combinações para quaisquer preferências — foi reconhecido com grandes pompas e até fanfarras de verdade,[5] com clarins e tudo, em Estocolmo em 2012.

O Match teve êxito porque resolveu os problemas que tinham levado ao fracasso as formas anteriores de organização do mercado. Ele foi suficientemente atraente para que alunos e hospitais tornassem o mercado denso, e desencorajou as ofertas antecipadas, já que valia a pena esperar pelo mercado. Não era congestionado, já que pedia que as decisões fossem tomadas com antecedência e executava rapidamente o processo de encontrar o resultado de todas essas decisões.[6] Também tornou seguro para os médicos revelarem suas verdadeiras preferências, um ponto que vou explicar no próximo capítulo.

Casais

O Match para os médicos funcionou sem problemas durante décadas. Mas encontrou dificuldades quando as mulheres começaram a entrar na escola de medicina em números significativos.

Os alunos de medicina são bem ocupados, mas uma coisa que eles às vezes conseguem fazer em paralelo com os estudos é namorar entre si. A partir da década de 1970, começou a aparecer no Match um pequeno número de casais que não estavam procurando uma residência, e sim duas, próximas o bastante para que pudessem continuar morando juntos. Isso criou um problema totalmente novo, porque esses casais às vezes abriam mão das ofertas sugeridas pelo sistema. Não demorou muito para que alguns se recusassem a participar do Match, preferindo comunicar-se diretamente com os hospitais que poderiam contratá-los.

Quando isso acontecia, os casais às vezes encontravam hospitais que preferiam empregá-los a contratar os médicos que lhes tinham sido alocados. A partir do momento em que os casais, mesmo em pequeno número, arranjaram seu primeiro emprego fora do Match, teve início um efeito cascata. O sistema já com um longo histórico de sucesso começou as funcionar menos bem para os alunos solteiros (que nem sempre eram contratados pelos hospitais com os quais tinham sido combinados) e para os programas de residência (que começaram a notar que poderia haver bons candidatos disponíveis antes ou depois do Match).

Os administradores responsáveis pelo Match tentaram fazer alterações no desenho de mercado para atender melhor às necessidades dos casais. Na década de 1970, esses esforços ocorreram da seguinte maneira: primeiro cada membro do casal devia ser certificado pelo reitor da escola de medicina como pertencendo a uma união "legítima"; em seguida seria especificado o marido ou a esposa como o "líder" do casal. Cada um dos dois apresentaria então uma lista classificatória de suas preferências de emprego, como se fosse solteiro; mas o líder passaria primeiro pelo Match. Depois que fosse combinado a um emprego, a lista de preferências do outro membro seria modificada, passando a incluir apenas vagas na mesma cidade.

Mesmo quando esse processo conseguia encontrar dois empregos na mesma cidade, por vezes os casais não os aceitavam. Em vez disso, ficavam procurando empregos de que gostassem mais, e muitas vezes conseguiam achá-los. Por quê? Vejo isso como uma ilustração do que chamo de Lei de Ferro do Casamento: *você não pode ser mais feliz do que seu cônjuge.*

Como isso se aplica? Suponha que algum jovem casal consiga dois empregos em Boston, mas um deles é bom e o outro nem tanto. A Lei de Ferro diz que o casal faria melhor em pegar o telefone e ver se consegue achar dois bons empregos em outro lugar.

Mas se o Match continuasse gerando uma combinação estável, os casais não conseguiriam encontrar empregos que eles preferissem com empregadores que também os preferissem. No entanto, eles conseguiam isso — e aqui percebemos como o mercado para novos médicos mudou de maneira fundamental quando casais começaram a procurar dois empregos próximos um do outro. A estabilidade do Match garantia que um médico e um emprego não fossem combinados um com o outro quando não quisessem ser combinados; mas não conseguia gerar um resultado comparável para dois médicos e dois empregos se esses dois médicos fossem um casal. O motivo era a Lei de Ferro: um casal não é como dois candidatos a emprego que não se conhecem; cada membro seu dá importância não só ao emprego que consegue, mas também ao que o outro consegue. Acontece que não há jeito de a câmara de compensação produzir um resultado que também fosse estável em relação aos casais se ela não permitisse aos casais expressar suas preferências por *pares* de empregos. Mas isso é ainda mais complicado do que parece. Quando comecei a estudar esse mercado, na década de 1980, uma das coisas que demonstrei foi que, mesmo se permitirmos que os casais indiquem suas preferências por pares de empregos, para certas preferências pode não existir *nenhuma combinação estável*. Demonstrei isso produzindo um contraexemplo[7] para o qual nenhuma combinação de candidatos e empregadores era estável.

Ficou claro que projetar o mercado considerando os casais existentes, ao contrário do mercado simples da década de 1950 ou do modelo simples tratado por Gale e Shapley em 1962, ia ser bem difícil. E deveria ganhar ainda mais importância com o aumento da porcentagem de mulheres formadas em medicina. (Atualmente 50% dos estudantes de medicina nos Estados Unidos são mulheres.)

Talvez seja por isso que eu ainda me lembro tão claramente daquele dia em 1995, quando meu telefone tocou e mudou toda a minha vida profissional. Era Bob Beran, o diretor-executivo do Programa Nacional de Combinações de Residência, como o Match passara a ser chamado. O programa estava em crise — por diversas razões, não especificamente devido aos casais —, e Beran perguntou se eu concordaria em redesenhá-lo.

Minha primeira reação quando entendi o que ele estava pedindo foi: "Por que eu?". Claro que sabia por que tinha me chamado: eu havia estudado o Match e as combinações estáveis, e demonstrado que a estabilidade era empiricamente importante para o sucesso de uma câmara de compensação. Tinha até escrito, em 1990, com minha amiga Marilda Sotomayor, um livro sobre matching que fora bem recebido.[8] Mas também sabia que a única coisa em nosso livro que se relacionava diretamente com o redesenho do Match eram os contraexemplos, como o dos casais, que ressaltavam a dificuldade de fazer a coisa funcionar bem. Eu também sabia que as soluções matemáticas simples para mercados não complicados, tais como aquela alcançada por Gale e Shapley, não eram válidas, em geral, quando havia casais no mercado. Estaria entrando em território desconhecido.

É por isso que aquele telefonema mudou minha vida profissional. Antes de ser convidado para redesenhar o Match, a maior parte do meu trabalho tinha sido teórica. E, como teórico, bastou assinalar que fazer a combinação com casais era um problema difícil. Mas dali em diante seria o *meu* problema difícil. Havia cerca de mil pessoas que tinham entrado no Match naquele ano como membros de um casal (ou seja, uns quinhentos casais — hoje há quase o dobro). Minha tarefa seria encontrar uma maneira elegante de conseguir para eles os pares de empregos que desejavam; e, ao mesmo tempo, conseguir para os demais formandos em medicina e outros candidatos seu emprego preferido. Assim, eu já não era mais apenas um cientista, responsável somente por tentar entender melhor como as coisas funcionavam ou não funcionavam. Agora também estava empenhado em me tornar novamente um engenheiro,[9] um desenhista de mercado com a responsabilidade de tentar fazer as coisas funcionarem melhor.

Pelo que me lembro, coloquei apenas uma condição importante para assumir a tarefa: eu queria colaborar com Elliott Peranson, que já vinha dando apoio técnico ao Match havia anos. Ele é um notável desenhista de mercado, prático e autodidata. Havia caído meio sem querer nessa área quando entrou numa consultoria que conseguiu o contrato para trabalhar no Match. (Depois desse primeiro contrato, Elliott criou sua própria empresa, que ajudou a organizar muitos outros mercados de trabalho.)

Ao longo dos anos, ele tinha ajudado a ajustar as regras do Match, à medida que a estrutura do ensino de medicina ia mudando e novos problemas iam surgindo. Eu sabia que ele conhecia profundamente o que tinha funcionado e o que tinha fracassado nas tentativas anteriores. Na verdade, foi Elliott quem ajudou a passar o Match da antiga triagem por cartões para um processo informatizado.

Descobri que Elliott foi essencial todas as vezes que tive êxito ajudando a projetar um mercado complexo: foi ele o guia especializado. Como economista abordando um novo mercado, sou um generalista, uma espécie de alpinista experiente abordando uma nova montanha. Embora tenha estudado o mercado à distância, há detalhes que ainda tenho de aprender, pois são cruciais num desenho de mercado. Já relatei no capítulo 3 como Frank Delmonico e Mike Rees foram nossos guias e depois nossos heróis no projeto das trocas renais. Mas Elliott foi meu primeiro parceiro no desenho propriamente dito.[10] Ao longo do ano seguinte, trabalhando juntos, descobrimos como lidar não só com casais e com candidatos individuais, mas também com uma série de outras "variações de combinação" que não eram tratadas devidamente pelo algoritmo de aceitação postergada em sua forma mais simples. (Alguns médicos solteiros também precisavam encontrar dois empregos para duas especialidades, e alguns hospitais precisavam de flexibilidade para transferir cargos entre os diferentes programas de residência.) Nós sabíamos que tínhamos de produzir combinações estáveis sempre que possível. Sabíamos também que qualquer algoritmo aceitável capaz de dar conta da situação dos casais não se pareceria com o algoritmo de aceitação postergada: teria também que rastrear e corrigir os pares bloqueadores incluindo os casais.

Por fim, desenvolvemos um algoritmo híbrido depois chamado de algoritmo de Roth-Peranson.[11] Ele encontra uma combinação preliminar dos médicos com as residências, começando por um algoritmo de aceitação postergada e gerando um resultado que contém alguns pares bloqueadores. Em seguida, tenta corrigi-los um a um. Por razões que explicarei quando falar sobre câmaras de compensação de opções escolares, Elliott e eu invertemos o algoritmo de aceitação postergada que acabei de descrever. Preferimos um modelo em que os candidatos pediam os cargos, começando pelo de sua preferência, em vez de fazer os empregadores oferecerem cargos, começando por seus candidatos preferidos.

Mesmo com todo esse trabalho com os algoritmos, sabíamos que não conseguiríamos encontrar um resultado estável se não existisse nenhum. Mas, para nossa feliz surpresa, ao examinar os dados vimos que quase sempre era possível. E isso era válido apesar de agora haver casais no mercado apresentando suas listas de pares de empregos na sua ordem preferida.

Hoje, dezenas de câmaras de compensação de mercados de trabalho utilizam nosso algoritmo para ajudar casais a encontrar empregos juntos, e quase sempre encontram um conjunto estável de resultados. Acabou sendo um caso clássico em que o trabalho prático de engenharia precede a compreensão científica. Na verdade, foi só recentemente que meus colegas Fuhito Kojima, Parag Pathak, Itai Ashlagi e outros ajudaram a explicar por que, em mercados grandes sem muitos casais, podemos esperar que em geral haverá um conjunto estável de combinações.[12]

O fato de que o Match foi capaz de ajudar centenas de milhares de médicos, incluindo dezenas de milhares de casais, a encontrar emprego em milhares de programas de residência demonstra a flexibilidade dos mercados como uma ferramenta para coordenar esforços humanos complicados. Com as mudanças no ensino de medicina e no emprego, com o aumento da força de trabalho que agora inclui casais, foi possível adaptar o desenho subjacente do Match de modo que ele continua sendo um mercado que atrai a participação.

Mas as mesmas características que fazem os mercados atraírem a livre participação também impõem limites sobre o que eles podem fazer.

Mercados centralizados × planejamento central

Quando comecei a reformular o Match, alguns administradores das escolas de medicina esperavam que eu conseguisse fazer algo semelhante ao planejamento central. Em especial, um problema que o sistema de saúde americano enfrentava é que era difícil para os hospitais rurais contratar residentes, que preferem os grandes hospitais urbanos, onde podem aprender a profissão ajudando a tratar um grande universo de pacientes com doenças das mais diversas, usando as mais modernas ferramentas de diagnóstico e de tratamento. Assim, me fizeram a seguinte pergunta: será que eu poderia de alguma maneira ajustar o Match para que ele enviasse mais residentes para os hospitais rurais que nunca preenchiam todas as vagas?

Muito antes de me pedirem para refazer o desenho do Match, quando consegui provar um resultado matemático hoje conhecido como Teorema dos Hospitais Rurais,[13] eu tinha descoberto que a resposta a essa pergunta é: *não*. Acontece que, quando um hospital não preenche todas as suas vagas com algum resultado estável, ele recebe exatamente o mesmo grupo de médicos em cada resultado estável. Assim, enquanto o Match tivesse que funcionar como um mercado competitivo em que os alunos e os programas de residência eram livres para se combinar um com o outro, se ambos quisessem — ou seja, enquanto o Match tivesse que produzir um resultado estável —, nós não poderíamos enviar aos hospitais rurais um número de médicos maior do que os que desejavam ir. Caso contrário, haveria algum médico em algum hospital rural que faria parte de um par bloqueador com outro hospital que ele preferia; e conservá-lo no hospital rural era mais do que um mercado é capaz de fazer.

Observe que os residentes são pagos, e a remuneração é um fator para a atratividade de um emprego, refletida nas suas preferências. Mas ela está longe de ser o mais importante, porque a residência tem grande influência na futura carreira de um médico. É por isso que, por exemplo, os hospitais rurais não conseguem mais residentes apenas pagando mais. É mais barato para eles atrair médicos mais velhos cuja carreira já está encaminhada. Embora tenham que ganhar melhor do que os residentes, esses médicos são capazes de fazer mais, não precisam de supervisão estrita de médicos mais experientes e não estão à procura de uma oportunidade de ampliar seus conhecimentos como parte da remuneração.

Educação

Já que estamos falando em educação, no próximo capítulo abordaremos o problema de como projetar sistemas de opção escolar de modo que possam alocar crianças nas escolas públicas que as famílias preferem. Esse também é um problema para o qual meus colegas e eu ajudamos a projetar câmaras de compensação informatizadas, baseadas no algoritmo de aceitação postergada. Vou descrever como isso tornou seguro para as famílias revelarem suas verdadeiras preferências quanto às escolas. Isso também vai completar a explicação sobre por que o Match dos médicos funciona tão bem: ele não apenas cria um mercado denso e evita o congestionamento, como torna seguro para os médicos revelar suas verdadeiras preferências quanto aos empregos.

As escolas públicas são um mercado de matching no qual não permitimos que preços tenham qualquer papel na decisão de quais crianças vão para quais escolas. Essa é uma das diferenças entre elas e as particulares: nós não deixamos os pais competirem pelas vagas nas escolas públicas oferecendo-se para pagar mais por elas; tampouco as escolas públicas podem competir com outras escolas públicas oferecendo descontos, porque todas elas são gratuitas. Mas podemos levar alguns benefícios do desenho de mercado para a escolha das escolas públicas, permitindo que as preferências da família tenham um papel, da mesma forma como as preferências dos formandos em medicina e das residências são fatores determinantes no mercado para novos médicos.

Fazer esse processo funcionar bem é de vital importância. Uma democracia na qual a educação é tanto gratuita como obrigatória tem uma enorme responsabilidade coletiva de dar aos seus cidadãos mais jovens uma educação de primeira qualidade. Isso é difícil de conseguir, e tanto os sucessos como os fracassos educacionais têm ramificações para o resto da vida. Permitir que os pais opinem sobre qual escola seu filho vai frequentar é parte de um esforço para melhorar a combinação entre as crianças, que têm diferentes necessidades, e as escolas disponíveis, que têm diferentes pontos fortes. Assim como o mercado de matching para residentes facilita uma das transições mais importantes na vida de um médico, também os mercados de escolas têm uma enorme influência no futuro de crianças e adolescentes.

CAPÍTULO 9

Volta às aulas

O telefonema que recebi em 2003 do Departamento de Educação da Cidade de Nova York foi em muitos aspectos consequência do telefonema de 1995 em que me pediram para redesenhar o Match dos médicos. De fato, foi o sucesso do redesenho do Match que levou Jeremy Lack a pensar em mim quando recebeu a missão de enfrentar o sistema de opções para o ensino médio de Nova York, um mercado que estava funcionando mal. Sua intuição demonstrou estar certa: hoje os alunos de Nova York podem desfrutar de (ou suportar?) um processo de escolha escolar baseado nos mesmos princípios gerais do Match dos médicos.

Lembre-se dos problemas (descritos no capítulo 6) que afligiam Nova York quando comecei a estudar a questão com Parag Pathak e Atila Abdulkadiroğlu. A cidade tinha um sistema de opções escolares muito congestionado, baseado em formulários impressos, com informações trocadas pelo correio.

Não era seguro para os alunos revelar suas verdadeiras preferências, pois algumas escolas só admitiam os que as classificassem como primeira opção. Além disso, havia diretores que ocultavam vagas do sistema para poder dá-las mais tarde aos alunos que preferissem. Assim sendo, muitos acabavam entrando em escolas por fora do sistema oficial. Essas deficiências incentivaram o surgimento de uma espécie de mercado negro — sintoma claro de que o mercado estava fracassando. Mas o problema mais urgente era o enorme grupo de 30 mil alunos que não podiam entrar em nenhuma das escolas que haviam escolhido e que tinham que ser realocados pela administração na última hora.

Antes que nós, economistas, pudéssemos dar algum conselho, sabíamos que tínhamos muito o que aprender sobre as escolas de ensino médio de Nova York e seus alunos. O que logo encontramos comprovou o que já tínhamos ouvido: inúmeras escolas estavam *lotadas*, o que criava muita concorrência pelas vagas mais desejáveis. Mas, no cômputo geral, os números de alunos e de vagas eram mais ou menos os mesmos.

Sendo assim, por que havia 30 mil alunos que não estavam recebendo ofertas? Um dos motivos era que havia outros 17 mil alunos recebendo várias ofertas e precisando de tempo para fazer sua escolha e informá-la ao sistema. Essas ofertas múltiplas estavam empacando e congestionando a estrutura. O primeiro passo mais óbvio seria, então, garantir que cada aluno recebesse apenas uma oferta.

Mas, antes de recomendar isso, quisemos compreender o que acontecia no sistema antigo, quando os alunos recebiam várias ofertas. (Também estávamos motivados pelo medo de ser lembrados como os economistas que tinham tirado os últimos alunos de classe média das escolas públicas de nível médio de Nova York.) Descobrimos que a esmagadora maioria dos alunos que foram aceitos em mais de uma escola aceitava a oferta da que tinham classificado na posição mais alta. A partir daí, chegamos à conclusão de que esses alunos não seriam muito prejudicados se recebessem apenas uma oferta de vaga, dessa escola preferida. E essa simples mudança ia liberar posições para outros alunos.

Concluímos também que, se um sistema de oferta única fosse "à prova de estratégia" — isto é, se permitisse que todos os alunos e pais listassem as escolas com segurança na sua ordem de preferência —, isso poderia ajudar até mesmo aqueles alunos que no sistema antigo teriam recebido várias ofertas. Por quê? Porque lhes permitiria listar com segurança as escolas nas quais tinham pouca chance de entrar — sem perder a chance de ser admitidos em outras escolas de que gostavam, como a Aviation High School.

Por fim, percebemos que, para o novo sistema funcionar bem, ele teria que incentivar os diretores a revelar *todas* as suas vagas e não guardar nenhuma. Ao reter vagas, eles acabavam admitindo alunos que lhes agradavam mais do que alguns dos que lhe eram enviados pelo processo centralizado. Idealmente, qualquer novo sistema garantiria aos diretores que eles iam gostar dos alunos indicados pelo menos tanto quanto aqueles para poderiam ter guardado vagas.

É por isso que, no final, sugerimos uma câmara de compensação informatizada[1] baseada no algoritmo de aceitação postergada — ou seja, o mesmo que é a base do Match dos médicos. Acreditávamos que suas características eram fortes e poderiam dar conta dos problemas de Nova York, especialmente quando aplicadas ao esquema em que primeiro os alunos se candidatam às escolas (em vez de as escolas fazerem ofertas aos alunos). Na nova câmara, os alunos apresentam uma lista, em ordem de preferência, das escolas e as escolas também elaboram sua lista por ordem de preferência dos alunos (mas agora sem ter acesso às listas dos alunos). O primeiro passo do novo algoritmo são os alunos escolhendo sua primeira opção. As escolas rejeitam os candidatos que excedem sua capacidade, aceitando apenas aqueles com classificação mais alta na sua lista. Em seguida, os alunos recusados se candidatam à sua segunda opção; e assim por diante, com as escolas aceitando em cada etapa os candidatos com a melhor classificação que possam receber para completar suas vagas. Todas as aceitações são provisórias, até que não haja mais rejeições. Nesse ponto, cada escola aceita as candidaturas provisórias ainda válidas, que passam a ser definitivas.

Vamos comparar o sistema antigo de opção escolar com este novo. Consideremos dois irmãos fictícios, Amos e Zach. Amos se candidatou ao ensino médio em 2003, o último ano do sistema antigo, enquanto Zach se candidatou em 2004, o primeiro em que o novo sistema foi usado.

A primeira opção de Amos foi a Townsend Harris, no Queens, uma escola de ensino médio bem seletiva que, no sistema antigo, só aceitava os candidatos que a classificassem em primeiro lugar. A segunda opção de Amos era outra escola seletiva, a Beacon, perto do trabalho de sua mãe em Manhattan, que também só aceitava os alunos que a listassem em primeiro lugar. Sua terceira opção era a Cardozo, perto de casa. Sua quarta opção era Forest Hills, também no Queens. Amos compreendia que se candidatar tanto para a Townsend Harris como para a Beacon seria desperdiçar uma opção, já que aquela que ele não listasse em primeiro lugar nem iria considerá-lo. Assim, colocou a Townsend Harris em primeiro lugar, a Cardozo em segundo e a Forest Hills em terceiro. Ele perdeu por pouco a oportunidade de entrar na Townsend Harris e foi admitido na Cardozo, na verdade sua terceira opção, embora listada em segundo. Como tinha boas notas, foi poupado da ansiedade e da incerteza de ficar na lista de espera o verão inteiro.

Zach, que se candidatou no ano seguinte, sabia que as escolas não iam saber como ele as havia classificado e não podiam penalizá-lo por não as ter colocado em primeiro lugar. Assim, listou suas opções na ordem verdadeira das suas preferências, que eram as mesmas de seu irmão: Townsend Harris, Beacon, Cardozo e Forest Hills. (Só para ter certeza de que seria admitido em alguma, Zach listou mais escolas, apesar de suas notas altas.) Mais uma vez, a escola Townsend Harris recebeu muito mais pedidos do que poderia atender, e Zach, tal como Amos, perdeu por pouco sua chance. Assim, no passo seguinte do novo algoritmo, ele automaticamente se candidatou à Beacon.

Beacon também era uma escola muito procurada, que no antigo sistema costumava receber cerca de 1300 candidatos para suas 150 vagas; portanto, no primeiro passo do algoritmo de aceitação postergada, ela rejeitava todos, exceto os 150 melhores. Mas, como a aceitação agora era adiada, a Beacon ainda não tinha aceitado esses alunos que se inscreveram no passo um. Quando Zach se candidatou, a escola o comparou com os 150 que não tinham sido rejeitados na etapa um e com todos os outros que se candidataram no passo dois; classificou todos e rejeitou todos exceto os primeiros 150 desse novo grupo.

Zach não foi rejeitado no segundo passo, nem em nenhum passo subsequente. Quando terminou a execução do algoritmo, ele foi aceito pela Beacon. Ao contrário do seu irmão, Zach pôde listar com segurança suas verdadeiras preferências, colocando a Beacon em segundo lugar; e isso não interferiu em sua chance de ser admitido lá depois de ter sido rejeitado pela Townsend Harris.

Quando os alunos podem listar todas as opções que quiserem, o algoritmo de aceitação postergada lhes permite listar as escolas com segurança na sua verdadeira ordem de preferência; eles não vão perder a vaga só porque alguém se candidatou antes no algoritmo. Isso funciona porque, *mesmo se um aluno não entrar na sua primeira opção, ele tem tanta chance de entrar na sua segunda opção como se esta fosse a primeira*. A mesma coisa vale para cada opção; o aluno que não entrar nas suas primeiras sete opções tem a mesma chance de entrar na sua oitava quanto teria se a tivesse listado em primeiro lugar. Quando os alunos podem classificar todas as escolas que desejarem, sua melhor estratégia é a mais simples: classificar as escolas pela sua ordem de preferência.

É por isso que no meu trabalho com Elliott Peranson revertemos o algoritmo do Match dos médicos. Fizemos com que os alunos se candidatem primeiro aos programas de residência e depois estes os aceitem ou rejeitem, em vez do contrário. Dessa forma, pudemos garantir aos estudantes que era seguro para eles revelar suas verdadeiras preferências à câmara de compensação. (No fim das contas, observamos que também é bem seguro para as residências e as escolas revelar suas preferências com sinceridade; mas isso é outra história, que se relaciona, matematicamente, com o fato de que a maioria das pessoas obtém a mesma combinação em cada conjunto estável de combinações.)

Para as opções escolares, o fato de que o algoritmo de aceitação postergada produz um conjunto estável de resultados (sem pares bloqueadores) também é conveniente para os diretores de escolas. Para compreender o motivo, imagine o que aconteceria se Zach tivesse feito um esforço para entrar na Townsend Harris depois de o algoritmo ser concluído. Será que ele poderia ter entrado se seus pais visitassem a escola e pedissem pessoalmente ao diretor? Provavelmente não, porque, se Zach tivesse preferido alguma outra escola àquela que lhe foi alocada, aquela escola por sua vez teria preferido outros estudantes que admitiu a Zach. Como sabemos disso? Se Zach foi alocado à sua escola de segunda opção, é porque já tinha se candidatado à sua primeira opção e sido rejeitado depois que esta preenchera todas as vagas com os estudantes que escolhera. Foi por isso que rejeitou seu pedido.

Analogamente, vamos supor que uma diretora percebesse que, ao final do processo de atribuição, gostaria de ter admitido muitos estudantes que ao final não conseguiram entrar em sua escola. Será que ela deveria esperar que os pais pedissem a matrícula para os filhos? Não. Se esses alunos tivessem se candidatado durante o algoritmo, eles teriam sido aceitos, pois a escola os tinha classificado em boa posição. O fato de que foram atribuídos a outra escola significa que, quando o algoritmo parou de rodar, eles não tinham se candidatado. E por quê? Porque tinham sido aceitos pelas escolas que preferiam.

Portanto, quando o algoritmo termina de rodar, não haverá nenhum estudante e nenhuma escola que tenham se escolhido e que não estejam combinados entre si. Por exemplo, Zach gostava da Cardozo, mas não tanto quanto gostava da Beacon, que o aceitou — e, assim, ele não se candidataria à primeira depois de ter sido aceito pela segunda.

Note que acabamos de repetir a lógica que usamos no capítulo anterior para demonstrar a descoberta de Gale e Shapley de que o conjunto final de combinações resultante do algoritmo de aceitação postergada é estável.

Detalhes, detalhes

Fiz algumas simplificações[2] na minha explicação de como o algoritmo de aceitação postergada foi adaptado para ser usado no sistema de opção escolar de Nova York. Vale a pena mencionar algumas dessas simplificações, pois no desenho de mercado os detalhes são muito importantes.

Assim como o Match dos médicos tinha algumas características especiais (incluindo casais de médicos procurando dois empregos), o sistema de opção escolar nova-iorquino também tem as suas. Além disso, a opção escolar funciona sob muitas restrições, e muita gente tem que aprovar qualquer inovação. Às vezes isso levava a complicações inevitáveis. Aliás, nem todas essas complicações eram inevitáveis, mas, tal como aconteceu no caso da troca renal, eu e meus colegas economistas éramos apenas consultores, e nem todos os nossos conselhos foram adotados. (Aliás, isso é típico do desenho de mercado.)

Por exemplo, na prática, o algoritmo de aceitação postergada é executado, na verdade, mais de uma vez. Isso porque há várias escolas especializadas de ensino médio que decidem suas preferências estritamente com base em notas de exames ou entrevistas. Por tradição, os estudantes a quem se oferece uma vaga nessas escolas também devem receber uma oferta de vaga em uma escola comum. Assim, cada membro desse pequeno grupo de alunos recebe duas ofertas de admissão, mesmo antes de rodar a fase principal da combinação. Suas ofertas são definidas executando todo o algoritmo de aceitação postergada com as preferências apresentadas por todos os alunos, e em seguida executando-o novamente para todos os demais, depois que esse grupo seleto já foi alocado.

Outra simplificação que fiz na minha descrição é que os alunos podem listar quantas escolas quiserem. Nós, economistas, recomendamos que eles fossem autorizados a fazer exatamente isso; mas nesse importante detalhe nossa opinião não prevaleceu. Hoje os estudantes de Nova York podem listar apenas um máximo de doze programas entre as centenas que a cidade oferece. Os que gostariam de listar mais que doze têm que encarar uma opção estratégica sobre quais devem escolher. Mesmo assim, devem listar as doze na ordem da sua verdadeira preferência. Isso é perfeitamente seguro e a melhor opção.

Um problema mais sério é que alguns alunos listam muito poucas opções e não conseguem uma combinação. Todo ano, a imprensa de Nova York menciona alunos que só listaram escolas que exigem notas mais altas do que tiveram. Ao final da rodada principal de combinações, eles acabam sem escola nenhuma. Por isso há uma rodada complementar do algoritmo, na qual esses alunos submetem uma nova lista de classificação de até doze escolas entre as que ainda têm vagas. A essa altura, as mais procuradas já estão lotadas.

Em 2011, depois que a rodada principal foi anunciada, recebi um e-mail de "Jimmy", que disse ser um estudante de treze anos do Queens. Ele pedia ajuda porque tinha sido rejeitado pelas cinco escolas que tinha listado, apesar de ter ótimas notas. Jimmy me disse que sonhava em estudar em Harvard e temia que, na rodada suplementar, tivesse que escolher entre escolas menos desejáveis, o que limitaria suas perspectivas. Eu não podia ajudar muito — é certo que projetei o algoritmo, junto com meus colegas, mas não temos nenhum papel em sua execução. Mesmo assim perguntei a um ex-administrador escolar o que poderia ter dado errado.

Ele logo chamou minha atenção para a nota de matemática de Jimmy, 85. Nenhuma das cinco escolas que o garoto tinha listado aceitaria um estudante com nota menor que noventa. Jimmy não sabia disso antes de fazer sua lista.

Aconselhei-o a procurar imediatamente o orientador pedagógico da sua escola e conversar sobre como abordar a rodada suplementar. Terminei com um pequeno conselho para quando ele fosse se candidatar à faculdade — algo que eu gostaria de lhe ter dito antes de ele elaborar sua lista para o ensino médio: "Tenha em mente que a admissão a Harvard e outras universidades de primeira linha é muito competitiva; por isso, lembre-se de se candidatar a outras escolas, incluindo algumas onde você tem certeza de que será aceito". Quase ninguém que enumere doze escolas fica sem alocação na rodada principal do processo das escolas de ensino médio de Nova York. Assim, se você conhece alguém como Jimmy, deve aconselhá-lo a apresentar uma longa lista de escolas, para se garantir.

Esses pequenos problemas não ofuscam as vantagens que o novo sistema trouxe para os estudantes. No primeiro ano de operação, o número de alunos que foram alocados a uma escola para a qual não tinham indicado preferência foi de apenas 3 mil, comparado a 30 mil no ano anterior. Um fato mais surpreendente (e igualmente gratificante) foi que, em cada um dos três primeiros anos de operação, aumentou o número de estudantes que conseguiram sua primeira opção, assim como o número dos que conseguiram da segunda à quinta.

"Funcionou ainda melhor do que esperávamos", diz Jeremy Lack. "O sistema realmente deu poder de escolha aos estudantes."

Não ficamos surpresos com isso de imediato; mas, como não fizemos nenhuma alteração no algoritmo nos dois ou três anos seguintes, por que o sistema continuou a melhorar?

Lembra aquelas vagas que os diretores retinham? Parece que eles foram ganhando confiança no novo sistema e compreenderam que iam realmente preferir os alunos alocados pelo algoritmo àqueles que poderiam admitir mais tarde. Em consequência, começaram a liberar todas as vagas, inscrevendo-as no sistema central. Parece que, ao criar a cada ano um conjunto estável de combinações, de modo que os diretores quisessem receber os alunos através do processo centralizado, o Departamento de Educação acabou abrindo milhares de vagas nas escolas desejáveis.

Uma razão que levou os diretores a ganhar confiança no novo sistema foi a eficiência dos funcionários do Departamento de Educação em explicar seu funcionamento. Uma pessoa que teve um papel fundamental nesse esforço foi Neil Dorosin, diretor de operações para o ensino médio do Departamento de Educação. A tarefa de informar a todos sobre o novo algoritmo recaiu a Neil e seus colegas do departamento de matrículas. E, entre aqueles que Neil precisou informar estava seu chefe, o secretário de Educação Joel Klein.

"Um dia me chamaram para ir falar com ele", lembra Neil. "Ele estava chateado porque o filho de um amigo não tinha entrado na sua primeira opção. Esse amigo tinha um primo cujo filho tinha sido admitido naquela escola, que era sua última opção. Precisei explicar por que o sistema tinha que funcionar dessa maneira" (ou seja, por que era preciso tornar seguro para cada um listar suas verdadeiras preferências).

Mais de dez anos depois, o sistema de opções para o ensino médio em Nova York continua funcionando bem. A câmara de compensação que concebemos é apenas uma parte do percurso, por vezes longo e difícil, que as famílias têm que enfrentar para se informar sobre as escolas e decidir como classificá-las. Mas, com exceção de algumas complicações que mencionei, uma vez que as famílias são informadas, o sistema de opção escolar já não lhes apresenta problemas estratégicos complicados. E, o mais importante, não é mais um processo congestionado que relega dezenas de milhares de estudantes para ser alocados no último minuto em escolas que não estavam entre suas preferências. (Até os estudantes que não entraram nas escolas em que esperavam têm informações e preferências sobre as escolas menos desejáveis.)

Boston

Nossa experiência em Nova York nos preparou bem para Boston, embora ali houvesse alguns problemas diferentes.

As escolas públicas de Boston[3] também decidiram substituir seu antigo sistema de opção escolar por outro baseado num algoritmo de aceitação postergada. Lembre-se do capítulo 7, em que expliquei que Boston já tinha implantado um sistema informatizado de opções, no qual os pais apresentavam suas escolas preferidas em ordem de classificação, porém não era seguro apresentar suas verdadeiras preferências. O sistema antigo de Boston usava um algoritmo de aceitação imediata: as escolas aceitavam de imediato os primeiros alunos a se candidatar, e usavam como regra a prioridade que cada aluno tinha dado à escola apenas como critério de desempate, quando havia mais alunos do que vagas.

O novo algoritmo de aceitação postergada continuava dando prioridade aos pais das proximidades de uma escola ou que já tinham outro filho matriculado nela. Além disso, o algoritmo já era conhecido dos pais e administradores, pois começava quase da mesma forma que o antigo, com os pais apresentando uma lista por ordem de preferência de tantas escolas quantas quisessem. (Em Boston, ao contrário de Nova York, não havia limite para o número de escolas que podiam ser apresentadas.) Mas agora, em vez de cada escola aceitar *imediatamente* os alunos de maior prioridade que se candidataram a ela como primeira opção, as escolas *postergavam* sua aceitação, esperando para ver se haveria estudantes de maior prioridade se candidatando mais tarde. Uma escola nunca recusava a admissão de um aluno até preencher todas as suas vagas com os alunos de mais alta prioridade. Isso eliminava o risco estratégico ao qual as famílias de Boston eram expostas pelo antigo algoritmo de aceitação imediata.

No contexto de Boston, em que os estudantes têm prioridade nas escolas, imagine o pequeno Max, pronto para entrar na educação infantil. Ele tem prioridade alta na escola de meio período em frente à sua casa, mas seus pais preferem uma integral, igualmente procurada, onde não têm prioridade. No sistema antigo, se Max (ou, mais precisamente, seus pais) listasse a escola em frente de sua casa como sua segunda opção e depois não conseguisse a primeira opção, ele teria perdido sua prioridade em favor dos que listaram a escola de meio período como primeira opção. Hoje, com o novo algoritmo, se Max listar a escola de meio período como segunda opção e não for admitido na primeira, ainda assim será aceito na de meio período se sua prioridade for suficientemente alta.

No novo sistema, a escola em frente à casa de Max não preenche suas vagas na primeira rodada. Mesmo que receba mais pedidos do que vagas disponíveis, ela espera até o final da última rodada do algoritmo; só então aceita os candidatos que não tenha rejeitado. Isso permite à escola esperar para ver quem vai se candidatar e depois aceitar os alunos com prioridade mais alta.

Portanto, agora os pais de Max podem listar com segurança suas opções na sua verdadeira ordem de preferência. Se não conseguirem a primeira, não estarão mais sacrificando a chance de conseguir a segunda. E, se não conseguirem essa, ainda têm a mesma chance de conseguir a terceira, e assim por diante.

Esta é a tática "à prova da estratégia dos pais" que também quisemos implantar em Nova York: as famílias não precisam mais pensar estrategicamente sobre as preferências dos outros pais, o que eram obrigadas a fazer quando tinham que investigar as escolas mais concorridas.

Os administradores escolares, políticos e moradores de Boston abraçaram a ideia de uma política "à prova de estratégia", e as vantagens do novo sistema surgiram quase de imediato para as crianças entrando na educação infantil e no sexto e oitavo anos em setembro de 2006. Um sinal de melhora foi que as famílias começaram a apresentar listas de preferência mais longas. Outro sinal: os alunos estavam sendo alocados às escolas mais procuradas, mesmo quando os pais não as listavam como primeira opção.

Os pais acabaram entendendo que não precisavam mais usar estratégias; podiam simplesmente listar as escolas de que mais gostavam. Podiam agora concentrar suas energias em identificar quais eram elas.

Isso é o que Marie Zemler Wu e seu marido, Sherman Wu, fizeram para se preparar para o processo de opção escolar que ia alocar sua filha Miryah no ano letivo de 2011. O casal Wu, que mora em Dorchester, queria encontrar uma boa escola para Miryah. Começaram sua busca numa reunião informal com doze famílias do bairro para comparar anotações sobre as escolas da região leste. "Nós nos reunimos quatro ou cinco vezes, um ajudando o outro", recorda Marie. "Colocávamos cadeiras na sala de estar e alguém trazia uma garrafa de vinho. Assim podíamos comparar nossas impressões. Todos tinham listado mais ou menos as mesmas escolas, mas em ordens diferentes."

Para Marie e Sherman, o que mais importava é que a escola tivesse professores motivados e uma cultura de envolvimento dos pais. Um programa de imersão em língua estrangeira seria uma vantagem adicional. O casal não usou estratégias; confiou no funcionamento do algoritmo.

Em primeiro lugar na sua lista estava a escola Henderson; em segundo, a escola Hernández k-8; e a terceira foi a escola Mather. "Achávamos que, a menos que tivéssemos sorte, iríamos para a Mather", diz Marie. Foi onde o algoritmo colocou Miryah. Do grupo de doze famílias que se reuniam na casa de Marie e Sherman para comparar anotações, cinco acabaram mandando os filhos para a Mather. Mas não precisaram listá-la em primeiro lugar para evitar perder sua prioridade ali. "Estamos entusiasmados", diz Marie.

Observe que o sistema de opção escolar de Boston difere daquele de Nova York em um aspecto importante. As escolas de Boston não têm preferências em relação aos alunos. As prioridades que cada um tem em cada escola são atribuídas pelo departamento de escolas públicas de Boston. Essas prioridades fazem parte do desenho de opção escolar na cidade, não são uma variável a que o desenho tenha que se adaptar. E são estabelecidas e redefinidas segundo critérios políticos, com contribuições da diretoria da escola, da câmara de vereadores, do prefeito e de associações de bairro. De fato, as prioridades e as opções de escolas a escolher por moradores de diversos bairros são revistas regularmente levando em conta os custos de transporte e pontos mais explicitamente políticos. As escolas que os pais podem selecionar e as regras de prioridade atribuídas a cada aluno em cada escola mudaram desde que ajudamos Boston a reestruturar seu sistema. Mas o algoritmo básico de escolha continua sendo usado para alocar os alunos com base nas listas dos pais, com sua ordem de preferência e seguindo as regras de prioridade da cidade.

O fato de boa parte do sistema de opção escolar estar sujeita a pequenas mudanças regulares não é um problema (e, de qualquer forma, é inevitável). As escolas são um problema gigantesco na política da cidade; assim, é natural que muitas partes desse quebra-cabeça precisem ser adaptadas à medida que ocorrem mudanças na população escolar, nos bairros e na composição do poder político. Mas resta um papel importante para os desenhos de mercado que nós, economistas, criamos. Nosso objetivo era dar a Boston e a outras cidades um projeto de opção escolar que continuaria funcionando bem mesmo quando houvesse mudanças nas regras e em todos os outros elementos do panorama político que fazem parte desse intrincado mercado.

Espalhando a notícia

Depois de nossa experiência inicial em Nova York e Boston, outros distritos escolares começaram a nos pedir ajuda. Desde que Neil Dorosin fundou o Instituto para a Inovação em Escolha da Escola Pública (Institute for Innovation in Public School Choice, IIPSC), uma instituição sem fins lucrativos, ele se tornou o milagreiro do desenho de mercado para a opção escolar. Com o meu apoio e o de Atila e Parag, o IIPSC ajudou a projetar mecanismos de opção escolar para Denver e New Orleans, e contribuiu para o sistema de opção escolar em Washington. No momento em que escrevo, em 2014, temos projetos em andamento em várias outras cidades. Economistas no Japão e na Bélgica também começaram a estudar sistemas de opção escolar, e na Inglaterra parece que isso agora é uma prioridade para o Partido Conservador.

Na China, a cada ano cerca de 10 milhões de estudantes são alocados em faculdades através de diversas câmaras de compensação centralizadas, uma para cada província. Todas usam as preferências e as notas do aluno em um exame nacional como dados de entrada para fazer a correspondência entre cada estudante e, no máximo, uma faculdade. Por muitos anos, o desenho dessas câmaras de compensação dava aos estudantes uma opção arriscada, pois se não entrassem na sua primeira opção tinham muito menos chance de entrar em qualquer das listadas — uma situação bem parecida com a que vimos nas escolas públicas de Boston. O atual governo chinês está instituindo algumas reformas para melhorar esse processo de admissão à universidade, incluindo o redesenho das câmaras de compensação. Parece que em algumas províncias as novas câmaras vêm sendo modificadas[4] pouco a pouco, de modo que agora se encontram a meio caminho entre a aceitação imediata (como em Boston antes da nossa interferência para mudar o sistema) e a aceitação postergada (como na opção escolar atual em Boston e Nova York).

Temos razões de sobra para esperar que nas próximas décadas poderemos projetar sistemas de opção escolar ainda melhores, mesmo que continuem com os mesmos princípios básicos de tornar seguro e simples para as famílias participar e usar as informações de preferência de forma eficiente.

Para mim, isso tem profunda importância, porque as escolas desempenham um papel crítico em alguns dos maiores problemas que nossa democracia enfrenta, desde a desigualdade de renda até a mobilidade intergeracional. Precisamos usar melhor as escolas para que nossos filhos possam ter a educação de que necessitam — seja na escola mais próxima ou não. A opção escolar nos ajuda a cumprir as promessas que fazemos a todas as crianças.

Dito isso, os sistemas de opção escolar, mesmo se forem eficientes, simples e seguros, não resolvem os problemas criados pela escassez de boas escolas. Eles são na melhor das hipóteses um curativo sobre esses problemas persistentes, fazendo com que as escolas já existentes sejam usadas com mais eficiência. Numa democracia que se compromete a oferecer educação pública como um direito, é uma ferida aberta o fato de ainda não termos descoberto como dar a cada criança uma educação de primeira linha. As escolas em bairros pobres, mesmo quando bem financiadas, com frequência são de má qualidade, de modo que as crianças de baixa renda não recebem uma educação que as ajude a sair de sua condição.

Essa conclusão levou à experiência, com décadas de duração, de iniciativas que visavam homogeneizar as salas de aula das cidades grandes e colocar todos os alunos no mesmo nível educacional. No entanto, esse planejamento central por ordem judicial caiu por terra (como acontece na maioria dos casos de planejamento central), porque é muito difícil obrigar as pessoas a fazer algo que elas não querem. (Tanto ricos como pobres, em geral, querem que os filhos estudem perto de casa.) Essa tentativa incentivou muitos pais a fugir da rede pública de ensino e escolher escolas particulares que julgavam melhores para seus filhos. Alguns pais deixaram Boston.

E se há uma coisa que aprendemos sobre os mercados defeituosos é que as pessoas fogem deles — seja fisicamente ou apelando a formas de contornar o sistema ou ao mercado negro. Seja como for, um mercado imperfeito pode prejudicar não só a comunidade, mas o país inteiro. O Muro de Berlim ilustra perfeitamente isso.

CAPÍTULO 10

Sinalização

Como vimos no capítulo anterior, os mercados podem ser enormemente melhorados quando seu desenho incentiva as pessoas a comunicar informações essenciais que de outra forma elas ocultariam.

Mas há ocasiões em que os mercados sofrem de excesso de comunicação. É um paradoxo do desenho de mercado que, *à medida que a comunicação fica mais fácil e mais barata, por vezes também fica menos informativa.*

Estamos vendo isso cada vez mais claramente agora que ela se torna mais e mais eletrônica. O e-mail e as mídias sociais são bons exemplos. Enquanto aumenta o volume de mensagens, fica cada vez mais difícil distinguir os e-mails reais do spam, e os que merecem respostas bem pensadas dos que podem ser ignorados ou receber apenas um rápido "o.k.". Com mercados inteiros migrando para a internet, essa sobrecarga de mensagens pode congestionar os mercados.

Veja o exemplo dos pedidos de entrada em faculdades: ficou muito mais fácil para os estudantes se candidatar a diversas instituições do que era na geração passada. Os sites de namoro são outro caso típico: as pessoas podem receber tantas mensagens que fica difícil saber quais vale a pena responder. O mesmo se pode dizer dos mercados de trabalho, nos quais é possível se candidatar a tantos cargos, com tanta facilidade, que é difícil distinguir os candidatos qualificados dos menos qualificados, e ainda mais difícil descobrir quais dos qualificados estão realmente interessados na vaga e, portanto, em quem vale a pena investir tempo para entrevistar, avaliar e tentar atrair.

Note que acabei de falar sobre os sinais para dois tipos bem diferentes de informação. Em primeiro lugar: será que o candidato tem *qualificações* suficientes[1] para valer a pena para a faculdade, o parceiro romântico ou o empregador continuar a considerá-lo? Em segundo lugar: será que o candidato está suficientemente *interessado* para compensar o esforço? Esses dois tipos de informação são especialmente valiosos em mercados congestionados, pois não há tempo para explorar todas as possibilidades. Assim sendo, os sinais e a maneira de enviá-los podem ser parte integrante de um desenho de mercado.

Sinalizando para um emprego

Quando chega a hora de se candidatar a um emprego, o que o candidato fez na faculdade constitui uma combinação poderosa de sinais acerca de seus interesses, habilidades e talentos. Essa é uma razão pela qual tantos empregos exigem diploma universitário, mesmo se o trabalho em si tem pouco a ver com o que é ensinado na faculdade. Ter se saído bem no ensino superior e conseguido concluí-lo sinalizam não só o que o candidato pode ter aprendido ali, mas também o fato de que é capaz de aprender. Essa é uma habilidade valiosa por si mesma para praticamente qualquer trabalho difícil. Para um empregador que está querendo contratar jovens mecânicos, no entanto, a faculdade pode não ser o mais importante, mesmo que um mecânico precise ser capaz de aprender. O empregador pode preferir alguém que passou a adolescência customizando carros antigos com peças de ferro-velho. Esse seria um sinal de habilidades e interesses úteis. Os candidatos precisam sinalizar suas qualificações e seus interesses mesmo para empregos que exigem um estudo muito especializado e um longo treinamento, embora uma preparação assim seja por si só um sinal eloquente. Suponha que você queira aplicar suas competências adquiridas num programa de doutorado em economia. Você estará entrando num mercado de trabalho muito especializado, um dos muitos que existem para pessoas com formação avançada em diversas áreas. Como novo doutor em economia, você vai competir com milhares de outros novos economistas que se formam a cada ano nas universidades, nacionais e estrangeiras, para entrar em organizações governamentais e internacionais, grandes bancos e, cada vez mais, empresas como Google e Amazon, cujos negócios envolvem a criação de mercados.

Nos Estados Unidos, no centro desse mercado existe uma reunião de três dias a cada mês de janeiro organizada pela Associação Americana de Econômica (American Economic Association, AEA), quando os candidatos a emprego são entrevistados pelas comissões de recrutamento dos departamentos de economia das universidades e outros possíveis empregadores. Cada recém-formado envia um grande número de pedidos de emprego — vi pessoas apresentarem quase cem; assim sendo, até mesmo um departamento com um único cargo disponível pode receber centenas de pedidos. Essa tendência vem aumentando há décadas, e nos últimos anos disparou, porque a maioria dos pedidos pode ser apresentada on-line. O mercado se tornou congestionado. Não há como um departamento de economia que recebeu centenas de candidaturas entrevistar todos os candidatos nesses três dias de congresso.

Se você não soubesse como esse mercado é competitivo poderia pensar que depois de avaliar os currículos as comissões de recrutamento iriam entrevistar uns vinte candidatos de que gostaram mais. Na verdade, essa estratégia funciona bem para Harvard, Stanford e um punhado de outros empregadores de maior prestígio. Mas, antes de me mudar para a Harvard, trabalhei na Universidade de Pittsburgh, uma excelente instituição que não está, no entanto, nos píncaros das universidades americanas de maior prestígio. Ali, a estratégia de entrevistar os vinte melhores candidatos não teria funcionado.

Se a Universidade de Pittsburgh tivesse tempo para entrevistar apenas vinte pessoas na reunião de janeiro e os recrutadores entrevistassem os que mais lhes interessaram, todos esses candidatos poderiam no final do processo aceitar ofertas melhores em outras faculdades, e todos os esforços dos recrutadores teriam sido desperdiçados.

Assim, a maioria dos departamentos de economia precisa escolher um grupo de candidatos para entrevistar — levando em conta não só se ele é promissor, mas também qual é a probabilidade de realmente conseguir contratá-lo. Fazer essa avaliação não é fácil, e sempre há candidatos que ficam de fora da seleção — não recebem ofertas de nenhum dos departamentos que os entrevistaram, enquanto outros departamentos que poderiam contratá-los decidiram não os entrevistar.

Para melhorar essa situação, uma comissão chefiada por mim desenvolveu e implementou um "mecanismo de sinalização".[2] Em dezembro, depois que já surgiu a maioria dos anúncios de emprego, os candidatos são convidados a se registrar num site da AEA e enviar um máximo de dois sinais de interesse para dois departamentos aos quais já se candidataram. Ao receber esses sinais, os departamentos sabem que cada candidato optou por usar um dos seus dois sinais para indicar que gostaria de ser entrevistado para o emprego anunciado. Esse sistema de sinais teria sido de enorme utilidade quando eu estava na Universidade de Pittsburgh. Sabíamos que não fazia sentido entrevistar *apenas* os candidatos mais prestigiosos, mas claro que poderíamos entrevistar *alguns* deles, pois sempre havia a chance de suas outras entrevistas não levarem a ofertas. Teria sido uma grande ajuda saber quais entre os melhores candidatos estavam seriamente interessados em nós e não apenas sondando o mercado.

Sinalizando para o amor

Algo muito semelhante acontece em muitos sites e apps de namoro. As mulheres atraentes recebem muito mais mensagens do que poderiam responder. Os homens que se veem sem resposta reagem enviando ainda mais mensagens. Além disso, essas mensagens vão ficando cada vez menos informativas, pois os homens que as enviam ficam menos propensos a estudar as informações do perfil de cada mulher e a melhor forma de abordá-la. As mulheres por sua vez respondem a uma porcentagem cada vez menor do que recebem, e os homens reagem enviando ainda mais mensagens, cada vez mais superficiais.

Os economistas chamam essas mensagens superficiais de "palavras baratas". Quando a conversa é barata, não sinaliza nada de forma confiável. Um "Eu te amo" pouco significa se for enviado a muitas destinatárias. Isso ajuda a explicar por que as propostas de casamento muitas vezes são acompanhadas de caríssimas alianças (e por que usá-las sinaliza para outros eventuais pretendentes que o portador não está interessado em novas propostas, e, portanto, não vale a pena abordá-lo).

Minha colega Muriel Niederle, membro da comissão que projetou o mecanismo de sinalização para os economistas, estava curiosa para saber se um mecanismo desse tipo seria útil em um site de namoro. Ela e nossa colega Soohyung Lee introduziram um mecanismo de sinalização num evento especial organizado por um site coreano. O evento dava a homens e mulheres a possibilidade de enviar uma mensagem de contato — chamada "proposta" — para até dez candidatos ao longo de um período de cinco dias. Cada participante também recebeu duas "rosas" virtuais, que poderiam anexar a duas de suas propostas como um sinal de interesse especial. Além disso, 20% dos participantes, escolhidos aleatoriamente, receberam mais seis rosas, de modo que tinham a vantagem de poder enviar sinais de interesse para mais pessoas.

Após o período de contato inicial, os participantes podiam decidir qual das propostas aceitar. Homens e mulheres que aceitaram a proposta um do outro recebiam então as informações mútuas para contato. A experiência permitiu[3] a Niederle e Lee observar o efeito das rosas sobre o índice de aceitação dos proponentes, bem como o sucesso dos que tinham muitas rosas em comparação com os que tinham poucas.

Esse site também oferecia outros serviços. Como parte do algoritmo para sugerir combinações românticas, havia uma avaliação de todos os participantes como eventuais parceiros, usando uma métrica que levava em conta critérios de atratividade física, que verificava dados relacionados a renda, emprego, educação e família. Os participantes não eram informados da pontuação de elegibilidade que eles próprios ou os outros haviam recebido. Lee e Niederle puderam avaliar o efeito das propostas com e sem rosas como uma função da classificação relativa do remetente e do destinatário em termos de ser desejáveis como parceiros. Elas classificaram os participantes em três categorias: no topo, no meio ou na parte inferior da classificação de atratividade.

As pesquisadoras descobriram que as propostas com rosas anexadas tinham 20% mais probabilidade de ser aceitas. "O efeito positivo de enviar uma rosa é comparável (e corresponde a cerca de ¾) à da vantagem de estar no grupo mediano de atratividade, em relação a estar no grupo inferior", segundo Lee e Niederle. Ou seja, uma proposta com uma rosa era considerada da mesma maneira que uma proposta vinda de alguém mais desejável. E o efeito da rosa[4] era mais evidente quando o remetente estava numa categoria de atratividade superior à do destinatário. Finalmente, os participantes que tinham mais rosas para enviar se saíram melhor do que os que só tinham duas rosas. Ou seja, as flores ajudaram as propostas a se sobressair, funcionando como um sinal eficaz.

Sinais por todos os lados

Nos mercados de trabalho, assim como no namoro, há muitas formas de sinalizar o interesse. A internet introduziu algumas formas novas, mas os seres humanos já passaram dezenas de milhares de anos desenvolvendo maneiras de enviar sinais de interesse fáceis de interpretar. É interessante notar que muitos dos mais fáceis também são, em certo sentido, os mais caros.

Os biólogos acreditam que a evolução às vezes leva a sinais dispendiosos, como a cauda do pavão, que auxiliam no mercado do acasalamento. Ou seja, um pavão macho não se beneficia diretamente daquela enorme e pesada cauda colorida que anuncia sua presença aos predadores e torna mais difícil escapar deles. Mas é um poderoso sinal de vitalidade, pois um pavão menos saudável não poderia desenvolver uma cauda tão grande, ou então teria sido comido pelas raposas, por ser lento demais para fugir. Assim, uma bela cauda anuncia às fêmeas que esse pavão tem recursos genéticos impressionantes.[5] (Os biólogos evolucionistas referem-se aos "quatro quesitos" da seleção natural: alimentar-se, lutar, fugir e reproduzir-se. Uma grande cauda é uma desvantagem nas três primeiras categorias, o que justamente envia um sinal de boa forma física, aumentando as oportunidades no quesito quatro.)

Não é apenas no mundo animal que se encontram as "caudas de pavão". Antes de 1994, quando os bancos americanos eram autorizados a abrir muitas agências, suas sedes eram estruturas imponentes, com grandes saguões de mármore de onde se podia ver, às vezes, um enorme cofre por trás das grades. Para que tudo isso? Bem, os bancos guardam nosso dinheiro e para sinalizar que eram lugares confiáveis queriam demonstrar que tinham amplos recursos e não iam fugir para lugar nenhum. Um saguão grandioso era como a cauda de pavão, porque um banco menos capitalizado não poderia construir um edifício tão caro; ou talvez construísse um tipo de edifício que poderia ser transformado mais facilmente num restaurante, por exemplo, se viesse a falir.

É devido ao valor dos sinais dispendiosos que muitas universidades dão atenção especial aos alunos do ensino médio que vão visitar o campus. Candidatar-se on-line a muitas faculdades é barato; portanto, mera inscrição não demonstra, necessariamente, um interesse profundo. Já uma visita pessoal, demorada e possivelmente dispendiosa, é um sinal mais forte.

Um sinal de *interesse* é diferente dos outros tipos de sinais dispendiosos que as faculdades valorizam e que nem todos podem enviar, como notas altas e bons resultados nos testes. Boas notas sinalizam dedicação, inteligência e aptidão, ou tudo isso junto —

atributos que ajudam um aluno a ter sucesso na faculdade. Sinais como notas altas — ou a cauda do pavão ou um banco ostensivo — não indicam interesse; são marcas de *atratividade*. Isto é, uma cauda vistosa não sinaliza o quanto o pavão está interessado em determinada fêmea; sinaliza o quanto as fêmeas devem ser atraídas por aquele pavão.

Os mercados funcionam melhor quando permitem que os dois tipos de informação sejam transmitidos de forma confiável. Como vimos, num mercado congestionado — aquele em que é impossível explorar todas as oportunidades — *ajuda muito poder sinalizar não só que você é desejável, mas também quão interessado está*. É por isso que, embora muita gente possa querer se casar com uma estrela do cinema, normalmente dedicamos nossos esforços para objetivos mais realistas, tentando encontrar e nos envolver com aqueles que também gostariam de se casar conosco. (O interesse *mútuo* é o que diferencia pares potenciais de predador e presa.)

Convidar alguém pessoalmente para um encontro oferece muitas oportunidades para enviar os dois tipos de sinais. Em comparação, a internet torna o mercado de encontros mais denso ao facilitar os contatos iniciais, mas também dificulta enviar sinais confiáveis para atravessar o congestionamento. Claro, alguns sinais de atratividade podem ser transmitidos através de fotos e credenciais: aparência, onde você estudou, com que trabalha, quais são seus hobbies — tudo isso são sinais que ajudam alguém a decidir se tem interesse por você.

Num encontro pessoal também se pode enviar sinais dispendiosos de interesse. As flores e outras formas de atenção, como lembrar o aniversário ou enviar um cartão de Dia dos Namorados, sinalizam que você está dedicando sua atenção — um bem caro e valioso — à pessoa que está cortejando; portanto, pode valer a pena retribuir. É por isso que os mecanismos que limitam o número de sinais que se pode enviar podem exercer o mesmo efeito pela internet. Enquanto outros sinais podem ser apenas "palavras baratas" ou conversa fiada, esses indicam que alguém está interessado a ponto de usar recursos escassos, que não pode simplesmente enviar a todo mundo.

Assim, um sinal escasso não é conversa fiada; ele tem um custo de oportunidade, já que o remetente poderia tê-lo enviado para outra pessoa.

Nos mercados de trabalho, uma carta de apresentação num pedido de emprego pode ser um forte sinal de interesse, especialmente se ela mostra que o candidato já passou um tempo aprendendo sobre o cargo para o qual está se candidatando, ou mesmo que gastou um bom tempo elaborando cuidadosamente uma carta específica para a vaga em questão. Mas tentar fingir um sinal — por exemplo, produzir em massa uma carta esperando que seja considerada específica para certo destinatário — pode sair caro se for detectado. Meu filho Aaron, professor de ciências da computação, encontrou um sinal desse descuido quando estava na banca de admissões da Universidade Carnegie Mellon (CMU). Um candidato ao doutorado apresentou uma carta emocionada explicando seus motivos para estudar na CMU. Dizia que considerava seu departamento de ciência da computação o melhor do mundo, que seus professores eram os mais aptos para ajudá-lo a prosseguir em suas pesquisas e assim por diante. Mas a frase final da carta entregava o blefe. Ela dizia:

Certamente vou frequentar a CMU se for adCMUido.

Era a prova de que o candidato tinha usado a mesma carta escrita para o MIT e fez uma substituição de todos os "MIT" por "CMU"... Ele nem se deu ao trabalho de reler! Se tivesse feito isso, teria notado que todas as ocorrências de "mit" tinham sido substituídas, inclusive em "admitido".

Os leilões como sinais

Note-se que, nos exemplos anteriores, o interessado pode ter que enviar sinais caros, mesmo que esses custos sejam parcialmente desperdiçados. Por exemplo, se a pessoa vai para a faculdade e estuda muito para sinalizar que é capaz de aprender, e depois consegue um emprego para o qual nada do que aprendeu na faculdade é útil, ela pagou caro por algo que não é de valia direta para o empregador (embora possa dar ao interessado grandes benefícios, além de enviar um sinal).

Se houvesse uma maneira mais barata de o candidato enviar um sinal igualmente convincente, o empregador teria ficado feliz em usá-lo para selecionar o candidato. Mas, se houvesse um sinal mais barato, menos demorado, mais fácil de enviar, talvez outros candidatos com menos facilidade para aprender (e que não tivessem ido tão bem na faculdade) também poderiam enviá-lo, e assim ele se tornaria menos informativo.

É por isso que os restaurantes não confiam apenas em propaganda para sinalizar que sua comida é saborosa, pois qualquer um pode anunciar que serve boa comida. E é também por isso que, às vezes, eles têm preços tão baixos que se formam longas filas na calçada. Esperar é dispendioso para os clientes, que poderiam fazer outra coisa ou comer mais cedo em outro lugar. O custo de esperar não se transforma diretamente em lucro para o restaurante, e algumas pessoas que estão esperando ficariam mais contentes se pudessem pagar um pouco mais em troca de não ter que esperar. Então, por que o restaurante não aumenta os preços e elimina a fila? Ou seja, por que ele abre mão de uma receita maior imediata que os preços mais altos poderiam gerar? É porque essa longa fila envia um sinal que o restaurante do outro lado da rua que está com mesas vazias não pode imitar facilmente — ou seja, muita gente acha que esse é um bom restaurante, que vale a pena esperar por uma mesa, e se você ainda não o experimentou talvez deva ir para o fim da fila, e não para o estabelecimento em frente.

Excluindo o valor de sinal de uma longa fila, o restaurante não obtém nenhuma vantagem do tempo que os clientes desperdiçam na espera — assim como a fêmea do pavão não se beneficia com a cauda do macho, e o cliente do banco não se beneficia com o pé-direito alto do saguão de entrada. Mas existe um antigo método de sinalização em que o custo para o sinalizador é exatamente igual ao benefício para o receptor. Refiro-me aos leilões, em que o lance mais alto não só sinaliza como aquele bem deve ser alocado, mas também vai para o vendedor da mercadoria.

Suponhamos que alguém esteja vendendo uma pintura de Rembrandt. Uma das razões pelas quais um leilão é uma maneira tão antiga e tão útil de vender alguma coisa é que a pessoa que dá o lance mais alto envia um sinal dispendioso de que valoriza a pintura mais do que qualquer dos outros concorrentes; e o custo do seu sinal não é desperdiçado: o vendedor e o leiloeiro recebem o dinheiro do vencedor do leilão. Assim, o lance vencedor não é *apenas* um sinal dispendioso (embora seja isso também): é uma transferência direta eficiente de riqueza para o dono do quadro e mostra que o comprador o valoriza mais do que os outros e que sinaliza com seu lance mais alto que deve ser ele quem vai levá-lo. Há muitas maneiras de operar um leilão, e o desenho de leilões é uma das áreas mais ativas e também mais antigas[6] do desenho de mercado.

Produtos que vão desde obras de arte até cabeças de gado muitas vezes são vendidos em leilões com lances "ascendentes", em que o leiloeiro anuncia preços cada vez mais elevados até que sobra apenas um concorrente, o qual paga o último preço, o mais alto anunciado pelo leiloeiro. Mas às vezes os itens são vendidos em leilões de "lance fechado", em que cada proponente apresenta um número em envelope fechado sem saber dos outros. Os lances são todos abertos ao mesmo tempo, e o mais elevado ganha, às vezes pagando o valor da sua oferta, outras vezes pagando o valor do segundo maior lance.

Pagar o valor do segundo lance mais alto pode parecer estranho, até observarmos que num leilão de lances ascendentes o licitante vencedor paga o preço em que o participante que deu o segundo maior lance desistiu do leilão. Assim, tanto em um leilão de lances ascendentes como em um de lance fechado de segundo preço, quem deu o maior lance recebe o objeto por um preço apenas um pouco maior que o concorrente com o segundo maior lance estava disposto a pagar. Ambos os formatos de leilão facilitam decidir quanto oferecer, se a pessoa sabe quanto o objeto vale para ela. Isso porque, se pensarmos que o lucro do licitante vencedor consiste no que o objeto vale para ele menos o preço a pagar (e o lucro de cada licitante perdedor é zero), é perfeitamente seguro para um licitante dar um lance pelo verdadeiro valor total que o objeto tem para ele em um leilão de lance selado; ou ficar num leilão de ofertas crescentes até que o leiloeiro chegue ao valor total que ele está disposto a pagar. Quer ganhe ou perca, um licitante não pode ter um lucro maior ao dar outro lance. Isso não é nada óbvio, mas, se pensarmos no assunto cuidadosamente, veremos por que é verdade. Considere um leilão de lance fechado de segundo preço, em que o licitante com o lance mais alto recebe o objeto e paga o segundo lance mais alto, enquanto os outros licitantes não pagam nada e não recebem nada. Ao oferecer menos do que o verdadeiro valor do objeto, um lance vencedor lucrativo pode se tornar um lance perdedor; e inversamente, ao oferecer mais que o valor verdadeiro, um lance perdedor se transforma em um lance vencedor não lucrativo, pagando mais do que o objeto valia para o licitante.

Vamos examinar atentamente essa situação. Suponha que o verdadeiro valor do objeto para o qual você está oferecendo um lance seja cem dólares. Se você der um lance de cem dólares, ou seu lance será o mais alto, caso em que você ganha o objeto e paga o valor do segundo maior lance, digamos noventa, ou então alguém dá um lance maior, e nesse caso você não paga nada e não ganha nada.

Caso seu lance seja o mais alto, você conseguirá um objeto que vale para você cem dólares por apenas noventa, lucrando dez. O que acontece se você oferecer 95? Mesmo assim pagará noventa, pois é um leilão de segundo preço, e conseguirá o mesmo lucro, dez. Mas suponha que você ofereça ainda menos, digamos, 85 dólares. Nesse caso, você não dará o lance mais alto e terá lucro zero. Portanto, se o verdadeiro valor do objeto para você for maior que as outras propostas, diminuir seu lance não vai ajudar se você continuar dando o maior lance; e diminuir seu lance a ponto de não ser mais o vencedor do leilão vai lhe prejudicar, pois seu lucro cai a zero.

Suponhamos agora que seu verdadeiro valor, cem dólares, é menor que o lance de outra pessoa. Suponhamos que o lance mais alto apresentado foi de 120 dólares. Se você aumentar seu lance para algo acima de cem, mas abaixo de 120, isso não vai ajudar, já que você não vai ganhar nada nem pagar nada. Mas, se você subir seu lance para mais de 120, você vai ganhar o leilão e pagar 120 dólares (que é agora o segundo lance mais alto) por algo que vale apenas cem. Má jogada: você converteu um lucro zero num prejuízo de vinte.

Portanto, é seguro oferecer o verdadeiro valor que você dá ao objeto num leilão de segundo preço, já que não pode se sair melhor dando qualquer outro lance.

Note que, embora um leilão de segundo preço torne seguro para os licitantes oferecer o verdadeiro valor que a peça tem para eles, isso não impõe, necessariamente, um custo para o vendedor, embora este receba apenas o valor do segundo maior lance. Isso porque num leilão com lance fechado de primeiro preço, por exemplo, *não é* seguro para um licitante oferecer o verdadeiro valor; ele precisa oferecer menos para conseguir algum lucro, pois quem vencer o leilão terá que pagar o valor total do lance. Assim, o vendedor num leilão de primeiro preço recebe o valor do lance mais alto, que é inferior ao verdadeiro valor da peça para quem deu o maior lance. Em comparação, em um leilão de segundo preço, o vendedor recebe apenas o segundo lance mais alto, mas os lances são mais elevados. Ou seja, quando as regras do leilão mudam, os lances também mudam. Na verdade, pode-se pensar que esses dois efeitos se compensam.[7]

A situação muda quando você não sabe quanto o objeto vale *para você*. Suponha que uma empresa petrolífera está dando lances num leilão pelo direito de perfurar em certo local. Seus geólogos avaliam o volume de petróleo que há no subsolo naquele local, mas é apenas uma estimativa. Os outros licitantes também têm estimativas, algumas das quais podem ser mais exatas, outras menos. De toda forma, a petrolífera pode obter um sinal do quanto deve estar disposta a pagar ouvindo as demais propostas, que vão revelar algo das estimativas das outras empresas quanto ao volume de petróleo no local.

Nesse ambiente, um leilão de lances ascendentes é diferente de um leilão de lance fechado, mesmo que seja de segundo preço, pois quando as propostas são fechadas os licitantes não sabem nada sobre os lances dos outros concorrentes. Mas num leilão de lances ascendentes, quando você vê outros concorrentes desistirem, fica sabendo que as estimativas deles quanto ao valor do local não são tão elevadas como a sua. Isso pode sinalizar que sua própria estimativa não é realista: se houvesse tanto petróleo no subsolo como seus geólogos avaliaram, as outras empresas também deveriam ter visto isso.

Em contraste, pode ser arriscado participar num leilão de lance fechado, pois uma empresa com uma estimativa demasiado alta das reservas petrolíferas do local pode sofrer a "maldição do vencedor" — ou seja, ganhar o leilão só porque superestimou o valor da vitória e pagou demais.

Mas os leilões de primeiro preço, em que o arrematador paga o valor do seu lance, têm seus próprios encantos e existem em muitas variedades. Uma versão de um leilão desse tipo é usada para vender flores a granel, num leilão de lance descendente. O leiloeiro ajusta um "relógio" que marca o lance atual, começando por um número muito alto, e vai descendo rapidamente, até que algum licitante faz o relógio parar, oferecendo o preço mostrado naquele momento. É um preço maior do que o que os outros estão dispostos a pagar, já que eles ainda não tinham tomado uma iniciativa.

Como o primeiro lance faz parar o relógio, esses leilões[8] podem ser muito rápidos — uma vantagem, já que a rapidez é essencial quando se está comprando flores a granel. Um grande mercado internacional opera dessa forma na Holanda, bem perto do aeroporto de Amsterdam, do qual as flores podem ser enviadas para todo o mundo. Por isso, o leilão de lance descendente também é chamado de "leilão holandês".

A maioria dos sinais de que falamos até agora é enviada pelas pessoas a respeito de si mesmas. Candidatos a uma faculdade, a um emprego e a um namoro sinalizam seus talentos, habilidades e interesses. Poderíamos interpretar todos esses sinais como sendo enviados *do vendedor para o comprador*. Os sinais de qualidade obedecem a um formato do tipo: *Sou um bom estudante, um companheiro desejável, um restaurante tão bom que as pessoas se dispõem a ficar na fila*. Os sinais de interesse também vão de vendedor para comprador. Algo como: *Estou realmente interessado em trabalhar na sua firma, em cursar sua universidade, em namorar você.*

Mas veja este exemplo. Em 1993, o Congresso americano decidiu que o governo federal iria passar a vender licenças para o uso das frequências de rádio em vez de simplesmente dá-las para empresas com lobbies poderosos (como as emissoras de rádio e televisão). O Congresso precisava, então, de alguns sinais *dos compradores* sobre quais seriam os melhores usos desse recurso cada vez mais escasso. O vendedor — o governo — sabia menos sobre o valor do bem que estava vendendo do que os potenciais compradores.

Esse caso ocorre com frequência. Especialistas podem estimar o valor de um quadro de Rembrandt, mas o número verdadeiro é desconhecido até que o leilão seja concluído. É por isso que um dos usos mais antigos dos leilões é a chamada *descoberta de preços*: deixar o mercado dizer quanto alguém pode conseguir pela mercadoria disponível e para quem deve vendê-la para conseguir esse preço. Os leilões são mercados de matching que fazem a correspondência entre os vendedores e os compradores que mais valorizam os bens vendidos.

Mas o espectro de frequências de rádio é algo mais complicado do que um quadro de Rembrandt, pois pode ser dividido e combinado de muitas maneiras para usos diferentes. Quando o Congresso decidiu que a Comissão Federal de Comunicações (Federal Communications Commission, FCC) deveria leiloar licenças de faixas do espectro, especificou que o objetivo seria vendê-las de uma forma que respeitasse os usos mais importantes. A FCC precisava de um formato de leilão flexível, de modo que as empresas dispostas a usar as faixas do espectro de diferentes maneiras pudessem dar lances pelo que elas queriam.

Por exemplo, alguns poderiam desejar um conjunto de licenças que lhes permitiriam montar uma rede de telefonia celular cobrindo o país inteiro.

Os telefones celulares só exigem uma faixa relativamente estreita de frequência; portanto, uma operadora de telefonia celular estaria procurando licenças para faixas relativamente estreitas de todo o país. Outras empresas poderiam precisar de uma ampla faixa de frequências em qualquer área geográfica que desejassem operar — por exemplo, para que seus assinantes pudessem baixar filmes. Elas gostariam de ter as licenças para faixas amplas de frequências, mas talvez em uma só cidade.

Note que um plano de negócios para utilizar o espectro de radiofrequências precisa montar um *pacote* de licenças, da mesma forma que uma imobiliária que queira construir um edifício com uma grande área numa cidade já saturada pode ter que montar um pacote com vários lotes de terreno. E o pacote inteiro — seja de espectro de frequências ou de terrenos — pode valer muito mais do que a soma das suas partes. Assim como uma imobiliária não pode construir um grande edifício se não conseguir um conjunto contínuo de terrenos, um provedor de internet não pode fornecer serviços se não montar um pacote de licenças cobrindo um amplo espectro e uma operadora de telefonia celular não pode fornecer serviços se não reunir um pacote abrangendo uma vasta área.

A FCC, os consultores econômicos e os possíveis licitantes logo perceberam que vender licenças de espectro uma a uma seria um desenho de mercado ruim, pois tornaria arriscado para os licitantes montar os pacotes que precisavam. Ou seja, se fosse assim, os licitantes teriam de concorrer com muita cautela, temendo ganhar apenas uma parte do pacote desejado, que teria menos valor para eles do que o montante que haviam pago. Não seria dar lances para cada licença no valor que ela teria para eles como parte do pacote desejado, pois precisariam pagar os lances mesmo que não conseguissem montar o pacote desejado no final do processo.

Para resolver esse problema, a FCC adotou um projeto leilões "ascendentes simultâneos",[9] em que muitas licenças eram vendidas ao mesmo tempo, com a regra de que nenhum leilão seria concluído até que todos fossem. Isto é, até o final do leilão os licitantes poderiam ajustar o pacote de licenças que desejavam, pois o leilão para cada licença continuaria aberto até que não houvesse mais lances para nenhuma licença.

Isso ainda não tornou totalmente seguro para os licitantes montar os pacotes. Eles continuavam enfrentando o risco de arrematar muitas licenças e ainda ficar sem outras necessárias, caras demais, sem poder completar seu pacote. Mesmo assim, o novo leilão foi um enorme avanço, pois a maioria dos pacotes permitia certa quantidade de substituições; assim, se alguns componentes do pacote ficassem caros demais, os licitantes poderiam formular outro pacote. E, vistos em conjunto, os próprios lances determinavam como a mistura de pacotes vencedores deveria ser dividida entre utilizações rivais de modo a criar o maior valor possível.

Também havia outro problema a resolver quanto ao desenho desse leilão: para que o mercado pudesse funcionar, os licitantes tinham que estar dispostos a dar lances mesmo com o risco de revelar informações confidenciais aos concorrentes. Quem hesitasse em revelar suas intenções preferiria esperar até quase o fim do leilão para dar seus lances, tal como vimos no capítulo 7, quando falamos dos lances de última hora nos leilões do eBay. Mas, se *todos* esperassem, as informações necessárias para gerar uma alocação eficiente das faixas do espectro não seriam obtidas.

Para evitar isso, o desenho do leilão de espectro incluía *regras de atividade*, propostas pelos meus colegas Paul Milgrom e Bob Wilson, evitando que os licitantes fizessem propostas de última hora, a menos que já tivessem dado lances mais cedo no leilão em um número equivalente de licenças (medido em termos da população servida). Assim, os grandes concorrentes teriam que revelar sua proposta mais cedo, e todos os concorrentes poderiam se ajustar em vista da concorrência.

O leilão ascendente simultâneo, com regras de atividade, permitia que muitos licitantes competissem simultaneamente para muitas licenças, criando um mercado denso que viabilizava a descoberta de preços. As regras de atividade também evitavam que os leilões se arrastassem interminavelmente — outro possível efeito colateral de um mercado denso que precisa lidar com o congestionamento de muitas transações possíveis.

Pouco depois, esses leilões foram adotados amplamente por outros países interessados em vender licenças de espectro. Hoje, vários países europeus foram mais longe, adotando leilões ascendentes que permitem dar *lances para pacotes*, em vez de exigir que eles sejam montados licença por licença. Um lance para um pacote funciona assim: *Dou cem milhões de dólares por este pacote de licenças, exatamente este, e se eu não ganhar o pacote inteiro não quero nenhuma parte dele*. Ou seja, permite que a empresa dê o lance exatamente para aquilo que deseja; e, se não ganhar, tem toda a liberdade de disputar outro pacote, sem ser limitada pelos seus lances anteriores (como seria o caso num leilão ascendente simultâneo). Isso evita que a empresa arremate licenças que pode não querer mais.

Um leilão com lances para pacotes de muitas licenças só pode funcionar agora que dispomos de computadores poderosos. Em um leilão para uma única licença, é fácil dizer qual é o lance vencedor: o mais alto. Em um leilão simultâneo de muitas licenças, também é fácil dizer quais são os lances vencedores: são os mais altos nos leilões para cada licença. Mas, quando há muitas licenças à venda em um único leilão permitindo lances por pacotes, passa a haver um problema computacional difícil: como determinar quais são os lances vencedores, ou seja, as propostas para *pacotes* que gerariam o maior valor. Suponha que estamos realizando um pequeno leilão para apenas quatro licenças, L1, L2, L3 e L4. Um licitante pode disputar o pacote que consiste em L1 e L2; outro pode disputar L2 e L3, e um terceiro pode querer L1 e L4. Note que o primeiro e o segundo não podem sair vencedores simultaneamente, já que ambos querem a L2; mas o segundo e o terceiro podem conseguir todo o pacote desejado. Assim, mesmo se o primeiro concorrente der o lance mais alto (para L1 e L2), os vencedores podem ser os outros dois, se a soma das suas propostas for maior do que o lance do primeiro.

É claro que um leilão ascendente com lances por pacotes precisa definir os vencedores em cada fase, para que cada licitante saiba se sua proposta está ganhando o pacote desejado e os perdedores possam formular novas propostas. Quando há muitas licenças à venda,[10] é preciso contemplar lotes de pacotes. Mesmo que haja apenas quatro licenças à venda, já haverá quinze possíveis pacotes que poderiam ser disputados (cada uma das quatro licenças em separado, cada um dos seis possíveis pacotes de duas licenças, cada um dos quatro possíveis pacotes de três licenças e um pacote incluindo as quatro licenças). Para calcular o conjunto de licitações vencedoras em cada fase, o leiloeiro (ou seja, seu computador) tem que levar em conta todas as combinações de propostas em que não haja duas propostas disputando a mesma licença, para encontrar a combinação que gere o valor mais elevado.

Note que, numa disputa por pacotes, talvez nem seja possível identificar o preço de cada licença, já que todas elas estão unidas em pacotes de diferentes tamanhos e composições. Portanto, aqui vemos outro caso em que os preços não decidem tudo: como vimos no exemplo com apenas quatro licenças, o licitante que der o lance mais alto pode não vencer. Não é apenas o valor do lance que determina o que ele vai ganhar, mas também os lances dos outros — e não apenas em pacotes que competem com o que ele deseja, mas também nos pacotes que, junto com o daquele licitante, podem resultar, no final, no valor mais alto. Assim, um licitante não pode simplesmente escolher o que deseja, mesmo que seja o mais rico.

A própria existência de nossos celulares é resultado dos leilões de frequências que acabo de descrever. E quase toda vez que usamos o celular estamos acionando outro tipo de leilão — aquele que se tornou a base financeira da internet.

Leilões pelos nossos olhos

O programa de televisão *Mad Men* retrata o mundo da publicidade dos anos 1960. Naquela época, os anúncios tinham que ser dirigidos a toda uma faixa demográfica, um público amplo, pois o mercado era dominado pelos editores de jornais e revistas, emissoras de rádio e TV e empresas de outdoors. Mas, na internet, os anúncios não são apenas orientados para pessoas como você; eles são direcionados a pessoas *exatamente* como você, e muitas vezes para *você*, pessoalmente. Isso porque, quando usa a internet, seus olhos estão à venda nos leilões mais rápidos já realizados.

O modelo de negócios que torna o Google uma das empresas mais valorizadas do mundo consiste em realizar leilões pelas palavras digitadas na tela de busca. Toda vez que você procura algo no Google, não vê apenas os resultados "orgânicos" da pesquisa das palavras digitadas; também vê anúncios. Esses anúncios, e a ordem em que aparecem, dependem de qual anunciante vence um leilão realizado automaticamente pelo Google[11] no momento de cada pesquisa. Antes de ocorrer, os anunciantes haviam apresentado lances com base nas palavras que você procura. De modo geral, o anúncio que aparecer na primeira posição na sua tela foi apresentado por quem deu o maior lance pelas palavras na pesquisa. Ele paga o preço proposto pelo segundo melhor lance, cujo anúncio vem logo abaixo, e assim por diante, às vezes por toda uma sequência de anúncios.

Os anúncios on-line podem ser direcionados para os que expressam um claro interesse por um produto, e o preço deles também pode ser relativo ao valor do possível cliente. (Em contraste, antigamente o espaço num outdoor custava sempre o mesmo, quer o produto fosse um automóvel ou uma marca de chá ou de sabonete.) Durante alguns anos, a palavra de pesquisa que atraiu os mais altos lances foi "mesotelioma", nome de uma doença mortal que atinge pessoas que trabalharam com amianto e o inalaram. Como muitos dos processos de responsabilidade legal relativos à doença foram combinados e julgados em ações coletivas, os escritórios de advocacia que tratavam de tais casos sabiam que alguém que estivesse buscando aquela palavra poderia ter interesse de se juntar a um processo e que em breve teria direito a uma vultosa indenização, da qual receberiam uma parte. Assim, quando alguém procurava o nome da doença no Google, apareciam anúncios de escritórios de advocacia. Podemos ver como funciona o mercado de publicidade on-line comparando o que aparece na tela quando se procura um termo não comercial, como "matemática", e outro termo para algo amplamente vendido, tal como "carros novos". Essa última pesquisa estará cheia de anúncios, porque quem quer comprar um carro novo é exatamente o tipo de pessoa para quem as concessionárias e as montadoras querem dirigir seus anúncios. Desnecessário dizer, esse leilão do Google tem que ser muito rápido, para que a pessoa não se canse de esperar e mude para outro motor de busca.

Outro leilão velocíssimo, muitas vezes também dirigido diretamente ao usuário, acontece quando se acessa uma página muito visitada, como um site de jornal. Tal como na versão impressa, vemos anúncios na página on-line. Mas alguns deles foram colocados ali no exato momento em que essa página estava carregando na tela do usuário, mediante uma "bolsa" que leiloou o direito de mostrar um anúncio para *aquele usuário*. Sim, para *você*.

Você pode ser escolhido como alvo com grande precisão — a menos que apague regularmente os "cookies" que os sites colocam no seu navegador para rastrear o que vê. Isso porque existem "bolsas" de anúncios que leiloam os banners que aparecem nas páginas da internet e que por vezes podem mostrar aos anunciantes precisamente o que você procurou nos últimos tempos.

Por exemplo, logo depois que me mudei para a Califórnia, decidi comprar uma esteira com mesa de trabalho. Depois de procurar um pouco na internet, encontrei uma; logo em seguida começaram a aparecer anúncios cada vez que eu abria o *New York Times* on-line. É muito caro anunciar na primeira página do jornal impresso; os únicos anunciantes para quem isso vale a pena são os que querem alcançar muita gente. Mas, quando meu navegador começa a carregar a versão eletrônica do jornal e os cookies no meu computador revelam que eu posso, de fato, querer comprar uma esteira, meu par de olhos se torna uma propriedade muito valiosa, pela qual vale a pena dar um lance alto se alguém está vendendo um item caro que apenas algumas pessoas desejam. Aquele anunciante vai investir um valor alto pela minha atenção "pré-qualificada". Isso talvez pareça um tanto assustador. No começo, eu ficava contente de ver anúncios para esteiras, mas eles continuaram aparecendo mesmo depois que eu já estava lendo as notícias enquanto caminhava nela. Eu me perguntava se, à medida que o cookie para esteiras no meu navegador ia ficando obsoleto, o que os anunciantes ofereciam pelos meus olhos ia diminuindo progressivamente de valor.

Isso me mostrou claramente que os anúncios que eu via eram diferentes dos que outras pessoas viam, mesmo que estivessem lendo a mesma notícia no mesmo jornal e ao mesmo tempo. Parecia que alguém estava me observando na internet — o que, na verdade, acontece. Meus olhos, e os seus, estão à venda pelo maior lance. Se quiser preservar um mínimo de privacidade, pode tomar algumas medidas, tais como apagar os cookies regularmente. Ou talvez fique contente ao ver anúncios especialmente escolhidos do que realmente quer, com base em suas pesquisas, sua navegação na internet e até mesmo e-mails.[12] Se você usa muito a internet, teria que se esforçar para conseguir total privacidade. E não é apenas seu comportamento que está on-line. O software de mapas no seu smartphone sabe não só onde você está, mas para onde vai. Até mesmo sua operadora de telefonia celular tem que saber onde você está sempre que o telefone está ligado, para poder rotear as chamadas para você — usando a licença de espectro de rádio da área local que comprou em leilão exatamente para isso.

Agora que toda essa nova tecnologia infringe nossa privacidade, pode ser que queiramos restrições legais sobre alguns tipos de transação que envolvem nossos dados particulares. Os direitos de propriedade — quem possui o quê, e o que se pode fazer com isso — são uma parte importante do desenho de mercado, e creio que veremos algumas novas medidas para definir os direitos de propriedade para nossos dados de transações.

Os direitos de propriedade podem ser complexos. Já vimos que se pode doar um rim para alguém que precisa de um transplante, mas é contra a lei comprar ou vender um rim para ser transplantado. Portanto, seu rim é propriedade na maioria dos aspectos — você pode mantê-lo no seu corpo ou doá-lo —, mas não é o tipo de propriedade que se possa vender. Vamos agora examinar a surpreendente variedade de outros mercados que são, de uma forma ou de outra, *repugnantes*.

PARTE IV

Mercados proibidos e mercados livres

CAPÍTULO 11

Repugnante, proibido... e projetado

É proibido servir carne de cavalo nos restaurantes da Califórnia. Não se trata de alguma lei dos tempos do Velho Oeste, quando o cavalo era o melhor amigo do homem. É parte do Código Penal da Califórnia, promulgada por referendo popular — isto é, pelo voto direto — em 1998, muito tempo depois que cavalos deixaram de ser uma parte importante da economia californiana. O parágrafo 598 do Código Penal diz: "A carne de cavalo não pode ser posta à venda para consumo humano. Nenhum restaurante, café ou outro local público de alimentação pode oferecer carne de cavalo para o consumo humano". A medida foi aprovada com 60% dos votos, com mais de 4,6 milhões de pessoas votando a favor.

A intenção dessa lei não é proteger a segurança dos consumidores ao controlar o abate, a venda, a preparação e a rotulagem dos animais utilizados para a alimentação. Ela também é diferente de leis que proíbem o tratamento desumano dos animais, tais como as regras sobre como podem ser criados ou abatidos, ou a proibição das rinhas de galos. Na verdade, matar cavalos não é ilegal na Califórnia; a lei apenas proíbe esse abate "se essa pessoa sabe ou deveria saber que qualquer parte do cavalo será utilizada para o consumo humano". Em outras palavras, você pode matar um cavalo na Califórnia e dá-lo para seu cão comer, desde que você mesmo não coma. Por ironia, o uso de carne de cavalo na ração para animais diminuiu nos Estados Unidos diante da crescente demanda da Europa pela carne de cavalo importada para consumo humano.

Transações repugnantes[1]

Vamos chamar uma transação de *repugnante* se algumas pessoas querem realizá-la e outras não querem.

As transações repugnantes que mais me interessam são aquelas em que não é fácil especificar por que algumas pessoas se opõem a elas. Os economistas dizem que as transações têm "externalidades negativas" quando prejudicam pessoas que não tomam parte nas transações. Se seu vizinho abre uma casa noturna e você acorda às duas da manhã com o som alto, essa é uma externalidade negativa. É fácil entender por que você é contra essas festas, mesmo que cada participante seja um adulto que pagou com prazer para entrar e está se divertindo. As regras de zoneamento urbano talvez proíbam qualquer pessoa de abrir uma casa noturna no seu bairro, justamente para que você possa desfrutar de noites tranquilas.

O ponto que me interessa aqui não são as transações com externalidades negativas óbvias, mesmo que algumas pessoas queiram participar delas e outras não. Para os propósitos deste livro, vou reservar a palavra *repugnante* para transações das quais algumas pessoas querem participar, mas que *são contestadas por outras que podem não ser diretamente prejudicadas por elas.*

Observe que a repugnância é diferente do nojo. Não há nenhuma lei na Califórnia que proíba comer minhocas ou mosquitos. É certo que não se encontram esses pratos em restaurantes, mas porque é difícil achar alguém que queira se deliciar com um prato de minhocas fritas. Mas a Califórnia é um estado com uma população vinda do mundo todo, incluindo países onde a carne de cavalo é considerada deliciosa. Se você procurar no Google "boucherie chevaline" ou

"Pferdefleisch", será direcionado para açougues gourmet de carne de cavalo em países de línguas francesa e alemã.

Vemos então que algo pode ser repugnante em um lugar mas perfeitamente aceito em outro; ou ser repugnante para algumas pessoas e não para outras. Por que é ilegal comer carne de cavalo na Califórnia? Não é porque ninguém queira comê-la (pois nesse caso a lei não teria utilidade), mas sim porque algumas pessoas gostariam de comê-la e outras não querem que comam. É claro que uma transação pode ser repugnante, mas não ilegal: antes da lei de 1998, muita gente na Califórnia achava repugnante que os restaurantes fossem autorizados a servir carne de cavalo. Há transações que são legais, embora repugnantes, porque não há um número suficiente de pessoas que as considerem repugnantes de modo que se possa transformar essa repugnância em lei. Outras transações são legais, embora repugnantes, porque é muito difícil fazer cumprir leis contra coisas que muita gente quer fazer, e também porque tentar proibir essas transações abre a porta para o mercado negro e o crime. Um caso clássico é a experiência dos Estados Unidos com a proibição da venda de bebidas alcoólicas.

Em nome da moral pública, os Estados Unidos proibiram a venda de álcool de 1920 a 1933 por meio da 18ª Emenda à Constituição. Esse período, conhecido como Lei Seca, foi um desastre. Descobriu-se que a repugnância nacional pelo consumo de álcool e pelo alcoolismo não era tão profunda nem tão ampla como se pensava, e os americanos logo se transformaram em infratores da lei e contrabandistas, alimentando assim o crime organizado. No fim, a 18ª Emenda foi revogada pela 21ª, embora alguns estados e municípios ainda mantenham uma série de restrições além das normas universais que proíbem vender álcool a menores de idade e dirigir embriagado.

A revogação da Lei Seca não apenas tornou o álcool acessível legalmente; ela também desmontou o esquema que sustentava o mercado negro. No entanto, as organizações criminosas que tinham enriquecido com a Lei Seca migraram para outros negócios — proporcionando um aviso duradouro de que proibir um mercado é uma forma inábil de desenho de mercado que não atinge, necessariamente, nem sequer seus objetivos principais.

Podemos explicar melhor a repugnância notando que algumas transações são exatamente o oposto. Vamos chamar uma transação de *protegida* se muitas pessoas gostariam de promovê-la, no sentido de que desejam proteger o direito dos outros de realizá-la, mesmo que elas próprias não o queiram. A agricultura familiar se enquadra nessa categoria, já que em todo o mundo ela é subsidiada para tentar manter viáveis as pequenas propriedades diante da invasão da grande e eficiente agroindústria.

Há transações que podem ser tanto repugnantes como protegidas dependendo do observador. O culto religioso é uma transação protegida nos Estados Unidos, consagrado na Primeira Emenda. Mas palavras como *blasfêmia, apostasia* e *heresia* conotam a repugnância que algumas pessoas sentem em relação às formas como outras praticam o culto religioso. No momento em que escrevo, em 2014, há guerras sendo travadas entre seguidores de diferentes seitas do islã, tal como a Europa passou por guerras entre diversas vertentes do cristianismo séculos atrás. Da mesma forma, o direito de possuir armas de fogo, protegido pela Segunda Emenda, é um tópico de intenso debate político nos Estados Unidos, em oposição às propostas de controle das armas, relativas às externalidades negativas que causam em muitas comunidades americanas.

Assim, a repugnância é diferente em locais diferentes, e pode durar muito tempo. Mas, quando ela muda, pode ser bem depressa.

Um exemplo oportuno é o casamento homoafetivo. Essa é uma transação em que algumas pessoas querem se envolver — casando — enquanto outras pessoas acham que não devem. Na maior parte do mundo, durante a maior parte da história, o casamento, e o status social e jurídico especial que ele oferece como transação protegida, foi reservado para um homem e uma mulher; ou, nas sociedades polígamas, um homem e uma ou mais mulheres. Nos Estados Unidos, o casamento homoafetivo se tornou legal pela primeira vez em Massachusetts, em 2004. A proibição do casamento gay foi anulada por uma decisão judicial afirmando que permitir o casamento apenas aos heterossexuais violava a garantia da constituição estadual de proteção igual a todos os cidadãos. A decisão do tribunal de Massachusetts é um exemplo de como uma repugnância imposta por lei foi encerrada repentinamente.

Mas o casamento homoafetivo continua a ser uma questão que divide os americanos. Em 2014, quase quarenta estados americanos já o haviam legalizado (alguns por meio dos tribunais, outros pela legislação), enquanto outros estados tentavam reafirmar ativamente suas leis contra o casamento gay. Em junho de 2015, a Suprema Corte dos Estados Unidos estabeleceu que esses casamentos eram legais e um direito dos cidadãos no país inteiro. As pesquisas sugerem que a repugnância ao casamento gay hoje se concentra entre os eleitores mais velhos. Assim, creio que ela vai desaparecer com o tempo.

No entanto, examinando a história do casamento, vemos que ao longo do tempo houve mudanças na repugnância em ambos os sentidos. Por exemplo, a poligamia, tal como narram as histórias do rei Davi e de outros personagens bíblicos, sobreviveu em várias formas por muitos anos e ainda é aceita no mundo islâmico. No entanto, foi proibida entre os judeus europeus há mais de mil anos, e atualmente é ilegal em todos os estados americanos. Dito isso, há comunidades dissidentes que praticam abertamente a poligamia em Utah e outros estados; e é claro que, na esfera privada, a poligamia sem dúvida persiste. Seus defensores também começaram a participar da discussão relativa às novas leis sobre o casamento homoafetivo, a fim de questionar as que vão contra o casamento plural — sugerindo que, em algum momento no futuro, a história talvez dê outra viravolta.

Portanto, não se pode afirmar que à medida que nos modernizamos simplesmente abandonamos as velhas repugnâncias. Às vezes nós as trazemos de volta — ou criamos novas. A escravidão é um exemplo óbvio de um mercado que hoje é repugnante e ilegal, mesmo onde já foi aceito no passado, como nos Estados Unidos. É claro que a escravidão não era uma transação voluntária, no que diz respeito ao escravo, mas atualmente a consideramos algo tão repugnante que uma pessoa não pode sequer vender *a si mesma* voluntariamente como escrava ou serva. No entanto, a servidão contratual — isto é, com prazo limitado, aceita voluntariamente — foi no passado a maneira como muitos europeus conseguiram uma passagem para a América.

Hoje todas as formas de servidão involuntária são proibidas pela 13ª Emenda, ratificada em 1865 após uma sangrenta guerra civil. Ela afirma: "Nem a escravidão nem a servidão involuntária, exceto como punição para um crime pelo qual o réu tenha sido devidamente condenado, poderá existir dentro dos Estados Unidos, ou em qualquer lugar sujeito à jurisdição do país".

Outra repugnância importante que mudou ao longo do tempo é emprestar dinheiro a juros. Durante séculos na Europa medieval, a Igreja proibia os cristãos de cobrar juros sobre os empréstimos. Mesmo depois disso, por muito tempo a ideia continuou a despertar repugnância. (Shakespeare dedicou uma peça inteira, *O mercador de Veneza*, à agiotagem, e em *Hamlet* Polônio aconselha Laerte: "Não emprestes, nem peças emprestado".) Essa situação, obviamente, mudou nos nossos dias, quando o setor bancário é parte importante da economia global (embora a lei islâmica seja interpretada, em geral, como proibindo os juros).

O mundo das finanças é tão grande (o que, por si só, já pode inspirar certa repugnância) que pode ser difícil apreciar plenamente a gigantesca mudança nas atitudes do público ocorrida apenas alguns séculos atrás. Mas vale a pena considerá-la para perceber a importância das atitudes públicas ao determinar que tipos de mercados são permitidos. Perto do início do seu longo ensaio *A ética protestante e o espírito do capitalismo*, Max Weber cita Benjamin Franklin ao discorrer sobre as virtudes de emprestar e tomar emprestado de forma responsável. A visão de Franklin era oposta à de Polônio: ele achava que emprestar e tomar emprestado de forma responsável eram virtudes puritanas, e deu conselhos sobre como usar o crédito assim. Em 1748 Franklin escreveu um ensaio a respeito intitulado *Conselhos a um jovem comerciante, escritos por um velho comerciante*. (Esse ensaio é famoso sobretudo pelo aforismo: "Lembre-se de que

TEMPO é dinheiro"; mas também inclui o conselho paralelo "Lembre-se de que CRÉDITO é dinheiro".) Perto do fim do seu ensaio, Weber pergunta: "Como, então, desse comportamento na melhor das hipóteses apenas tolerado pela moral resultou uma 'vocação profissional' no sentido que lhe empresta Benjamin Franklin?".[2]

Como os mercados geralmente estão enlaçados numa teia de conexões com outros mercados, alterações na repugnância podem ter efeitos de longo alcance. Por exemplo, a evolução das atitudes em relação ao endividamento e à servidão involuntária interagiu, mudando a forma como pensamos sobre a falência. Nos Estados Unidos colonial e nos primeiros anos da República, os devedores insolventes podiam ser presos ou condenados à servidão contratual. Mas, à medida que a servidão involuntária se tornou mais repugnante e as dívidas menos repugnantes, as leis da falência foram revistas para ser menos punitivas para com os devedores.

A interligação dos mercados às vezes permite que seus participantes evitem determinadas transações repugnantes, porém alcançando os mesmos objetivos. Por exemplo, os mercados de crédito estão muito ligados aos mercados de bens, ou seja, as pessoas tomam dinheiro emprestado para comprar coisas. E, embora cobrar juros sobre o dinheiro emprestado seja repugnante para o islã, cobrar um aluguel pelos bens não é. Assim, no Ocidente uma financiadora convencional empresta dinheiro para o cliente comprar sua casa e cobra juros sobre o empréstimo; mas nas finanças islâmicas uma operação assim pode ser estruturada de forma que o banco empresta dinheiro para o cliente comprar a casa, assume a propriedade de parte da casa e depois cobra um aluguel.

Da mesma maneira como a repugnância quanto a certas transações pode mudar com o tempo, as novas tecnologias viabilizam outros tipos de transações, que também podem despertar outras repugnâncias. Atualmente é possível, pelo menos em alguns lugares, comprar toda a "cadeia de suprimento" necessária para produzir o nascimento de um ser humano. Pode-se comprar esperma e óvulos humanos, fazer a fertilização e depois gestar o embrião em um útero de aluguel. Essa possibilidade fez surgir o "turismo de fertilidade", envolvendo pessoas que estão desesperadas para ter filhos depois de não o conseguir pelos métodos comuns, mas que vivem em países onde a barriga de aluguel é ilegal (às vezes apenas quando paga). Essas pessoas vão parar em países onde se pode fazer um contrato para obter esses serviços. A Índia é um grande mercado de barrigas de aluguel, e os Estados Unidos também, embora em menor grau, por causa do preço. Mas mesmo nos Estados Unidos as leis variam. No momento em que escrevo, em 2014, é totalmente legal pagar por uma barriga de aluguel na Califórnia e em muitos outros estados, mas é ilegal em Nova York.

Todos esses exemplos deixam claro que alguns tipos de transações são repugnantes em alguns lugares, mas não em outros, e que a repugnância pode mudar ao longo do tempo. Ela depende muito de quem a vê, e quem a vê está observando as transações de outras pessoas. Isso faz com que seja difícil prever e mais ainda regulamentar. Uma ocorrência comum é que algumas operações que podem não ser repugnantes — e talvez até sejam protegidas — se tornem repugnantes quando envolvem dinheiro. Esses casos merecem ser examinados atentamente, porque esclarecem tanto a repugnância em si como os diferentes tipos de mercados e ambientes de mercado que podem, ou por vezes não podem, ser projetados de modo a atender a diferentes necessidades.

Dinheiro e repugnância: comprar pode ser um modo repugnante de conseguir coisas

Certos presentes e trocas em espécie passam a ser repugnantes quando se põe dinheiro na mesa.

A repugnância histórica pela cobrança de juros sobre os empréstimos parece se enquadrar nessa categoria, assim como a proibição de pagar por uma criança oferecida para adoção; e talvez até mesmo a prostituição. Um empréstimo, a adoção e o amor são amplamente considerados coisas boas quando oferecidos de graça, mas seus equivalentes comerciais são malvistos.

Todos nós podemos identificar pelo menos algumas ocasiões em que concordaríamos que a situação não é apropriada para o uso do dinheiro. Por exemplo, alguém que foi convidado para jantar na sua casa pode retribuir na mesma moeda trazendo um vinho ou convidando você para jantar na casa dele; mas provavelmente você não seria convidado de novo caso se oferecesse para pagar pelo jantar.

Os debates sobre o que pode ou não pode ser comprado e vendido tocam em algumas questões fundamentais da democracia. Temos certeza de que os votos não devem ser comprados diretamente, mas discordamos muito sobre qual deve ser o papel do dinheiro nas campanhas e nas decisões políticas. Durante a Guerra Civil americana (1861-5), os soldados convocados para o exército da União podiam pagar substitutos para servir em seu lugar; porém foi mais difícil evitar o serviço militar obrigatório nas guerras do século XX.

No fim da Guerra do Vietnã, os Estados Unidos aboliram totalmente o serviço militar obrigatório; hoje suas Forças Armadas são compostas inteiramente de voluntários. Estes são atraídos, em parte, pelo salário e pelos benefícios oferecidos, bem como pelo senso de dever, patriotismo e aventura. Os críticos argumentavam que o resultado seria que as Forças Armadas seriam tomadas por cidadãos de baixa renda que, em termos práticos, não tinham muita escolha, enquanto os mais ricos teriam a liberdade de ignorar seu dever para com o país. As opiniões podem diferir sobre até que ponto isso ocorreu, mas os temores de que apenas os mais pobres iriam servir não se concretizaram. Nem todo mundo que gostaria de se alistar está qualificado, e servir nas Forças Armadas é uma honra. Voltarei ao assunto em breve.

Voltando à questão da venda de rins, praticamente ninguém contesta a doação do órgão para transplante, mas muita gente considera que a compensação monetária para isso é uma ideia muito ruim, talvez até o tipo de ideia que apenas pessoas malignas têm. Essas preocupações sobre a monetização das transações parecem cair em três tipos principais.

Uma é a *objetificação*, o medo de que o ato de atribuir um preço a certas coisas e depois comprá-las ou vendê-las pode passá-las para uma classe de *objetos* impessoais à qual não deveriam pertencer. Ou seja, correm o risco de perder seu *valor moral*.

Outra é a *coação*,[3] o fato de que pagamentos substanciais em dinheiro podem acabar sendo coercitivos — "uma oferta irrecusável" —, deixando as pessoas mais pobres expostas à *exploração*, da qual merecem proteção. Uma preocupação mais complexa é que permitir a compra e a venda de coisas como rins pode nos levar a uma espécie de "ladeira abaixo", descambando para uma sociedade com menos compaixão do que aquela em que gostaríamos de viver. A preocupação, que muitas vezes não é articulada claramente, é que monetizar certas transações pode não ser censurável em si, mas pode causar outras alterações que lamentaríamos. A descida da "ladeira" poderia começar, por exemplo, com a redução do entusiasmo do público pelas formas atuais de apoio aos pobres e vulneráveis, de uma forma que possa fazê-los achar que *precisam* vender, por exemplo, um rim.

Quando falo com diversos públicos sobre essas preocupações quanto à questão da doação de rins, noto que muita gente concorda julgando que minhas palavras resumem o óbvio, afinal não devemos permitir a compra e venda de rins. Outro grande grupo fica furioso, pois julga que quem não quer vender seus próprios rins pode simplesmente não fazê-lo, mas que não se deve proibir pessoas adultas e bem informadas de realizar uma troca que beneficia ambos os lados, é voluntária e salva vidas.

Para ajudar cada um dos lados a compreender o ponto de vista do outro, sempre peço aos ouvintes que levantem a mão se estiverem dispostos a aceitar a venda, cuidadosamente regulada, de rins de pessoas vivas. Mesmo num grupo de economistas, nem todo mundo levanta a mão, e até mesmo num grupo de não economistas alguns levantam. Peço então a todos que olhem ao redor para ter uma noção da distribuição. Eu pergunto: "O que vocês acham de uma venda, cuidadosamente regulada, do *coração* de pessoas vivas?", lembrando a eles que isso mataria o vendedor.

Nessa hora a maioria das mãos desce, embora quase sempre haja algumas almas enrijecidas que continuam com a mão levantada. Sempre haveria algum fornecimento, bem como uma demanda considerável, de corações. As pessoas saudáveis às vezes se matam, e por vezes matam os outros também; elas poderiam ser persuadidas a vender seu coração, salvando assim uma vida e dando apoio financeiro à sua família. Mas a maioria continua julgando que essa seria uma péssima ideia.

O que eu quero dizer é que a maioria das pessoas julga que *algumas* transações são repugnantes. Essa é uma razão para tratar com respeito a intuição das outras pessoas sobre o assunto, mesmo que elas não levantem e abaixem as mãos junto conosco.

A repugnância como um desafio para o desenho de mercado

O que significa para o projeto de mercado tratar a repugnância com respeito — até mesmo (ou especialmente) a repugnância de outras pessoas? E em especial: como devemos pensar numa situação em que há alguns tipos de transações que não têm o apoio necessário para formar um mercado, mas para as quais há uma demanda substancial, e que poderiam melhorar significativamente o bem-estar de algumas pessoas?

As finanças do mundo islâmico são um exemplo que vale a pena recordar. A lei islâmica proíbe cobrar juros sobre os empréstimos; mesmo assim quem vive em países islâmicos ou observa a lei islâmica onde quer que viva precisa comprar casas e outros bens, e não quer esperar, necessariamente, até poder pagar à vista. Existe, portanto, a demanda por algo que funcione como os empréstimos convencionais, mesmo que a pessoa não possa pagar juros. Em resposta a essa demanda, foram inventados vários instrumentos financeiros, amplamente aceitos como estando em conformidade com a lei islâmica. Eles funcionam mais ou menos como os empréstimos com juros, mas envolvendo no lugar aluguéis ou alguma outra forma de estruturar a transação. Essas invenções financeiras trazem para o mundo islâmico alguns dos grandes benefícios que o crédito trouxe para a economia mundial, e alguns dos perigos também.

De forma semelhante, a repugnância generalizada por pagar pelos rins em dinheiro, junto com a escassez igualmente generalizada de rins para transplante, apresenta um grande desafio para o desenho de mercado. O único país em que é legal comprar e vender rins de doadores/vendedores vivos é o Irã. Ali os mercados legais foram liberados depois que a necessidade de transplante de rins chegou a um pico durante a guerra contra o Iraque. No Irã, os doadores/vendedores de rins também gozam de isenção do serviço militar. Poderíamos aprender algo de valor sobre o desenho de tais mercados ao estudar cuidadosamente o iraniano.[4] (Por ironia, no Irã alguém poderia contornar a repugnância pelos juros sobre os empréstimos financiando uma compra com o produto da venda de um rim.)

A *troca renal* é uma invenção de desenho de mercado que conseguiu aumentar o número de transplantes através da troca — de um rim por outro rim —, contornando, assim, a repugnância. Ela se tornou uma forma-padrão de transplante nos Estados Unidos e está se disseminando pelo mundo. Segundo as leis do país, um rim deve ser dado de presente, seja de um doador vivo ou morto.

No entanto, a troca renal por si só não resolve o problema da escassez de rins. Existem atualmente 100 mil pessoas à espera de um transplante renal só nos Estados Unidos; ao mesmo tempo, temos rins doados, de pessoas vivas ou mortas, para fazer apenas cerca de 17 mil transplantes por ano. Esse enorme déficit — que não seria vencido mesmo que cada possível doador falecido doasse seus dois rins — lembra-nos de que, infelizmente, a doação altruísta por si só não está satisfazendo a necessidade.

Em consequência, hoje há um animado debate para saber se os doadores de rins poderiam ser tratados de forma mais generosa, e de que maneira se poderia fazer isso. Muitos médicos, hospitais, fundações e pacientes argumentam que a lei deveria ser alterada para permitir a compra de rins de pessoas vivas,[5] para que a oferta possa alcançar a demanda.

Há muito os economistas se acostumaram com o fato de que os pagamentos em dinheiro podem preencher essas lacunas, por meio de incentivos para aumentar a oferta. Adam Smith, em seu livro *Uma investigação sobre a natureza e as causas da riqueza das nações* (1776), fez a famosa observação: "Não é da benevolência do açougueiro, do cervejeiro ou do padeiro que esperamos que venha o nosso jantar, mas sim da consideração que eles têm pelo seu próprio interesse".[6] A maioria dos economistas julga que permitir que alguns incentivos, monetários ou não, sejam oferecidos a um doador poderia aumentar a oferta de rins. Na verdade, não há muita controvérsia a respeito. Assim, a repugnância quanto à venda de rins nos dá a oportunidade de compreender a repugnância e o que isso implica para um mercado em situação de extrema gravidade. Podemos analisar transações que são proibidas mesmo quando poderiam salvar vidas se fossem permitidas.

Esse debate, assim como a oposição à legalização da venda de rins,[7] surge da preocupação de que esse aumento da oferta, mesmo se fosse regulado com o máximo cuidado, implicaria custos — para os doadores/vendedores, para os pobres e vulneráveis e para a sociedade em geral —, e que esses custos poderiam superar até mesmo o grande benefício de salvar muitas vidas. O mercado negro, operado por criminosos, oferece muitas oportunidades para vermos como esses custos poderiam ser grandes. Em pelo menos alguns desses mercados negros, os doadores/vendedores são enganados, coagidos, não recebem o pagamento prometido e quase nunca recebem acompanhamento médico posterior. (A qualidade do atendimento prestado aos pacientes que recebem o transplante também pode ser suspeita.) Além disso, os rins do mercado negro só estão disponíveis para os relativamente ricos e vêm de pessoas muito pobres.

Há também certas preocupações que não têm a ver diretamente com custos mensuráveis. Por exemplo, uma preocupação que tem sido expressa pela Igreja católica é que pagar por um rim diminui inerentemente a dignidade humana, de tal forma que devemos hesitar em aprová-la, mesmo em um mercado bem administrado.

O desenho de mercado pode, pelo menos, tentar responder às preocupações quanto aos custos que um mercado poderia impor à sociedade. Um mercado legal é mais seguro e mais fácil de regular do que um mercado ilegal. (Comprar uma garrafa de vinho hoje é muito diferente de comprar uísque durante a Lei Seca.)

Assim, vale a pena pensar em modelos de mercado de rins capazes de reduzir ou evitar os aspectos que muitos julgam repugnantes. Poderíamos, assim, tentar eliminar algumas das barreiras para o transplante que condenam muitas pessoas pelo mundo afora a uma morte precoce e mandam outras recorrer ao mercado negro ilegal, que prospera em muitas partes do mundo.

Salvar mais vidas

Eis aqui algumas propostas preliminares em que pensar, primeiro sobre como projetar um mercado de rins com compensação em dinheiro; e, em seguida, se isso continuar sendo ilegal, de que modo a troca renal poderia ser ampliada para facilitar mais transplantes *sem* compensação em dinheiro.

Diversas questões sobre esse possível mercado já foram debatidas. Por exemplo, a preocupação de que só os ricos poderiam pagar pelos rins poderia ser resolvida alterando a atual proibição absoluta de compras, permitindo que elas fossem feitas por um único comprador autorizado pelo governo. Os rins obtidos seriam alocados de acordo com as regras que hoje regem a alocação de órgãos de doadores falecidos.

A preocupação de que os vendedores seriam coagidos por circunstâncias desesperadoras poderia ser resolvida em parte por um período de um ano de reflexão, em que os candidatos a doadores seriam plenamente informados sobre os riscos e benefícios e passariam por testes rigorosos de saúde física e mental. E, como cada transplante renal economiza para o Medicare (serviço de saúde governamental americano) mais que um quarto de milhão de dólares em comparação com a diálise contínua, a sociedade poderia ter recursos para pagar de forma generosa de modo que os vendedores que passassem por esses requisitos rigorosos não parecessem estar sendo explorados.

Desnecessário dizer que haveria detalhes difíceis de resolver. Uma boa ajuda seria tentar pensar no longo prazo, considerando como avaliar, vinte ou trinta anos depois de se liberar o pagamento pelos rins, se a legalização foi uma boa ideia. Obviamente, desejaríamos saber se a escassez de rins tinha sido mitigada e se os pacientes e doadores/vendedores estavam saudáveis e satisfeitos. Também gostaríamos de saber quem foram os doadores e o que aconteceu com eles. Creio também que gostaríamos de avaliar como ambos os grupos eram vistos pelo resto da sociedade. Essa última questão é importante porque, vale repetir, legalizar um mercado não elimina necessariamente a repugnância. (A prostituição é legal na Alemanha, mas não significa que todos os alemães a vejam com bons olhos.)

Sendo assim, o que eu procuraria, vinte anos depois, seriam candidatos ao Senado americano argumentando que devemos votar neles porque são pessoas que se preocuparam com o próximo a ponto de vender um rim e salvar uma vida quando eram jovens. Isso pode parecer exagero, mas é assim que os americanos consideram hoje o Exército que alista exclusivamente voluntários. Os soldados são pagos, mas quando se tornam candidatos a cargos públicos eles se vangloriam do serviço militar. Militares uniformizados são convidados a embarcar primeiro em qualquer aeroporto americano. Eu teria prazer em também deixar passar na minha frente os doadores de rins.

Outro sinal de sucesso seria uma longa lista de espera — não para conseguir um transplante, mas para vender um rim — e ver surgirem livros de autoajuda escritos por doadores/vendedores com títulos como *A dieta e os exercícios do doador renal: Você também pode se qualificar.*

Será que isso aconteceria? Talvez, apesar dos nossos melhores esforços, os que venderam seus rins seriam apenas pessoas pobres doentes e exploradas. Provavelmente foi devido a preocupações como essas que a 13ª Emenda tornou ilegal o mercado de trabalho da servidão contratual, em vez de tentar regulá-lo. E embora eu seja otimista sobre o que se pode fazer por meio de um bom desenho de mercado de um monitoramento cuidadoso para corrigi-lo se não funcionar bem, não sou tão otimista quanto a conseguir mudar as leis que proíbem vender rins em quase todos os países do mundo.

Mesmo que os mercados de pagamento pelos rins continuem repugnantes, o desenho de mercado proporciona maneiras de ampliar o conjunto de possíveis doadores sem ter que enfrentar diretamente a questão da repugnância.

Para começar, poderíamos aprender qual é o papel dos incentivos nas decisões dos doadores de órgãos, experimentando *eliminar os desincentivos* à doação. A lei americana atual permite que algum dinheiro mude de mãos, para pagar aos doadores por despesas de viagem, alojamento e salários perdidos. No entanto, exceto em alguns casos limitados, a maioria dos doadores americanos paga suas próprias despesas. (Isso não vale para todos os lugares. Em Israel, o país oferece aos doadores de rins quarenta dias do seu salário atual, mesmo que não percam todos esses dias de trabalho, e lhes garante prioridade na lista de espera para doadores falecidos, caso eles próprios venham a precisar de um transplante.)

Eu ficaria feliz de ver algumas experiências cuidadosas que acrescentariam provas à discussão relativa a de que modo a prática da doação reagiria à possibilidade de pagamentos. Mesmo pagamentos pequenos poderiam viabilizar mais algumas doações. Tal como acontece com muitas doenças, a doença renal recai desproporcionalmente sobre os pobres, e os potenciais doadores são seus próprios cônjuges, parentes próximos e amigos, que também são pobres. Mas, mesmo que os pequenos pagamentos incentivassem mais algumas doações, provavelmente fariam pouca diferença.

Para reduzir de maneira significativa o problema da escassez de rins, teremos que fazer um esforço maior.

Ampliando as trocas renais

A bolsa de trocas renais é um bom lugar para começar, já que tem sido bem-sucedida em aumentar o número de doações e transplantes sem despertar repugnância. A troca renal é uma troca em espécie — um rim por um rim, um presente por outro presente. Como expliquei no capítulo 3, grande parte do sucesso das trocas renais se deve ao bom uso de doadores vivos não direcionados — os chamados "bons samaritanos" — para iniciar uma cadeia de transplantes. Algumas dessas cadeias já foram bem longas; atualmente, uma cadeia normal de doadores não direcionados gera cerca de cinco transplantes.

Mas os doadores falecidos também são não direcionados, e não estão sendo usados para iniciar cadeias. Nem todos os rins de doadores falecidos seriam atraentes para pares de paciente-doador à espera de um rim de um doador vivo; mas *alguns* poderiam ser, já que muitos doadores falecidos eram jovens e saudáveis até sofrer um acidente fatal.

Atualmente, cada um dos cerca de 11 mil rins de doadores falecidos que se tornam disponíveis a cada ano nos Estados Unidos gera apenas um transplante. Em vez disso, poderíamos incluir um bom número deles em cadeias que começariam com o rim do doador falecido indo para um par paciente-doador incompatível e terminariam com o doador vivo desse par doando um rim para alguém à espera de um doador falecido. Se fizéssemos isso, conseguiríamos realizar muito mais transplantes. Porém, mais uma vez, haveria detalhes difíceis de resolver. Embora todos os que estão à espera de uma troca renal também estejam na lista de espera por doadores falecidos, esses indivíduos não estão no topo da lista — isto é, não são os que estão esperando há mais tempo. Mas, se pudéssemos fazer com que um rim de um doador falecido facilitasse dois transplantes em vez de apenas um, já teríamos um aumento enorme de cirurgias — o que, por sua vez, abreviaria a espera para todos.

Outra solução possível seria pensar sobre as trocas renais num contexto global. Em países como Nigéria, Bangladesh e Vietnã não há praticamente transplantes renais e o acesso à diálise é baixo ou nulo, o que torna a insuficiência renal uma sentença de morte. Podemos presumir que muitos pacientes renais nesses países teriam seus doadores, mas num país como a Nigéria,[8] por exemplo, onde houve menos de 150 transplantes de 2000 a 2010, essa boa vontade de nada adianta para os pacientes. Agora suponha que nós lhes oferecêssemos acesso gratuito a hospitais americanos.

Isso pode parecer caro, mas não teria que ser — na verdade, poderia haver um esquema de autofinanciamento. Lembre que retirar um paciente americano da diálise economiza ao Medicare 250 mil dólares. É mais do que suficiente para financiar dois transplantes renais, bem como os medicamentos e o acompanhamento pós-cirúrgico. Esse dinheiro poderia pagar por uma troca entre um par americano de paciente-doador e, digamos, um par nigeriano. Poderíamos levar essa ideia ainda mais adiante (talvez com o risco de despertar repugnância em algumas pessoas, mas oferecendo transplantes a mais pacientes estrangeiros) se os pacientes e doadores estrangeiros pudessem, ocasionalmente, recrutar um doador não direcionado para acompanhá-los. Nesse caso, a cirurgia de doador vivo no par estrangeiro poderia ser financiada pela economia na diálise que viria de uma doação não direcionada nos Estados Unidos para uma cadeia ou para alguém na lista de espera. Posso imaginar condições em que esse tipo de "ajuda médica internacional" não só salvaria pacientes estrangeiros condenados a morrer rapidamente como também reduziria o tempo de espera para os transplantes renais nos Estados Unidos para uma fração do tempo atual — muitas vezes uma espera mortal. Um esquema assim também poderia reduzir radicalmente a demanda pelo mercado negro. É um bom exemplo do que se pode ganhar com as trocas.

Preto no branco?

Menciono essas propostas sobre trocas renais em parte para estimular a importante discussão sobre como poderíamos mitigar a escassez de órgãos transplantáveis e aumentar o acesso aos transplantes. Mas também quero usá-las como exemplo para ressaltar uma questão de maior alcance que é: mesmo quando pensamos nos mercados mais difíceis — esses que podem despertar nossa repugnância —, nunca devemos esquecer que eles são artefatos concebidos por seres humanos. O desenho de mercado nos permite pensar em como direcionar os benefícios dos mercados para as pessoas que deles necessitam.

Para um mercado repugnante, "sim ou não" nunca é preto no branco. Como os mercados são empreendimentos coletivos, podemos desenhá-los, mas não necessariamente controlá-los. Isso explica por que tanta gente é favorável a tornar certos mercados ilegais em vez de tentar projetá-los de forma a contornar seus aspectos repugnantes. Os mercados desencadeiam forças poderosas; assim, diz o raciocínio, se não podemos controlar um por completo, talvez seja melhor proibi-lo quando os riscos parecem muito altos. O fato de haver leis proibindo mercados em tantos países do mundo significa que não podemos ignorar a repugnância como um fator limitador.

No entanto, proibir a existência de um mercado é apenas uma maneira de tentar controlá-lo, e essa proibição é o tipo de coisa que é bem mais fácil decretar do que pôr em prática. Tornar um mercado ilegal bloqueia os legais. Os mercados que tentamos proibir, os repugnantes, são exatamente aqueles de que algumas pessoas querem participar, apesar da oposição de outras. Quando há pessoas desejando transacionar com outras que também o querem, isso constitui uma força poderosa. E a mesma força que tornou os mercados uma atividade humana antiga e generalizada leva ao surgimento de mercados negros quando há proibição.

Como mostrou a experiência dos Estados Unidos, às vezes proibir um mercado leva à ilegalidade generalizada. A Lei Seca reduziu o consumo de álcool, mas a um custo enorme, reduzindo em números muito maiores o consumo *legal*. Algo semelhante está acontecendo hoje com os esforços para proibir não só as drogas pesadas como a maconha. Fala-se em "guerra" contra as drogas e, de fato, com frequência isso envolve armas e ataques militares, às vezes contra cartéis que controlam países pequenos e perturbam profundamente países maiores. Nos Estados Unidos, as drogas continuam amplamente disponíveis, embora nossas prisões estejam cheias de pessoas presas por causa da guerra antidrogas. Na Califórnia, onde moro, estima-se que a maconha seja uma das culturas mais rentáveis — e isso num estado que serve a um enorme mercado agrícola e produz mais de 10% das culturas legais do país.

Lentamente estão se desenvolvendo algumas experiências para legalizar vários aspectos do consumo de drogas. Dois estados, Colorado e Washington, já legalizaram a produção e o consumo de maconha mesmo para uso recreativo, e uma série de outros estados a legalizou apenas para uso medicinal. Outros estados não consideram mais crime a posse. Países europeus como a Holanda já têm uma longa experiência com a descriminalização da maconha. E, começando com Portugal em 1991, diversos países já descriminalizaram a posse de qualquer droga.

Para refletir sobre como devemos julgar se relaxar a proibição de um mercado antes proibido melhora ou piora a situação, vamos concentrar essa pergunta, hipoteticamente, nos mercados de narcóticos, como o crack. Vamos supor também que estamos todos de acordo que o crack é uma droga que causa vício, que compromete a saúde do usuário e não tem uso medicinal — ou seja, é uma droga que ninguém quer ver sendo usada por ninguém.

Já sabemos que a guerra contra as drogas não fez o crack sumir do mercado; por isso não devemos comparar a possibilidade de legalizá-lo apenas com o objetivo inatingível de eliminá-lo. Tampouco temos que pensar em legalizá-lo de uma forma não regulamentada — por exemplo, permitindo que seja vendido nas escolas. Assim, as escolhas que temos de considerar estão entre os extremos.

Em vez disso, temos que levar em conta perdas e ganhos. Legalizar o crack, mesmo de uma forma bem regulada, muito provavelmente aumentaria o número de viciados. Isso seria ruim. Poderia também diminuir o número de crimes, e não apenas pela legalização da posse e talvez da venda, mas também vindos da necessidade de interagir com criminosos para obter a droga, e ainda a criminalidade originada pela existência de uma mercadoria que gera um enorme fluxo de dinheiro controlado por métodos criminosos para conquistar e conservar sua fatia de mercado. Se o aumento do vício for enorme e a redução da criminalidade for pequena, a maioria concordaria que tornamos uma situação ruim pior ainda. Mas, se o aumento do número de viciados for pequeno e a redução do crime for enorme, eu pelo menos julgaria que fizemos uma boa escolha. É claro que, mesmo que estivéssemos de acordo sobre a forma de avaliar os resultados de tal experiência com a legalização do crack, podemos não concordar em absoluto se uma experiência assim seria desejável, ou mesmo ética, dependendo das nossas convicções, possivelmente diferentes sobre qual seria o provável resultado.

Vamos agora considerar outra área em que as transações repugnantes são comuns: o sexo. As pessoas querem ter relações sexuais em circunstâncias que a sociedade desaprova. Mas, ao educar nossos filhos, aprovar leis e tentar controlar a transmissão de doenças, seríamos tolos se não reconhecêssemos que o sexo é uma força poderosa. Isso não significa que não devamos condenar certos comportamentos e tentar moderá-los, mas por vezes estaremos mais próximos de alcançar nossos objetivos se tentarmos canalizar certos comportamentos ou oferecer alternativas, em vez de decretar uma proibição. (É por essa razão que muitos tentam promover o "sexo seguro" em vez da abstinência.) Em suma, quando lidamos com o sexo, precisamos reconhecer que há forças poderosas em ação.

E os mercados também são assim.

CAPÍTULO 12

Livre mercado e desenho de mercado

Pensar sobre o desenho dos mercados nos dá uma nova forma de vê-los e compreendê-los. O que espero é que este livro ajude a ver os mercados de novas formas.

Então posso convidar você para jantar para comemorar sua conclusão?

Guia prático de restaurantes

Se nos encontrarmos no meu escritório em Stanford, na Califórnia, teremos muitas opções para jantar. Algumas ruas próximas estão repletas de restaurantes de vários tipos. Poderíamos ir à University Avenue, aqui perto em Palo Alto, ou à Castro Street, em Mountain View, só um pouco mais longe, onde fica a sede do Google.

Essas duas ruas oferecem um mercado *denso* para a alimentação: não só há montes de restaurantes como também há muita gente que come fora. Esses restaurantes escolheram sua localização exatamente por causa de toda essa clientela e apesar de estar cercados de concorrentes.

Embora todos esses restaurantes tenham sido atraídos da mesma forma para seus mercados densos, cada um lida de maneira diferente com a questão do *congestionamento*. Se formos jantar no horário de pico, provavelmente teremos que esperar. E quando eu explicar como cada estabelecimento lida com o congestionamento — ou seja, onde e quando nós, os clientes, teremos que esperar — você ficará surpreso com quantas outras coisas esse detalhe vai informar sobre o estabelecimento.

Vamos fazer um teste cego: vou relatar de que modo três restaurantes — vamos chamá-los de A, B e C — lidam com o congestionamento em uma noite movimentada, e aposto que você será capaz de descobrir a cor das toalhas de mesa.

Se quisermos jantar no restaurante A, telefonamos com antecedência para reservar e depois ficamos batendo papo no meu escritório até a hora da reserva. (Ou então podemos pesquisar no OpenTable, um mercado on-line que oferece reservas para muitos restaurantes, para comparar a disponibilidade de mesas nesse restaurante com a de outros parecidos.)

Quando chegamos, logo nos indicam nossa mesa e nos dão um menu. Em seguida vem um garçom perguntar se gostaríamos de algo para beber. Quando as bebidas chegam, ele está pronto para anotar nosso pedido, e ficamos conversando enquanto os pratos são preparados. Após o jantar trazem a conta à nossa mesa; depois de a conferirmos, damos um cartão de crédito, que o garçom leva para o caixa. Quando o garçom volta pela última vez com o recibo do cartão, adicionamos uma gorjeta, assinamos o recibo e em seguida nos levantamos e saímos. Assim, uma vez que chegamos ao restaurante A, quase todo o tempo que passamos esperando corre *depois de estarmos sentados à mesa*.

O restaurante B, por outro lado, não aceita reservas. Quando chegamos, a recepcionista anota nosso nome e nos dá uma estimativa de quanto tempo levará para conseguirmos uma mesa. Podemos esperar junto à porta (ou do lado de fora, se houver muita gente) ou ir passear e voltar perto da hora estimada. Afinal, depois de dar nosso nome à recepcionista o lugar na fila está reservado.

Assim que nos sentamos, uma garçonete vem anotar nosso pedido; ela traz os pratos rapidamente, junto com as bebidas solicitadas. Quando estamos terminando de comer, traz a conta. Deixamos na mesa uma gorjeta em dinheiro, levamos a conta para o caixa na entrada, pagamos e vamos embora. Quase todo o tempo que passamos esperando foi *depois de chegarmos ao restaurante, mas antes de sentarmos*.

Finalmente, no restaurante C, fazemos fila na frente de um dos caixas, pedimos para o atendente ali, pagamos e recebemos nossa refeição numa bandeja. Procuramos então uma mesa vazia e sentamos para comer. Quando terminamos, jogamos os restos no lixo, colocamos a bandeja numa pilha e vamos embora. A maior parte do breve tempo que passamos esperando foi enquanto fizemos o pedido e pagamos, o que foi feito em uma única transação.

O que está acontecendo aqui? Veja, cada um dos três restaurantes tem um congestionamento em diferentes partes da transação do jantar e lida com ele de maneira diferente. No restaurante A, o congestionamento é na cozinha, que prepara a comida na hora. Sua capacidade impede o restaurante de servir mais clientes rapidamente. Todos têm que esperar enquanto a comida é feita, e o ritmo do restaurante é determinado pela velocidade da cozinha.

Em contraste, no restaurante B, a comida é quase toda preparada antecipadamente e só precisa receber o toque final para ser colocada nos pratos. Aqui, o congestionamento é no salão: temos que esperar por uma mesa livre, e o ritmo é determinado pela rapidez com que as pessoas comem.

Por fim, C é um fast-food: os alimentos são preparados como numa linha de montagem para que já estejam prontos quando chegamos. Só precisamos esperar alguém que passe nosso pedido.

Então, você está pronto para adivinhar a cor das toalhas de mesa?[1] Na verdade não sei a cor no restaurante B; mas provavelmente elas são de plástico e um funcionário as limpa depois que o cliente sai. No restaurante A provavelmente são usadas toalhas brancas de algodão, trocadas depois que cada cliente vai embora. No restaurante C não há toalhas de mesa.

Sem dúvida, se fosse comer num McDonald's e encontrasse uma toalha branca na mesa ou fosse jantar no elegante Four Seasons e encontrasse uma bandeja e uma toalha de plástico, você se sentiria desorientado, temendo que alguma coisa estava terrivelmente errada. E, em termos de congestionamento, você teria razão: o Four Seasons não ganharia nada ao limpar as mesas rapidamente, enquanto os clientes no McDonald's ficariam furiosos por ter que esperar até as toalhas de mesa serem retiradas e substituídas. Ambos os estabelecimentos encontraram maneiras de vencer o tipo de congestionamento que enfrentam.

Além do congestionamento

Já sabemos que o congestionamento é apenas um dos aspectos que os mercados precisam enfrentar com habilidade. E o que dizer da *segurança?*

Como você pode imaginar, a segurança no mercado dos restaurantes tem muitas dimensões. Será que o cliente pode ter certeza de que receberá a comida e o serviço esperados, e que nada vai lhe fazer mal? E o restaurante tem segurança de que o cliente vai pagar? Já vimos no capítulo 2 como os cartões de crédito ajudaram os restaurantes a lidar com a questão da segurança nos pagamentos. Vamos ver agora as outras questões.

Como vamos jantar perto da minha casa, você provavelmente pode contar com meus conhecimentos sobre a qualidade dos alimentos e do serviço nos estabelecimentos do bairro. Talvez eu já tenha estado nesses restaurantes; se não estive, devo conhecer alguém que esteve, porque restaurantes de bairro têm uma reputação entre seus moradores. Mas, mesmo sem saber qual é a reputação de um restaurante, hoje podemos consultar vários guias on-line nos quais a avaliação é feita pelos próprios clientes, tais como Yelp ou Zagat, ou, no caso do restaurante A, talvez o Guia Michelin ou similar. O restaurante C, no extremo oposto do espectro, talvez seja uma franquia, como McDonald's, ou um minúsculo ponto na vasta rede de uma empresa que busca manter padrões comparáveis em todas as suas unidades. Assim, se você estiver atravessando o país, poderá saber com bastante segurança o que deve esperar ao entrar nele, mesmo que nunca tenha posto os pés naquele estabelecimento específico. E em todos esses restaurantes há também outro tipo de segurança, que é a regulamentação imposta pelo governo. No nosso caso, o Departamento de Saúde Ambiental do Município de Santa Clara emite os alvarás de funcionamento para os restaurantes; ocasionalmente, faz inspeções neles e divulga relatórios. Ele pode obrigar um restaurante a fechar até que todas as violações do código de saúde pública tenham sido sanadas. A regulamentação de saúde pública se preocupa com aspectos que talvez os clientes dificilmente observem. Uma olhada nos relatórios de Inspeção de Estabelecimentos Alimentares local mostra relativamente poucos fechamentos, a maioria temporários, por razões como "A comida está sujeita a contaminação por vermes" e "Não há toalhas de papel nem sabonete na pia da cozinha".

Outros níveis governamentais também têm um papel na regulamentação dos restaurantes. Por exemplo, a lei de zoneamento da cidade impede que se abra um restaurante num bairro residencial. E, como já sabemos, na Califórnia nenhum restaurante pode servir carne de cavalo legalmente. Note que a McDonald's Corporation desempenha em parte o mesmo papel em relação a uma franquia do McDonald's que o município desempenha com relação aos restaurantes em geral: ambos têm regulamentos a que os restaurantes devem obedecer, e se algum deles não atender a certos padrões pode ser forçado a fechar.

Da mesma forma, um shopping é propriedade de uma empresa privada, que normalmente controla o número exato e a variedade de restaurantes e outros tipos de lojas com muito mais rigor do que uma administração municipal consegue fazer pelo zoneamento urbano. Não é raro um shopping assinar contratos com suas lojas garantindo, por exemplo, que certo restaurante será o único a servir comida de certa especialidade.

Nossa inspeção de campo mostrou que os detalhes são importantes. Alguns restaurantes aprenderam a usar as reservas para diminuir o fluxo de clientes e assim administrar o congestionamento na cozinha — tal como as redes de trocas renais descobriram como organizar cadeias de transplantes não simultâneos para evitar o congestionamento nas salas de cirurgia. Os restaurantes de preço médio lidam com o congestionamento do salão por meio da fila de espera, e as lanchonetes fast-food são rápidas não só porque preparam a comida continuamente, mas também porque reduzem a transação de cada cliente para um único encontro, no caixa.

Tal como outros mercados, os restaurantes têm alguns problemas comuns a resolver, mas as soluções podem depender dos detalhes dos mercados e do tipo de transações que realizam. Da mesma forma, o desenho de um mercado pode refletir algumas decisões de natureza bem local, e outras que são regras impostas sobre diversos mercados por autoridades externas, quer públicas ou privadas. Essas decisões podem influenciar o aspecto *confiável* de um mercado, assim como seu bom funcionamento.

Regulamentação pública e privada dos mercados

Há leis e regulamentos que se aplicam a um amplo leque de mercados e praças.

Normas e regulamentos podem ser decretados tanto pelo governo como por entidades privadas, como franquias, shoppings ou associações do setor. Mas as leis são da alçada exclusiva dos governos.

Algumas fornecem a infraestrutura para o desenho de muitos mercados. Exemplos incluem as leis sobre direitos de propriedade (quem possui o quê) e contratos (quem concordou em fazer o que em troca do quê). A proteção dos direitos de propriedade e a execução correta dos contratos privados dependem, em parte, dos tribunais, que são um recurso do governo disponível não só para fazer cumprir as leis, mas também para resolver disputas contratuais entre os cidadãos.

Também os direitos de propriedade precisam ser desenhados, porque nem todos são iguais. Embora você seja dono dos seus rins, e tenha o direito de doar um deles, atualmente ninguém tem o direito de vender um rim em nenhum país do mundo, exceto o Irã. Outro exemplo mais familiar: você pode ser dono do terreno onde sua casa foi construída, mas as leis de zoneamento talvez o impeçam de abrir um restaurante ou uma casa noturna no local.

Se comprou este exemplar, você o possui e pode optar por guardá-lo, vendê-lo, dá-lo de presente ou escrever uma crítica sobre ele. Mas não pode *copiá-lo* livremente. É para isso que existem as leis de direitos autorais — elas dão segurança aos autores e editores. Se você comprou uma cópia *digital* do livro, seus direitos podem ser ainda mais restritos (você provavelmente não pode vendê-lo); esses direitos não são regidos por leis, e sim por um contrato com a editora do e-book, em um processo semelhante ao que ocorre em uma compra de software. Na verdade, ao comprar um e-book ou software, o que você está realmente comprando é uma licença para usá-lo.

Tal como outros elementos do desenho de mercados, incluindo regras feitas para mercados específicos, as leis e normas destinadas a regular vários mercados e praças podem ter efeitos bons e ruins. As leis sanitárias podem nos proteger contra a falta de higiene na cozinha dos restaurantes, mas quando são lentas e não acompanham as mudanças no mercado elas também nos "protegem" contra os food trucks. Da mesma forma, o McDonald's pode acabar permitindo que seus franqueados introduzam novos produtos visando o público da comida saudável; mas age muito mais devagar do que muitos franqueados na Califórnia gostariam.

Desenhos bons e desenhos ruins

Um bom desenho de mercado pode se desenvolver lentamente à medida que velhas normas e regulamentos são modificados; já os desenhos ruins podem persistir por muito tempo. Citando uma analogia com nossa evolução biológica, andar ereto dá ao ser humano muitas vantagens, mas não fomos bem projetados para isso; temos problemas nas costas e pés chatos porque somos feitos de peças que foram na maior parte projetadas antes de começarmos a andar da maneira atual. No caso dos mercados, é frequente um desenho ruim persistir, e não apenas porque é preciso tempo para descobrir um desenho melhor. É que pode haver muitos participantes no mercado com interesse em manter o status quo, e coordenar uma mudança de amplo alcance num mercado envolve muitos interesses diversos.

É também por isso que não é difícil encontrar exemplos de mercados que não estão funcionando bem. O atual sistema de pagamento do seguro-saúde nos Estados Unidos é um pastiche de programas mal coordenados. As entidades envolvidas nos pagamentos — tanto privadas como públicas —, que repassam o custo da assistência médica para os associados de planos de saúde ou para os contribuintes em geral, não têm, necessariamente, incentivos para reduzir os custos. Tampouco para esforçar-se para que o público permaneça saudável. Segundo as regras atuais, é mais difícil financiar uma clínica para educar os pacientes com diabetes sobre a alimentação e outras maneiras de controlar a doença do que financiar a diálise e os transplantes renais que são imensamente mais caros e que se tornam necessários quando a doença fica fora de controle.

É bem sabido o quanto é difícil fazer modificações no mercado da saúde — já houve grandes campanhas políticas nacionais sobre o assunto. Mais de quatro décadas atrás, o presidente Richard Nixon tentou sem sucesso fundar um sistema nacional que prestaria atendimento médico para todos. Foi apenas nos últimos anos que outra tentativa foi promulgada, o Affordable Care Act de 2010, conhecido como "Obamacare"; e mesmo essa lei ainda é ferrenhamente contestada na arena política. Mas, se eu tentar supor de onde poderia surgir o início de um bom desenho, creio que seria na política das grandes empresas, que fornecem seu próprio seguro-saúde aos funcionários. Elas lucram ao manter seus trabalhadores saudáveis, reduzindo o custo do atendimento médico.

Do meu ponto de vista, aqui na Califórnia, outro mercado terrivelmente mal projetado, cujas consequências se veem bem, é o dos direitos sobre a água. Como sabe qualquer pessoa que tenha visto o filme *Chinatown* ou conheça a história do vale Owens, esse problema tem quase um século.

Genericamente falando, a água é distribuída pelo Estado sem levar em conta o quanto ela vale nesse ou naquele lugar. Por exemplo, cultiva-se muito algodão na Califórnia, onde é necessária irrigação extensiva. Essa água da irrigação é valiosa e poderia ser usada de outra forma, em especial durante uma seca como a que estamos sofrendo desde 2012. Mas as pessoas que possuem os direitos sobre a água não podem vendê-la facilmente quando é escassa; assim todos perdem, eles e nós. Projetar um mercado do direito da água não deveria apresentar barreiras tão altas como as que impedem um mercado de compra de rins; mas no momento a água não está fluindo para onde é mais necessária.

Outro mercado cuja lenta evolução não cessa de me surpreender é o dos imóveis residenciais. Continua sendo quase impossível evitar os corretores de imóveis profissionais, que servem como intermediários muito bem pagos. Eles ganham uma parcela do preço de venda, normalmente 5%, ao contrário de todos os demais que participam da transação — incluindo os advogados que finalizam o contrato —, que são pagos por hora.

Antes do surgimento da internet, esse sistema pode ter ajudado a tornar o mercado denso. Também pode ter sido uma maneira de vencer o congestionamento, ajudando os compradores a se reunir e filtrar informações (e ajudando os vendedores a sinalizá-las), já que naquele tempo era difícil saber detalhes dos imóveis. Mas hoje muitos compradores podem até fazer um passeio virtual pelas casas antes de decidir quais delas querem visitar, e grande parte do mercado realmente não precisa de intermediário.

Contudo, os contratos padronizados do setor quase obrigam a pagar pelos serviços de um corretor, mesmo se fizermos pouco uso deles. Nos Estados Unidos, se o vendedor contratou um corretor, o contrato reza que, se o comprador também tiver um corretor, os dois vão dividir a comissão — mas o valor total da comissão deve ser pago mesmo se o comprador não tiver um. Assim, uma vez que um vendedor tenha contratado um corretor, ele não pode economizar a taxa de corretagem mesmo se o comprador tiver encontrado a casa sem qualquer ajuda profissional.

Agora há alguns corretores licenciados que procuram servir os compradores que realmente não precisam de um corretor. Quando eu e minha esposa compramos uma casa que encontramos sem corretor, o vendedor já havia assinado um contrato com um corretor que tinha fixado sua comissão total. Quando chegou a hora de fechar o negócio, contratamos um corretor de uma empresa que reembolsa metade da sua parte da taxa ao comprador. Isso está longe de ser uma adaptação eficiente para um mundo em mudança, mas é um começo.

Mercados informatizados

Embora a internet não tenha até agora conseguido transformar o mercado imobiliário, os mercados informatizados já fizeram, como vimos, enormes mudanças em outras áreas. Os computadores não só tornam os mercados onipresentes e rápidos — eles também viabilizam operar "mercados inteligentes" que dependem de potência computacional.

Nem as trocas renais nem os leilões de "pacotes" de faixas do espectro de rádio seriam possíveis sem computadores. São eles que realizam os complexos cálculos necessários para encontrar as melhores combinações de pares paciente/doador, ou para encontrar o conjunto de pacotes de licenças de espectro que resultarão nas maiores receitas a cada ponto da licitação.

E a velocidade computacional é muito mais do que apenas uma conveniência; é outra forma pela qual os computadores viabilizam novos mercados. O Google jamais conseguiria leiloar anúncios com base em palavras de busca se o leilão dessas palavras tivesse que ser realizado por uma pessoa.

Mercados livres

Como podemos compatibilizar o desenho de mercado com a noção de "mercado livre" tão cara a tanta gente?

No capítulo 1 fiz uma analogia entre um mercado livre com regras eficazes e uma roda capaz de girar livremente porque tem o eixo e os rolamentos bem lubrificados. Eu poderia ter parafraseado o famoso economista Friedrich Hayek, que em seu manifesto de 1944 em favor do mercado livre, *O caminho para a servidão*,[2] escreveu: "Existe, em especial, toda uma diferença entre criar deliberadamente um sistema em que a concorrência funcione com o máximo de benefícios e aceitar passivamente as instituições tal como elas são". Ele compreendeu que, para poder funcionar livremente, os mercados precisam de regras eficazes.

Hayek também entendeu que há um lugar para os economistas ajudarem a projetar um mercado. Usando a palavra *liberal*[3] de uma forma ligeiramente diferente do que fazemos hoje (ele tinha em mente algo mais próximo ao que chamaríamos de "libertário"), Hayek escreveu: "A atitude do indivíduo liberal para com a sociedade é como a do jardineiro que cuida de uma planta. Para criar as condições mais favoráveis ao seu crescimento, ele deve saber o máximo possível sobre a estrutura da planta e sua forma de funcionamento".

Voltando à conotação atual dessas palavras, hoje os liberais e os conservadores discordam muito sobre qual deve ser o escopo da regulamentação dos mercados pelo governo. Os debates sobre mercados costumam usar a expressão "mercados livres" como um slogan — por vezes como se funcionassem melhor sem quaisquer regras exceto os direitos de propriedade. Hayek também tinha algo a dizer sobre isso: "Provavelmente prejudica tanto a causa liberal como a insistência rígida de alguns liberais sobre determinadas regras práticas, e sobretudo o princípio do laissez-faire". Tal como num jardim,[4] apenas algumas plantas crescem sem nenhuma ajuda — e algumas delas são ervas daninhas.

A lição do desenho de mercado para o debate político é que, para entender como se deve operar e regular um mercado, precisamos compreender quais as regras necessárias para cada um. É uma pergunta diferente de querer saber se algumas regras se aplicariam a muitos mercados, como regulamentos, e se o governo seria a instância mais adequada para elaborá-las.

O fato é que tanto os governos como os cidadãos privados formadores de mercado têm um papel a desempenhar; e ambos podem errar ao regular muito lentamente e sem suficiente vigor, mas também de maneira precipitada. (Feliz é a nação que não proíbe o motor a vapor assim que ele é inventado, quando parece que pode por vezes explodir ou tirar o emprego dos trabalhadores honestos, mas antes que se torne claro de que forma esses motores vão levar a uma revolução industrial.) Quando pensamos em ajudar os mercados a funcionar bem, também precisamos pensar sobre o que isso significa. Os mercados que funcionam bem nos oferecem escolhas; portanto, aqueles que operam livremente estão relacionados com nossa liberdade, bem como com prosperidade.

Já vimos que nossas escolhas podem ser limitadas em mercados que não são densos, estão congestionados ou tornam desnecessariamente arriscado até mesmo tentar obter aquilo que gostaríamos de escolher, se pudéssemos. E é claro que os mercados estão conectados: algumas pessoas podem entrar em um mercado sem possuir o necessário para receber boas opções — por exemplo, sem ter estudado em uma boa escola. É por isso que aumentar as opções escolares pode aumentar as possibilidades também em outros mercados.

Um bom desenho é um objetivo sempre em mutação. Alguns mercados podem sofrer devido a regras que ainda não foram criadas; outros, devido a regras que precisam ser modificadas.

Fazendo uma analogia com a engenharia civil, os romanos construíram ótimas estradas e pontes, mas hoje não as construímos da mesma maneira. Em parte, porque dispomos de novos materiais, técnicas e conhecimentos que nos permitem construir pontes mais longas e mais fortes. Mas também porque as pontes, tal como os mercados, mudam o comportamento das pessoas. Uma ponte melhor incentiva mais tráfego, o que gera congestionamento, exigindo melhores estradas e, por fim, pontes maiores. E essas novas estradas e pontes em geral têm que ser construídas de modo a se conectar com a rede já existente de estradas e pontes.

O desenho de mercado também não é algo estático, e muitas vezes avança por meio de mudanças graduais que lhe permitem se conectar com as práticas já existentes e com outros mercados.

O idioma do mercado

Encontramos os mercados em ambientes e contextos, assim como encontramos os idiomas em palestras, conversas, livros, ensaios e tuítes.

E os mercados são como os idiomas. Ambos são antigas invenções humanas. Ambos são ferramentas que usamos para nos organizar, cooperar, coordenar e competir uns com os outros; e, finalmente, para descobrir quem vai acabar recebendo o quê. Esses dois artefatos humanos fundamentais têm um papel em tudo que empreendemos e em todas as coisas que fazemos (sem eles não podemos nem sequer fazer amor, muito menos guerra).

Tanto os mercados como os idiomas estão constantemente se adaptando. Há muitas palavras nas línguas modernas que não existiam quando a língua do comércio internacional era o sumério; e podemos procurar e comprar na Amazon muitas dessas coisas novas batizadas com essas novas palavras usando o smartphone. Há mercados especializados, tais como o das trocas renais, que são desenhados especialmente para realizar o que os mercados mais convencionais não conseguem — assim como há linguagens matemáticas e computacionais especializadas para comunicar coisas que escapam à fala comum.

Os mercados, tal como as línguas, existem em muitas variedades. Os de commodities são impessoais, mas os de matching podem ser profundamente pessoais, como uma oferta de emprego ou uma proposta de casamento. Quando observamos que a combinação é uma das principais coisas que os mercados fazem, percebemos que os mercados de matching —[5] os regidos não só pelos preços e no quais queremos saber com quem estamos tratando — estão por toda parte e em muitos momentos importantes da nossa vida.

Quando aprendemos a ouvir e a falar, assim como a ler e escrever, aprendemos também regras de cortesia, gramática e vocabulários comuns que evoluíram apesar de ninguém as ter planejado. De forma similar, os mercados, quer projetados conscientemente (como a Amazon ou as trocas renais) ou desenvolvidos gradualmente por acidente e acaso, possuem regras que os ajudam a funcionar bem... ou mal.

Economistas como engenheiros

Assim, o desenho de mercados, por meio das praças comerciais, é uma atividade humana muito antiga, mais do que a agricultura. E, no entanto, depois de mais de 10 mil anos, ainda não é compreendida profunda ou amplamente. Os economistas costumavam estudar os mercados como se fossem fenômenos naturais, da mesma forma como pensamos os idiomas; eram considerados algo que não está, realmente, sob nosso controle.

Mas a razão pela qual as línguas naturais não estão realmente sob nosso controle é que elas surgem da interação entre milhões de usuários. Todos sabem que é difícil mudar a ortografia de uma palavra que poderia ser escrita de uma forma mais simples e mais próxima da sua pronúncia. Naturalmente, a situação é diferente com as línguas artificiais, tais como as de programação de computadores.

De fato, como já vimos, os sistemas operacionais de computadores e smartphones são eles próprios uma espécie de mercado. O que torna essas línguas artificiais — e outros mercados — diferentes das línguas naturais é que elas têm proprietários e grupos de usuários influentes que podem se coordenar para fazer as alterações de desenho necessárias.

Quando começamos a entender melhor como os mercados e as praças funcionam, percebemos que *podemos* intervir neles, redesenhá-los, corrigi-los quando funcionam mal e iniciar novos mercados nos quais serão úteis. A capacidade vista nos últimos anos de economistas atuarem como engenheiros é um pouco similar às transformações radicais ocorridas na agricultura ou na medicina ao longo dos milênios.

Os primeiros agricultores cultivavam as plantas que encontravam; mas com o tempo começaram a guardar as sementes das suas melhores colheitas para plantar no ano seguinte — e assim começaram, sem querer, a cultivar e aperfeiçoar certas cepas. Hoje nos beneficiamos de séculos de melhoras deliberadas na lavoura, e, mais recentemente, da engenharia genética, para modificar culturas de modo que produzam mais em ambientes mais difíceis. Quando vamos caminhar numa plantação ou num jardim, o que vemos é o resultado de muitas gerações de cultivo. Algumas plantas que observamos são espécies antigas que continuam bem adaptadas às condições atuais; outras são culturas modernas, variações criadas para render mais, ser mais nutritivas ou apenas mais bonitas do que nas gerações passadas. Mas até as plantas mais recentes podem ser polinizadas pelas abelhas: elas fazem parte de uma ecologia que reflete a complexa interação entre a evolução, a coevolução e os desejos e os projetos humanos.

A medicina tem feito progressos similares. Não muito tempo atrás, os médicos se especializavam sobretudo em dizer o que ia acontecer conosco e evitar nosso sofrimento enquanto aquilo acontecia. Atualmente, esperamos que intervenham em muitas das nossas doenças, e eles dispõem de medicamentos e técnicas cirúrgicas que muitas vezes permitem fazer isso com sucesso. Prevemos que a medicina poderá ser capaz de fazer ainda melhor no futuro, mas ficamos felizes em poder nos beneficiar do que ela já é capaz hoje. Como os mercados e os idiomas são ferramentas que usamos coletivamente, pode ser difícil reformulá-los, mesmo quando funcionam mal. Como resultado, temos que prosseguir aos trancos e barrancos com alguns projetos ruins, como as palavras com ortografia estranha.

Mas às vezes conseguimos redesenhar mercados que estão funcionando mal; e às vezes até conseguimos projetar mercados inteiramente novos. São oportunidades que devemos apreciar, estudar cuidadosamente, abordar com humildade e monitorar com cuidado.

Os mercados são artefatos humanos, não fenômenos naturais. O desenho de mercado nos dá a chance de conservar e melhorar algumas das invenções mais antigas e essenciais da humanidade.

AGRADECIMENTOS

O desenho de mercado é um esporte coletivo; assim, tenho uma grande dívida para com todos os que trabalharam nos mercados aqui relatados, muitos dos quais são citados por nome no decurso da narrativa. Acontece que escrever um livro também é um esporte coletivo — mais do que eu imaginava. Recebi muita ajuda para esta obra, e teria recebido mais se eu fosse uma pessoa mais fácil de ajudar. Vale uma menção especial a meu agente, Jim Levine; a Tim Gray, que entrevistou os participantes do programa de alocação de rins e de opções escolares; a Mike Malone, que tornou meus parágrafos mais curtos e mais claros; e a meu editor, Eamon Dolan, que tinha ideias claras sobre o que deveria ser incluído no livro e o que não deveria. Também agradeço a Barbara Jatkola pela sua criteriosa edição de texto, e a Atila Abdulkadiroğlu, Eric Budish, Neil Dorosin, Alexandru Nichifor e Parag Pathak pela leitura cuidadosa e pelos comentários perspicazes.

NOTAS

1. INTRODUÇÃO: CADA MERCADO CONTA UMA HISTÓRIA [pp. 11-24]

1   Como mencionei no meu discurso de aceitação do Nobel, compreender quem recebe o quê, como e por que é um trabalho ainda em andamento. Disponível em: <www.nobelprize.org/nobel_prizes/economic-sciences/laureates/2012/roth-lecture.html>. [Todos os acessos aos links fornecidos neste livro foram feitos em 17 jan. 2016.]

2. MERCADOS PARA O CAFÉ DA MANHÃ E O RESTO DO DIA [pp. 25-40]

1   Ver Jonathan Levin e Paul Milgrom, "Online Advertising: Heterogeneity and Conflation in Market Design", *American Economic Review*, v. 100, n. 2, maio 2010, pp. 603-7.
2   Os cartões de crédito costumam ser chamados pelos economistas de "mercados com dois lados", pois precisam atrair dois tipos diferentes de participantes: vendedores e consumidores. Uma vertente importante do trabalho trata de como os dois lados do serviço devem fixar seus preços; ver, por exemplo, Jean-Charles Rochet e Jean Tirole, "Two-Sided Markets: A Progress Report", *RAND Journal of Economics*, v. 37, n. 3, outono 2006, pp. 645-67.
3   Ver Lawrence M. Ausubel, "The Failure of Competition in the Credit Card Market", *American Economic Review*, v. 81, n. 1, mar. 1991, pp. 50-81.
4   Sobre a concorrência entre os intermediários, ver Benjamin Edelman e Julian Wright, "Price Coherence and Adverse Intermediation", *Harvard Business School*, Cambridge, MA, dez. 2013.

3. TROCAS QUE SALVAM VIDAS [pp. 41-68]

1. Lloyd Shapley e Herbert Scarf, "On Cores and Indivisibility", *Journal of Mathematical Economics*, v. 1, n. 1, mar. 1974, pp. 23-37.
2. Alvin E. Roth, "Incentive Compatibility in a Market with Indivisible Goods", *Economics Letters*, v. 9, n. 2, 1982, pp. 127-32.
3. A versão on-line foi postada pelo National Bureau of Economic Research (NBER), n. w10002, set. 2003. O artigo foi publicado em Alvin E. Roth; Tayfun Sönmez e M. Utku Unver, "Kidney Exchange", *Quarterly Journal of Economics*, v. 119, n. 2, maio 2004, pp. 457-88. Disponível em: <web.stanford.edu/~alroth/papers/kidney.qje.pdf>.
4. Um fato engraçado que se nota ao comparar estudos tanto de economia quanto de medicina é que os primeiros demoram muito mais para sair. Esse artigo de 2005 acabou sendo publicado em 2007 como Alvin E. Roth, Tayfun Sönmez e M. Utku Unver, "Efficient Kidney Exchange: Coincidence of Wants in Markets with Compatibility-Based Preferences", *American Economic Review*, v. 97, n. 3, jun. 2007, pp. 828-51. Nesse meio-tempo, um estudo de acompanhamento informando sobre uma troca de três vias já havia aparecido: Susan L. Saidman, Alvin E. Roth, Tayfun Sönmez, M. Utku Unver e Francis L. Delmonico, "Increasing the Opportunity of Live Kidney Donation by Matching for Two- and Three-Way Exchanges", *Transplantation*, v. 81, n. 5, 15 mar. 2006, pp.773-82.
5. Enquanto tentávamos facilitar trocas de três vias como esta para outros programas de intercâmbio renal, a prática gerou alguma controvérsia. Em 2005, um grupo de médicos do Johns Hopkins Hospital, de Baltimore, publicou um artigo no *Journal of the American Medical Association* propondo um algoritmo para troca renal de duas vias. O algoritmo parecia muito com o que nós havíamos proposto, mas ignorava os elementos de desenho de mercado que davam segurança à participação dos pacientes e dos cirurgiões. Sua proposta era de que um centro nacional de trocas deveria se limitar às operações de duas vias, embora nosso trabalho recente já houvesse demonstrado os benefícios de cadeias mais amplas.
6. Alvin E. Roth et al. "Utilizing List Exchange and Undirected Good Samaritan Donation Through 'Chain' Paired Kidney Donations", *American Journal of Transplantation*, v. 6, n. 11, nov. 2006, pp. 2694-705.
7. O título do nosso artigo no *New England Journal of Medicine* relatando aquela primeira cadeia era "Cadeia não simultânea e estendida a partir de um doador altruísta" (A Nonsimultaneous, Extended, Altruistic-Donor Chain, NEAD). O dr. Rees queria um nome mais floreado com a mesma sigla: "Cadeia interminável a partir de um doador altruísta". Heleena McKinney me fez pensar que ele podia estar certo. Esse artigo tinha um conjunto amplo e variado de autores, incluindo cirurgiões, economistas e cientistas da computação: Michael A. Rees et al., "A Nonsimultaneous, Extended, Altruistic-Donor Chain", *New England Journal of Medicine*, v. 360, n. 11, 12 mar. 2009, pp. 1096-101.

8   Itai Ashlagi e Alvin E. Roth, "Free Riding and Participation in Large Scale, Multi-hospital Kidney Exchange", *Theoretical Economics*, v. 9, 2014, p. 817-63.
9   Itai Ashlagi assumiu a liderança em entender por que as longas cadeias se tornaram importantes e como se deve administrá-las. Ver, por exemplo, Itai Ashlagi et al., "Nonsimultaneous Chains and Dominos in Kidney Paired Donation — Revisited", *American Journal of Transplantation*, v. 11, n. 5, maio 2011, p. 984-94; e Itai Ashlagi et al., "NEAD Chains in Transplantation", *American Journal of Transplantation*, v. 11, n. 12, dez. 2011, Carta ao Editor, pp. 2780-81.
10 Incluem, principalmente, os que têm pacientes altamente sensíveis — ou seja, com anticorpos que lhes dificultam aceitar um rim de quase qualquer pessoa. O teste que determina o grau de sensibilidade do paciente envolve uma bela história. Foi inventado por Paul Terasaki, cientista médico da Universidade da Califórnia em Los Angeles (UCLA), que também conseguiu comercializar esses testes criando um próspero negócio. Sua história mostra a vida e a carreira de um americano notável. Nascido na Califórnia em 1929 de pais japoneses, ele e sua família foram confinados com outros nipo-americanos durante a Segunda Guerra Mundial. Em 2010, Terasaki doou 50 milhões de dólares para a UCLA. Em 2012, Itai Ashlagi e eu dividimos a Medalha Terasaki por Inovação Médica concedida pelo NKR por nosso trabalho com as trocas renais. Em particular, Itai desenvolveu algoritmos e softwares, agora amplamente difundidos, que permitiram ao NKR considerar a melhor forma de combinar cadeias de vários comprimentos — incluindo muito longas — com trocas em ciclos curtos de modo a produzir o máximo de transplantes no longo prazo.
11 Os possíveis desafios computacionais para uma câmara de compensação nacional, mesmo que não tão espinhosos quanto os desafios políticos, são enormes. O software original que Utku criou para implementar nosso algoritmo de correspondência no NEPKE e na APD só dava conta de no máximo novecentos pares. Embora ninguém ainda tivesse unido tantos candidatos para trocas renais (nem tenha até agora), estávamos esperançosos de que uma câmara nacional poderia, futuramente, lidar com um número muito maior de pares de paciente-doador. Um dos cientistas da computação que aceitou o desafio foi Tuomas Sandholm, da Universidade Carnegie Mellon, em Pittsburgh. Um de seus alunos de pós-graduação, David Abraham, fez um curso de desenho de mercado ministrado por Utku na Universidade de Pittsburgh. Junto com um terceiro cientista da computação, Avrim Blum, eles descobriram como realizar as correspondências que havíamos proposto com até 10 mil pares, mais do que poderíamos esperar num futuro previsível. Na verdade, agora que começamos a ganhar experiência com as trocas renais, parece que poderemos futuramente estabilizar o tamanho do conjunto de candidatos num nível bastante baixo, já que os novos transplantes vão contrabalançar as novas inscrições.
12 Para algumas reflexões sobre como se poderia projetar os reembolsos, ver Michael A. Rees et al., "Call to Develop a Standard Acquisition Charge Model for Kidney Paired Donation", *American Journal of Transplantation*, v. 12, n. 6, jun. 2012, pp. 1392-7.

4. CEDO DEMAIS [pp. 71-92]

1. Ver Susan Mongell e Alvin E. Roth. "Sorority Rush as a Two-Sided Matching Mechanism", *American Economic Review*, v. 81, jun. 1991, pp. 441-64.
2. Ver Michael S. Malone, *Charlie's Place: The Saga of an American Frontier Homestead*. Palisades, NY: History Publishing, 2012, pp. 32-3.
3. Para um relato sobre muitos mercados fracassados, ver Alvin E. Roth e Xiaolin Xing, "Jumping the Gun: Imperfections and Institutions Related to the Timing of Market Transactions", *American Economic Review*, v. 84, set. 1994, pp. 992-1044.
4. Yael Branovsky, "Barely 16 and Married", *Israel News*, 26 set 2010. Disponível em: <www.ynetnews.com/articles/0,7340,L-3959289,00.html>. Alvin E. Roth e Xiaolin Xing, "Jumping the Gun: Imperfections and Institutions Related to the Timing of Market Transactions", *The American Economic Review*, v. 84, n. 4, set. 1994, pp. 992--1044.
5. Hoje há mais mulheres do que homens nas universidades. Para saber a história dessa reversão, ver Claudia Goldin, Lawrence F. Katz e Ilyana Kuziemko, "The Homecoming of American College Women: The Reversal of the College Gender Gap", *Journal of Economic Perspectives*, v. 20, n. 4, outono 2006, pp. 133-56.
6. Até mesmo o mercado para livros como este está funcionando mal, com os editores muitas vezes comprando manuscritos — e autores os vendendo — bem antes de estar totalmente terminados, deixando para ambas as partes o trabalho de garantir a qualidade final da combinação — e do livro.
7. Muriel Niederle e eu tivemos a sorte de trabalhar com a dra. Debbie Proctor, uma gastroenterologista de Yale que se tornou o motor da reforma do mercado de especialização na área. Para um relato dos sucessos iniciais dessa câmara de compensação ver Muriel Niederle, Deborah D. Proctor e Alvin E. Roth, "The Gastroenterology Fellowship Match — The First Two Years", *Gastroenterology*, v. 135, n. 2, ago. 2008, pp. 344-6.

5. DEPRESSA DEMAIS: SEDE DE VELOCIDADE [pp. 93-116]

1. Para ser claro, o registro eletrônico contínuo dos pedidos funciona ofertando a qualquer momento as melhores ofertas de compra e de venda oferecidas por qualquer pessoa no mercado. A melhor oferta de compra é o preço mais elevado para o qual existe, no momento, uma oferta de compra; ou seja, é o valor mais alto que você pode conseguir, se quiser vender de imediato. A melhor oferta de venda é o menor preço pelo qual alguém está disposto a vender, ou seja, é o menor valor pelo qual você pode comprar de imediato. Você também pode dar seu próprio lance de compra ou venda, e se for o melhor vai se tornar o primeiro lance; se não for, vai ficar na fila atrás dos melhores lances, e, à medida que outras transações são executadas ou que lances são retirados, o seu pode se tornar o melhor.

2   Numa questão relacionada, a agência de notícias Reuters costumava divulgar para alguns clientes preferenciais os resultados das pesquisas sobre o sentimento do consumidor dois segundos antes de divulgar ao público geral pelo seu boletim eletrônico. Pode não parecer muito, mas nos dez milissegundos logo antes da divulgação pública da notícia eram vendidas centenas de milhares de ações do índice S&P 500. Isso deixou preocupado o procurador-geral do estado de Nova York, Eric Schneiderman, que começou a se referir ao fato como *"insider trading 2.0"*. No verão de 2013, ele entrou em acordo com a Reuters para não liberar os resultados da pesquisa a ninguém antes de comunicá-los ao público. Esses dois segundos faziam mesmo diferença: na próxima vez que a Reuters divulgou a pesquisa, apenas quinhentas ações foram negociadas nos dez milésimos de segundo antes da divulgação dos resultados no seu boletim. Este seria um número normal para um mercado tão denso. A manchete da matéria do *New York Times* publicada na manhã seguinte foi: "Fair play medido em frações de segundo".

3   Ver Eric B. Budish, Peter Cramton e John J. Shim, "The High-Frequency Trading Arms Race: Frequent Batch Auctions as a Market Design Response", *The Quarterly Journal of Economics*, v. 130, n. 4, pp. 1547-621.

4   Pode haver, naturalmente, outras mudanças no atual desenho dos mercados que poderiam ajudar a competição pelo preço a recuperar sua ascendência sobre a competição pela velocidade, e algumas dessas mudanças podem ser mais adotadas mais facilmente. Por exemplo, enquanto escrevo, em 2014, dois alunos de pós-graduação de Stanford, Markus Baldauf e Joshua Mollner, estão partindo do trabalho de Budish e seus colegas e propondo um novo projeto. A ideia é inserir algum retardo na rapidez com que as ofertas podem ser aceitas, em comparação com a rapidez com que podem ser canceladas. A finalidade é proteger os que fornecem liquidez de uma forma diferente, para que suas ofertas não sejam ultrapassadas por alguém mais rápido.

5   Ver Claudia Steinwender, "Information Frictions and the Law of One Price: 'When the States and the Kingdom Became United'", Escola de Economia e Ciência Política de Londres, out. 2014.

6   Christopher Avery, Christine Jolls, Richard A. Posner e Alvin E. Roth, "The New Market for Federal Judicial Law Clerks", *University of Chicago Law Review*, v. 74, primavera 2007, pp. 448.

7   Alex Kozinski, "Confessions of a Bad Apple", *Yale Law Journal*, n. 100, abr. 1991, p. 1707.

8   Stanford Law School. "Open Letter to Federal Judges About Clerkships from Dean Larry Kramer", *SLS News,* 17 jul. 2012. Disponível em: <blogs.law.stanford.edu/newsfeed/2012/07/17/open-letter-to-federal-judgesabout-clerkships-from-dean-larry-kramer/>.

9   Memorando do juiz John D. Bates a todos os juízes dos Estados Unidos, 13 jan. 2014, Escritório Administrativo da Corte dos Estados Unidos, Washington, D.C.

10 Shon Hopwood foi contratado por Rogers antes de iniciar o terceiro ano de direito na Universidade de Washington. Mas ele não entrou na faculdade como a maioria das

pessoas. Depois de abandonar os estudos, começou uma breve carreira de ladrão de banco, que terminou com uma sentença de doze anos de prisão. Lá ele se tornou um ótimo advogado criminalista, ajudando outros prisioneiros a preparar petições bem-sucedidas para a Suprema Corte. Após cumprir sua pena, ele casou, teve filhos, e mais tarde entrou na faculdade de direito. Para poder exercer a advocacia, Hopwood terá que ser admitido na Ordem dos Advogados do estado em que trabalha. Mas as associações de advogados impõem considerações de caráter e adequação ao cargo, e os infratores não perdoados normalmente não podem exercer a advocacia. Prevejo e espero que Hopwood seja uma exceção e se torne um tipo raro de advogado que conhece a lei em seus estratos tanto inferiores como superiores. Note que os juízes têm direito de elaborar suas próprias regras sobre quais assistentes vão contratar e de que maneira.

11 As histórias semelhantes de desorganização do mercado de assistentes judiciais (com salários fixados pelo Congresso) e do mercado para novos advogados nas grandes firmas (com salários definidos pela concorrência) deixam um ponto bem claro: a concorrência pela velocidade pode andar de mãos dadas com a concorrência pelos preços. Ver, por exemplo, Alvin E. Roth, "Marketplace Institutions Related to the Timing of Transactions: Reply to Priest (2010)", *Journal of Labor Economics*, v. 30, n. 2, abr. 2012, pp. 479-94.

12 Entre as partes envolvidas estavam a Federação Japonesa de Associações de Empregadores (Nikkeiren), a Associação das Universidades Nacionais, o Ministério da Educação e, mais tarde, o do Trabalho.

13 As regras que proibiam as empresas de fazer ofertas formais de emprego antes de determinada data foram contornadas através de garantias informais, chamadas *naitei*. Como resultado, as decisões dos formandos caíram na disfunção. O nome popular para esse fracasso foi *aota-gai*, que se traduz literalmente como "colher o arroz quando ainda está verde".

14 O jornal *Asahi Shimbun* informou em 1970 que *aota-gai* estava sendo substituído por *sanae-gai* — "colher o arroz recém-plantado". Os grandes bancos começaram a realizar seus exames de seleção meses antes do permitido pelas regras, e houve casos de *naitei* mais de um ano antes de os alunos se formarem.

6. CONGESTIONAMENTO: POR QUE O MAIS DENSO TEM QUE SER O MAIS RÁPIDO
[pp. 117-132]

1 O Airbnb tomou outras medidas para eliminar as pistas falsas. Por exemplo, quando você solicita uma reserva, essa data já fica marcada como indisponível no calendário do anfitrião, embora este ainda esteja livre para recusar seu pedido.

2 David M. Herszenhorn, "Council Members See Flaws in School-Admissions Plan", *New York Times*, 19 nov. 2004. Disponível em: <www.nytimes.com/2004/11/19/education/19admit.html>.

7. ARRISCADO DEMAIS: CONFIANÇA, SEGURANÇA E SIMPLICIDADE [pp. 133-152]

1 Reconhecendo a importância da segurança nos pagamentos, o eBay depois comprou o PayPal, empresa que cresceu tanto que quase se iguala em receita ao negócio principal do eBay. Nesse ponto, o eBay decidiu tornar o PayPal novamente uma empresa separada, o que está acontecendo enquanto escrevo em 2014.

2 Leia sobre o cuidadoso desenho de mercado e o sistema de testes que entraram na decisão do eBay para reestruturar seu sistema de feedback em Gary Bolton, Ben Greiner e Axel Ockenfels, "Engineering Trust: Reciprocity in the Production of Reputation Information", *Management Science*, v. 59, n. 2, fev. 2013, pp. 265-85.

3 O sistema de feedback do Airbnb sofreu uma mudança por motivos semelhantes. Agora nenhuma das duas partes pode ver a avaliação da outra de antemão, para reduzir o feedback recíproco.

4 Para saber mais a respeito, ver Alvin E. Roth e Axel Ockenfels. "Last-Minute Bidding and the Rules for Ending Second-Price Auctions: Evidence from eBay and Amazon Auctions on the Internet", *American Economic Review*, v. 92, n. 4, set. 2002, pp. 1093-103.

5 A pessoa que estaria disposta a pagar mais pode deixar de ganhar o leilão porque: foi superada no último segundo (embora pudesse aumentar sua oferta se tivesse mais tempo, o que é justamente o objetivo de usar softwares que fazem lances automáticos) ou porque alguma oferta feita através de um software como esse e que poderia vencer o leilão entrou tarde demais e não foi registrada.

6 Gareth Cook, "School Assignment Flaws Detailed", *Boston Globe*, 12 set. 2003. Ver também Atila Abdulkadiroğlu e Tayfun Sönmez, "School Choice: A Mechanism Design Approach", *American Economic Review*, v. 93, n. 3, jun. 2003, pp. 729-47.

7 Yan Chen; Tayfun Sönmez, "School Choice: An Experimental Study", *Journal of Economic Theory*, v. 127, 2006, pp. 202-31.

8. COMBINAÇÕES: REMÉDIOS FORTES PARA MÉDICOS JOVENS [pp. 155-176]

1 Pense num aluno que listou como primeira opção um programa de residência com o qual não foi combinado, mas sua segunda opção o incluiu entre suas primeiras opções. Essa residência poderia preencher todas as suas vagas nos passos 1-1 e 2-1 do algoritmo e não ter vagas para nosso aluno, uma combinação 1-2. Assim, era possível que fosse punido por classificar em primeiro lugar uma residência para a qual não poderia encontrar combinação, acabando por ficar com uma no fim de sua lista — apesar de sua segunda opção tê-lo classificado em primeiro lugar.

2 Sobre os hospitais britânicos, ver: A. E. Roth, "A Natural Experiment in the Organization of Entry-Level Labor Markets: Regional Markets for New Physicians and Surgeons in the U.K.", *American Economic Review*, v. 81, jun. 1991, pp. 415-40.

3 David Gale e Lloyd Shapley, "College Admissions and the Stability of Marriage", *American Mathematical Monthly*, v. 69, 1962, pp. 9-15.

4   Só para ver como era fácil provar esse resultado, vamos fazer o mesmo de outra forma, começando com o programa de residência P. Suponha que os médicos da P preferem contratar certo médico (D) a um dos outros com quem foram combinados. Como sabemos que D também não prefere a residência P? Porque se P prefere D a outro médico que acabou contratando, P deve ter feito uma oferta para D em primeiro lugar, já que os empregadores fazem ofertas por ordem de preferência. E se P não foi combinada com D, é porque D rejeitou a oferta de P quando recebeu outra de que gostou mais. Talvez ele tenha rejeitado depois essa oferta em favor de outra; porém, é certo que aceitou uma de que gostou mais do que de P. Portanto, se P prefere D, sabemos que D não prefere P. Isto é, seja como for que examinemos a situação, podemos ver que não há nenhum médico e nenhum programa de residência que não foram combinados entre si, mas gostariam de ser.

5   Pode-se ouvir a fanfarra que tocou para Lloyd Shapley no final deste vídeo de dois minutos que o mostra recebendo seu prêmio Nobel do rei da Suécia: <www.nobelprize.org/mediaplayer/index.php?id =1906>. (E aqui, alguns momentos antes, pode-se ouvir a minha: <www.nobelprize.org /mediaplayer/index.php?id=1905>.)

6   O Match funciona rápido por duas razões: os participantes decidem suas preferências com antecedência, de modo que ninguém precisa esperar a decisão dos outros; e o algoritmo processa as "cadeias de rejeição" automaticamente. No início, utilizava máquinas de triagem de cartões perfurados; hoje, isso é feito pelo computador. As duas coisas são importantes. Junto com meu colega Xiaolin Xing estudei o mercado de trabalho para psicólogos profissionais num momento em que eles tentaram implementar algo como o algoritmo de aceitação postergada por telefone. O mercado estava congestionado demais para conseguir uma combinação estável: tentar realizar todos os passos do algoritmo de aceitação postergada por meio de longas cadeias de telefonemas era muito demorado. Ver Alvin E. Roth e Xiaolin Xing, "Turnaround Time and Bottlenecks in Market Clearing: Decentralized Matching in the Market for Clinical Psychologists", *Journal of Political Economy*, v. 105, abr. 1997, pp. 284-329. Hoje eles usam o mesmo tipo de câmara de compensação informatizada que projetamos para o Match dos médicos.

7   A prova de Gale e Shapley de que um conjunto estável de combinações sempre existe quando não há casais presentes é o que os matemáticos chamam de *teorema*, enquanto um exemplo mostrando que aquela conclusão não ocorre quando há casais presentes é chamado de *contraexemplo*, negando o que poderíamos esperar a partir do teorema. Para esta e outras observações iniciais sobre o Match dos médicos, ver: Alvin E. Roth, "The Evolution of the Labor Market for Medical Interns and Residents: A Case Study in Game Theory", *Journal of Political Economy*, v. 92, 1984, pp. 991-1016.

8   Alvin E. Roth e Marilda Sotomayor A. Oliveira, *Two-Sided Matching: A Study in Game-Theoretic Modeling and Analysis*. Cambridge: Cambridge University Press, 1990.

9   Veja mais algumas reflexões sobre economistas como engenheiros em Alvin E. Roth, "The Economist as Engineer: Game Theory, Experimentation, and Computation as

Tools for Design Economics", *Econometrica*, v. 70, n. 4, jul. 2002, pp. 1341-78. Disponível em: <web.stanford.edu/~alroth/papers/engineer.pdf>.

10 Quando Muriel Niederle e eu ajudamos a redesenhar o mercado para novos gastroenterologistas, a dra. Debbie Proctor, de Yale, foi nossa mentora, oferecendo uma perspectiva de alguém da especialidade. Nos capítulos seguintes, vou mencionar outros peritos.

11 Alvin E. Roth e Elliot Peranson, "The Redesign of the Matching Market for American Physicians: Some Engineering Aspects of Economic Design", *American Economic Review*, v. 89, n. 4, set. 1999, pp. 748-80.

12 Ver Fuhito Kojima, Parag A. Pathak e Alvin E. Roth, "Matching with Couples: Stability and Incentives in Large Markets", *Quarterly Journal of Economics*, v. 128, n. 4, 2013, pp. 1585-632; e para um resultado subsequente mais decisivo: Itai Ashlagi, Mark Braverman e Avinatan Hassidim, "Stability in Large Matching Markets with Complementarities", *Operations Research*, v. 62, n. 4, 2014, pp. 713-32.

13 Alvin E. Roth, "On the Allocation of Residents to Rural Hospitals: A General Property of Two-Sided Matching Markets", *Econometrica*, v. 54, n. 2, 1986, pp. 425-7.

9. VOLTA ÀS AULAS [pp. 177-194]

1 Atila Abdulkadiroğlu, Parag A. Pathak e Alvin E. Roth "The New York City High School Match", *American Economic Review: Papers and Proceedings*, v. 95, n. 2, maio 2005, pp. 364-7.

2 Para mais detalhes sobre as opções escolares nas escolas públicas de Nova York, ver Atila Abdulkadiroğlu et al., "Strategy-Proofness Versus Efficiency in Matching with Indifferences: Redesigning the NYC High School Match", *American Economic Review*, v. 99, n. 5, dez. 2009, pp. 1954-78.

3 Para mais detalhes ver Atila Abdulkadiroğlu et al., "The Boston Public School Match", *American Economic Review: Papers and Proceedings*, v. 95, n. 2, maio 2005, pp. 368-71.

4 Para uma descrição do sistema de admissões universitárias na China, ver Yan Chen e Onur Kesten, "From Boston to Chinese Parallel to Deferred Acceptance: Theory and Experiments on a Family of School Choice Mechanisms", Artigo para discussão, WZB, 2013. Disponível em: <www.econstor.eu/dspace/bitstream/10419/74787/1/749492635.pdf>.

10. SINALIZAÇÃO [pp. 195-218]

1 Para a sinalização de qualidade, consulte o artigo do vencedor do Nobel de Economia em 2001: Michael Spence, "Job Market Signaling", *Quarterly Journal of Economics*, v. 87, n. 3, ago. 1973, pp. 355-74.

2   Sobre o mercado de trabalho de economia, e sobre o mecanismo que desenvolvemos para permitir que os candidatos sinalizem um interesse especial, ver Peter Coles et al., "The Job Market for New Economists: A Market Design Perspective", *Journal of Economic Perspectives*, v. 24, n. 4, outono 2010, pp. 187-206.

3   Soohyung Lee e Muriel Niederle, "Propose with a Rose? Signaling in Internet Dating Markets", *Experimental Economics*, v. 18, n. 4, dez. 2015, pp. 731-55.

4   No mercado de trabalho da economia observamos o mesmo efeito dos sinais quando usamos como medida de atratividade o prestígio relativo da universidade do candidato contra o prestígio da universidade onde deseja trabalhar.

5   Para sinais de atratividade na biologia, ver Amotz Zahavi, *The Handicap Principle: A Missing Piece of Darwin's Puzzle*. Oxford: Oxford University Press, 1997.

6   Heródoto escreve em *História* (1196) que os babilônios costumavam vender as meninas em idade de casar, uma vez por ano, num leilão em que as mais bonitas eram vendidas por um preço elevado pelo maior lance dado pelos homens ricos; as outras iam para quem exigisse o menor dote. Essa talvez seja a mais antiga referência a um *leilão duplo*, unindo pedidos e lances de oferta, mais ou menos como os que vemos nos mercados financeiros discutidos no capítulo 5.

7   O estudo de leilões de segundo preço desse ponto de vista deu o prêmio Nobel de Economia de 1996 para William Vickrey, autor do artigo de 1961 "Counterspeculation, Auctions, and Competitive Sealed Tenders", *Journal of Finance*, v. 16, n. 1, mar. 1961, pp. 8-37.

8   O desenho de leilões é assunto para um livro inteiro, e de fato há vários deles. Meu colega Paul Milgrom, de Stanford, o mais notável dos desenhistas de leilões atuais, escreveu um livro para economistas intitulado *Putting Auction Theory to Work* (Cambridge: Cambridge University Press, 2004).

9   Em 2014, Paul Milgrom e Bob Wilson, professores de Stanford, e o economista-chefe da Microsoft Preston McAfee foram agraciados com o Golden Goose Award pelo seu trabalho ao desenhar o leilão ascendente simultâneo. Esse prêmio é concedido com a intenção de ressaltar os benefícios humanos e econômicos de pesquisas financiadas pelo governo federal.

10 Quando há *n* licenças à venda, existem 2*n*-1 pacotes distintos que poderiam receber propostas; portanto, com cinco licenças, já há 31 possíveis pacotes; com dez licenças, há 1023 pacotes; e com mil licenças, o número de pacotes teria centenas de dígitos para escrever.

11 Aqui simplifiquei um pouco. Um dos fatores: o Google é pago quando alguém clica no anúncio, portanto não considera apenas a oferta do anunciante, mas também a frequência de cliques num anúncio.

12 Nos primeiros tempos do Gmail, alguém me contou que tinha enviado um e-mail para seus amigos dizendo: "Quem topa um mexicano?". Logo depois começou a ver anúncios de "Rapazes mexicanos".

11. REPUGNANTE, PROIBIDO... E PROJETADO [pp. 221-244]

1. Para mais informações sobre transações repugnantes, ver Alvin E. Roth, "Repugnance as a Constraint on Markets", *Journal of Economic Perspectives*, v. 21, n. 3, verão 2007, pp. 37-58. Disponível em: <pubs.aeaweb.org/doi/pdfplus/10.1257/jep.21.3.37>. Para uma série de exemplos, ver meu blog sobre desenho de mercado: <marketdesigner.blogspot.com/search/label/repugnance>.
2. Max Weber, *The Protestant Ethic and the Spirit of Capitalism*. Trad. Talcott Parsons. Mineola, NY: Dover, 2003, p. 74. [Max Weber, *Ética protestante e o "espírito" do capitalismo*. Org. de Antônio Flávio Pierucci. Trad. de José Marcos Mariani de Macedo. São Paulo: Companhia das Letras, 2004, p. 66.]
3. Ver Sandro Ambuehl, Muriel Niederle e Alvin E. Roth, "More Money, More Problems? Can High Pay Be Coercive and Repugnant?", *American Economic Review, Papers and Proceedings*, v. 105, n. 5, maio 2015.
4. Para uma descrição do mercado iraniano de compra e venda de rins, ver Sigrid Fry-Revere, *The Kidney Sellers: A Journey of Discovery in Iran* (Durham, NC: Carolina Academic Press, 2014).
5. Veja, por exemplo, a defesa apaixonada de Sally Satel, ela própria médica e receptora de um transplante renal, e autora de *When Altruism Isn't Enough: The Case for Compensating Kidney Donors* (Washington, DC: AEI Press, 2008), ou o argumento apresentado para os economistas pelo falecido prêmio Nobel Gary Becker e seu coautor Julio Elías em "Introducing Incentives in the Market for Live and Cadaveric Organ Donations", *Journal of Economic Perspectives*, v. 21, n. 3, verão 2007, pp. 3-24. Disponível em: <pubs.aeaweb.org/doi/pdfplus/10.1257/jep.21.3.3>.
6. Adam Smith, *An Inquiry into the Nature and Causes of the Wealth of Nations*, v. 1. Oxford: Oxford University Press, 2008, cap. 2, parag. 2. [*A riqueza das nações: Investigação sobre sua natureza e suas causas*. v. 1. São Paulo: Nova Cultural, p. 74.]
7. Um dos principais opositores à legalização da venda de rins é justamente um dos heróis da troca renal, Frank Delmonico. Ele vem participando ativamente na formulação da Declaração de Istambul e é diretor executivo do seu grupo de monitoramento, cuja missão é "promover, implementar e defender a Declaração de Istambul, a fim de combater o tráfico de órgãos, o turismo de transplantes e o comercialismo dos transplantes, e incentivar a adoção de práticas eficazes e éticas de transplante em todo o mundo". Disponível em: <www.declarationofistanbul.org/>.
8. Para informações sobre as doenças renais na África, ver Saraladevi Naicker, "End-Stage Renal Disease in Sub-Saharan Africa", *Ethnicity & Disease*, v. 19, n. 1, 2009, p. 13.

12. LIVRE MERCADO E DESENHO DE MERCADO [pp. 245-262]

1. Lembro-me de discutir a questão das toalhas de mesa como indicador de tipos de restaurante anos atrás com meu falecido colega Gerald Salancik, da Universidade de Illinois.

2   Todas as citações nesta seção são de F. A. Hayek, *The Collected Works of F. A. Hayek*, v. 2: *The Road to Serfdom: Text and Documents — The Definitive Edition*, org. de Bruce Caldwell (Chicago: University of Chicago Press, 2007).

3   De fato, Hayek escreveu em "Liberalism" sobre a confusão desses termos: "Na verdade, o que na Europa é ou era chamado de 'liberal' é, nos Estados Unidos de hoje, com alguma justificação, chamado de 'conservador', enquanto nos últimos tempos o termo 'liberal' tem sido usado para descrever o que na Europa seria chamado de 'socialismo'. Mas também é verdade que na Europa nenhum dos partidos políticos que usam a designação 'liberal' adere hoje aos princípios liberais do século xix" (*New Studies in Philosophy, Politics, Economics and the History of Ideas*. Londres: Routledge & Kegan Paul, 1982, pp. 119-5).

4   Quando Eric Budish (sobre quem escrevi no capítulo 5) fala para um público de profissionais de finanças, alguns dos quais ficaram bilionários, em geral vê que, de início, eles não creem na ideia de que os mercados onde trabalham poderiam se beneficiar de um redesenho criterioso. Mas ele me contou que, depois de uma dessas palestras, um financista famoso levantou-se e disse algo como: "Eu não esperava dizer isso, mas o senhor não é comunista. Os mercados precisam de regras, e o senhor quer apenas regras diferentes".

5   É claro que uma das contribuições do desenho de mercado é pôr em foco, claramente, como mercados, uma classe mais ampla de coisas do que apenas commodities, nas quais o preço faz todo o trabalho.

ÍNDICE REMISSIVO

Abdulkadiroğlu, Atila, 49, 125, 179; sobre opções escolares, 148-9, 151, 192, 271, 273
admissões em universidades, 15; algoritmo de aceitação postergada em, 165-7; sinalizando em, 197-8; tomando decisões estratégicas em, 21; visitas ao campus em, 203
Affordable Care Act, lei, 254
agricultura, 226
Airbnb, 119-23, 138
algoritmo de aceitação postergada, 165-8; híbrido de Roth-Peranson, 172-3; no mercado de trabalho de psicologia, 272; no programa de opções escolares de Nova York, 181-8; no sistema de escolas públicas de Boston, 188, 190-2
algoritmo de Roth-Peranson, 172-3
algoritmos: de aceitação, 165-8; no programa de opções escolares de Nova York, 181-8; no sistema das escolas públicas de Boston, 188-92; e mercados informatizados, 256; escolas públicas de Boston, 144-51; para mercados financeiros, 96-104; para residências médicas, 160-7; resultados estáveis de, 163-7; Roth-Peranson, 172-3; sites de namoro, 201-2; troca de rins, 50-5
Aliança para a Doação Emparelhada (APD), 59
alocação de quartos nos dormitórios, 49
alocação de recursos, 14
Amazon, 33, 35; gestão de congestionamento na, 37; simplicidade na, 39
Android, 34-5 *ver também* Google
anonimato em mercados de commodities, 32
antibióticos, 157-8
aplicativos, 33-4
Apple, 31; *ver também* iPhone
arunta, povo, 82
Ashlagi, Itai, 63, 173, 273
assistentes judiciais, 80
Associação Econômica Americana (AEA), 199-200
Associação Nacional de Colocação de Advogados (NALP), 78

277

associações judiciais, 90
autocontrole, 78, 84, 86, 88; como solução para transações precoces, 89-90, 159-60; estágios em tribunais de justiça e, 106, 109-13
Avery, Chris, 106, 269

Banco de Órgãos da Nova Inglaterra, 50
bancos e setor bancário, 203, 228-9
BandwidthX, 123
banners, 217-8
barreiras à entrada, 36
barrigas de aluguel, 230
Becker, Gary, 275
Beran, Bob, 170
Beth Israel-Deaconess, Centro Médico (Boston), 57
Bitcoin, 37
BlackBerry, 35
Bloomberg, Michael, 124-5
Bolsa de Commodities da Etiópia, 30
Bolsa de Valores de Nova York (BVNY), 96-7
Bolsa Mercantil de Chicago (BMC), 96
bolsas de especialização em gastroenterologia, 85-6, 88
Bolton, Gary, 140, 271
Boston, Plano Conjunto de, 162
Boston Globe, 148
Boxe, 17
Brigham and Women's Hospital (Boston), 56
Brown, Janice Rogers, 112
Budish, Eric, 96, 100, 102, 269, 276
burlar o sistema, 21
Burns, Adele, 57
Burns, Jack, 56
buscas, 16

café, 29-30, 32
caixas automáticos, 36

Câmara de Comércio de Chicago (CCC), 28-9, 96
câmaras de compensação: ciclos de trocas e, 46-55; informações sobre preferências para, 48; no programa de opções escolares de Nova York, 181-8; para residentes médicos britânicos, 164; para residentes médicos, 160-74; resultados estáveis com, 163-7; sistema escolar de Nova York, 130; *ver também* Programa Nacional de Combinação de Residência (NRMP)
Caminho para a servidão, O (Hayek), 257
carne de cavalo, 223-5
carteira eletrônica de pedidos, 98
cartões de crédito, 35, 37-9; como emprestadores, 37; mercado interbancário em, 37; ofertas de devolução de dinheiro com, 38; preço de usar, 38; segurança dos, 136, 138; sistemas de pagamento por celular e, 39
casamentos homoafetivos, 226-7
celulares, 211; *ver também* smartphones
Chain, Ernst, 158
Chen, Yan, 149-50, 271, 273
cheques (banco), 36
China, admissões em universidade na, 192-3
ciclos de trocas, 46-91
circuito de Washington, 110, 112
cirurgiões ortopédicos, 88-90
coação, 232, 236
Coca-Cola, 38
Código Penal da Califórnia, 223-5
Coles, Peter, 274
"College Admissions and the Stability of Marriage" (Gale e Shapley), 165-7, 184, 271-2
comércio de sexo, 135, 243
Comissão de Valores Mobiliários dos Estados Unidos (SEC), 99

Comissão Federal de Comunicações (FCC), 211-5
Comissão Nacional Estudantil de Combinações de Residências, 162
Comissão Reguladora de Negócios com Futuros de Commodities, 99
competição: baseada em preço *versus* baseada em velocidade, 100, 102; ofertas-relâmpago e, 20; para formados em medicina, 158-60; simplicidade na, 39; transações precoces e, 73-91
comunicação, 197-218; palavras baratas em, 201; sinais caros em, 202-15; velocidade de, 119-24; *ver também* informação
"Confessions of a Bad Apple" (Kozinski), 108
confiabilidade, 138-41
confiança: bolsas de especialização em gastroenterologia e, 86, 88; confiabilidade e, 138; em mercados na internet, 123; no eBay, 139-40; no sistema de escolas públicas de Boston, 145-51; no sistema escolar de Nova York, 127-8, 131; regulamentação e, 253; reputação, 137-8
congestionamento, 19-20, 107, 115, 119-31; cartões de crédito e, 37; em mercados com limite de tempo, 91; em restaurantes, 248-52; mercado de commodities e, 29; na corrida pelas terras de Oklahoma, 73-5; no mercado de trabalho de economia, 199-200; para estágios em tribunais de justiça, 106-8; perigos do, 123-4; sinalização e, 204; sistema escolar de Nova York, 124-8, 130; trocas de rins e, 66-7
Conselhos a um jovem comerciante, escritos por um velho comerciante (Franklin), 228
contratos, 252, 255

contribuições para campanhas políticas, 231
Cook, Gareth, 148, 271
Cook, Walter, 74
cookies, internet, 217-8
correntes não simultâneas nas trocas de rins, 57-9, 61, 64, 66-7, 266
correntes *ver* transplantes de rins
corretores da bolsa, 63
corrida pelas terras cheroquis, 73
corrida pelas terras de Oklahoma, 73-5, 91, 135
Covisint, 143
Craigslist, 138
Cramton, Peter, 100, 102, 269
Crashpadder, 120

decisões de estacionamento, 83, 148
decisões estratégicas, 21; congestionamento e, 119-24; dando tempo para, 107; em matching para escolas, 179-81, 188, 190-2; em matching para escolas, 146-52; para estágios em tribunais de justiça, 80, 108-13; sobre casamento, 81-5; velocidade da informação em, 104-5
Delmonico, Frank, 50-1, 57-8, 64-5, 171, 275
democracia, 193, 231
desenhos de mercado, 16-8, 24, 247-62; ajustes em andamento em, 67-8, 191, 253, 258-62; baseados na cultura e psicologia dos participantes, 88; ciclos de trocas e, 46-55; comportamento humano e, 67, 139; cultura e, 88; falhas de implementação, 100, 103; falhas em, 68; ganhando apoio para, 103; guia especializado em, 171-2; informações confiáveis em, 140; onipresença dos, 27; para café, 30; para funcionar, 23; para restaurantes, 247-

50; planejamento central *versus*, 17, 173, 193; ruins, persistência de, 253, 255-6; soluções em, 157-8; *versus* controle, 241-3
diabetes, 53, 56
diálise, 56-7, 66, 236, 240
diferenças culturais, 88; eBay, 140; mercados repugnantes e, 228-9, 232-3
diferenciação, 31-2
dignidade humana, 235
Diners Club, 36
dinheiro: em mercados repugnantes, 230, 232-3; matching sem, 16, 45; *ver também* transplantes de rins
direito sobre a água, 255
direitos sobre propriedade, 218, 252
doença renal policística, 53
Dorosin, Neil, 187, 192
Douglas, John, 17
driblar o sistema: em transações precoces, 73-91; na corrida pelas terras de Oklahoma, 74-5; nas opções escolares em Boston, 148-52; no sistema escolar de Nova York, 128, 179-81; proibir mercados e, 242-3
drogas, ilegais, 135-6, 241-2

eBay, 122-3; lances de proxy no, 141-3; segurança do, 137; sistema de feedback no, 139-41
economia: definição de, 14; sobre matching, 15; teoria dos jogos em, 21
economia comportamental, 67
economia experimental, 87, 149-50, 201, 238, 274
educação: admissões antecipadas na, 84; idade mínima para o casamento e, 83; na democracia, 193; ofertas para doutorandos na, 87; ofertas-relâmpago na, 113-4; valor público da, 147; *ver também* admissões à universidade; programas de residência para médicos
Edwards, Valerie, 152
Elías, Julio, 275
e-mail, 197, 201
E-mini S&P 500 (ES), 96-7, 99-100
empréstimos, cobrando juros em, 228-30, 233
equilíbrio, 87
escolas públicas de Boston, 21, 144-51, 188-92; *ver também* algoritmos
escravidão, 227, 229
estágios em tribunais de justiça, 80, 90, 105, 113
Ética protestante e o espírito do capitalismo, A (Weber), 228-9
experiências, 238, 242, 271
exploração, 232
externalidades negativas, 224; *ver também* mercados repugnantes

falência, 229
falhas de mercado: a partir da velocidade, 95-115; a partir de transações precoces, 73-91; a partir do congestionamento, 107-8; abandono de, 194; autocontrole e, 78, 85-6, 88; casamento infantil e, 81-5; causas *versus* sintomas de, 105-13; dificuldade de limitação, 78, 85, 90, 105-13; em bolsas de especialização em gastroenterologia, 85-6, 88; mudança cultural e, 88-91; na contratação de cirurgiões ortopédicos, 89-90; no recrutamento para firmas de advocacia, 76-7, 79; ofertas-relâmpago e, 78-9; para estágios em tribunais de justiça, 80, 90, 105-13; predomínio de, 84; procurando soluções para, 157-8; segurança, confiança e simplicidade e, 135, 152
Falke, Roberta, 53

Farmer City, Illinois, 136
feiras livres, 32, 84
firmas de advocacia, recrutamento para, 76-7, 79
Fleming, Alexander, 157-8
Florey, Howard, 158
fornecedores de liquidez, 98
Franklin, Benjamin, 228-9
FreeMarkets, 143-4

Gale, David, 165-7, 184
Google, 216; *ver também* Android
Green, Jerry, 13-4, 18
Green, Pamela, 13
Greiner, Ben, 140
guerra às drogas, 241-2
Guerra Civil americana, 231
guia especializado, 171-2
Guia Michelin, 250

Hamlet (Shakespeare), 228
Hayek, Friedrich, 257
Hendren, Hardy, 162, 165
Hil, Garet, 60-1, 64
Hopwood, Shon, 112, 269
Hospital Geral de Massachusetts, 89
Hoxby, Caroline, 149

IBM, 31
Igreja católica, 235
Índia, 230
informação: confiável, 140-1; importância de compartilhar toda a, 179-88; privacidade e, 141-4; sobre qualificações e interesse *ver* sinais e sinalização; velocidade da, mercado de algodão e, 104-5;
segurança de compartilhamento: eficiência de mercado e, 141-3; em câmaras de compensação, 131; nas escolas públicas de Boston, 144-51; no sistema escolar de Nova York, 127-8, 130, 179-88; para residências médicas, 174-5, 161-7; para trocas de rins, 48, 51, 62;
insider trading, 63, 100
Instituto para a Inovação em Escolha da Escola Pública (IIPSC), 192
interesse próprio, 67
internet das coisas, 119
internet vitoriana, 104-5
Investigação sobre a natureza e as causas da riqueza das nações, Uma (Smith), 235
iPhone, 34, 37 *ver também* Apple
Irã, 234
islã, 228-9, 233
iStopOver, 120

Japão: ofertas-relâmpago de empregos no, 113-4
Jevons, William Stanley, 46
Johns Hopkins, 60
Jolls, Christine, 106
Jones, Matt, 59
Journal of Mathematical Economics, 47
juros, 228-30, 233
justiça, 38

Klein, Joel, 124-5, 187
Kojima, Fuito, 173
Kozinski, Alex, 108, 110, 269

Lack, Jeremy, 124, 179, 187
ladeira abaixo, 232
laissez-faire, 17
lances para pacotes, 214, 256
Lee, Soohyung, 201-2
Lei de Ferro do Casamento, 169
lei de zoneamento, 251
Lei Seca, 225, 241
leilões, 143-4, 205-15; ascendência simultânea, 212-4; descobertas de preço

em, 211-3; eBay, 122-3; lance fechado, 207, 209; lance fechado de segundo preço, 207-9; lances ascendentes, 207, 209, 213-4; lances para pacotes em, 214, 256; para licenças de espectro, 211-5; para propagandas direcionadas, 215-8; primeiro preço, 210
leis sanitárias, 251
Leishman, Ruthanne, 52, 58, 65
Levey, Andy, 53
liberdade religiosa, 226
línguas, evolução das, 260
Lyft, 122

Mad Men, programa de TV, 215
maldição do vencedor, 210
matching para escolas, 18, 192-4; algoritmo de aceitação postergada em, 183-5, 187; desigualdade das escolas e, 193; escolas públicas de Boston, 21, 144-51, 188-92; mercados em decadência em, 84; na China, 192-3; preferências dos pais em, 174-5; restrições em, 185, 187; segurança no compartilhamento de preferências em, 146-52, 179-80; sistema escolar de Nova York, 18, 124-8, 130, 144, 179-88
McDonald's, 249-51, 253
McKinney, Heleena, 59
mercado de trabalho de economia, 199-200, 274
mercado de uma vez por segundo, 100, 103
Mercador de Veneza, O (Shakespeare), 228
mercados: barreiras à entrada, 36; baseados em desejos, 15; commodities, 15; como artefatos humanos, 241-3, 260-2; conexões entre, 17, 35-6, 258; congestionamento em, 19-20, 107-8, 119-31; densos, 18-9; equilíbrio em, 87; evolução dos, 24; flexibilidade dos, 173; legais *versus* ilegais, 136-7; livres, 17, 23, 247, 257-9; matching, 15; natureza coletiva dos, 260-2; planejamento central *versus*, 17, 173; regulamentação dos *ver* regulamentação; repugnantes, 16, 22, 218, 223-43; segurança dos, 21, 135-52; simplicidade dos, 21, 39; velocidade da comunicação em, 119-24
mercados decadentes/ em decadência *ver* falhas de mercado
mercados de casamento, 81-5; *ver também* sites de namoro
mercados de commodities, 259; café, 29-30, 32; congestionamento nos, 130; diferenciação e, 31-2; mercadoria financeira, 96-104; mercados baseados no preço para, 19; mercados de, 15; padronização dos, 30, 32; sistemas de classificação para, 28, 30; trigo, 27-8, 30
mercados de internet, 17, 33-9; Airbnb, 119-22; confiabilidade em, 123; congestionamento em, 119-24; densidade dos, 123; eBay, 122-3, 137-43; imóveis, 255-6; privacidade e, 141-4; propagandas direcionadas em, 216-8; reputação em, 137-41; segurança dos, 123; sinalizando em, 197; sistemas de pagamento em, 35-7, 39; sites de namoro, 83, 197, 200-2; Uber, 121-2
mercados de matching, 15; ambientes estruturados para, 15; commodities e, 27-9, 32; congestionamento em, 130; definição de, 15; desenho de mercado para, 17-8; em programas de residências médicas, 17; natureza pessoal de, 259; resultados estáveis em, 163-8; sem dinheiro, 16
mercados de trabalho, 16; congestionamento em, 129; ofertas-relâmpago

em, 113-4; recrutamento para firmas de advocacia e, 76-7, 79; resultados estáveis em câmaras de compensação para, 163-7; sinalizando em, 197-200, 205
mercados de trigo, 27-9
mercados densos, 18-9; Amazon, 33; cartões de crédito, 35, 37; congestionamento em, 19-20, 119-31; diferenciação em, 31-2; em mercados financeiros, 96-104; mudanças de plataforma e, 39; para commodities, 29; para restaurantes, 247-50; para transplantes de rim, 64-6; reforçar a si mesmo, 33; sinalizando em, 204; sistema escolar de Nova York, 125-8; transações precoces e, 73-91; velocidade das transações em, 95-115
mercados e feiras medievais, 135
mercados financeiros, 96-104
mercados futuros, 28, 29, 96, 97
mercados imobiliários, 129; combinações fáceis e difíceis em, 62-3; corretores imobiliários em, 255-6; pacotes em, 212
mercados informatizados, 256
mercados livres, 17, 23, 257-9
mercados negros, 235
mercados repugnantes, 16, 22, 218, 223-43; banir *versus* controlar, 241-3; definição de, 224; demanda *versus* oferta e, 233-5; desenho de mercado e, 233-4, 236; em casamento, 227; escravidão como, 227-8; legais, 225-6, 237; nojo comparado com, 224; para carne de cavalo, 223-5; percepção de tempo e lugar de, 224-9, 232-3; tecnologia na criação de, 229-30; transplantes de rim e, 234-40; vendas de órgãos como, 22, 61
mesotelioma, 216

Microsoft, 31, 34
Milgrom, Paul, 213
Monaco, Anthony, 44
Morrissey, Paul, 44
Moses, Dylan, 75
motoristas de táxi, 136
Munda, Rino, 55

New England Journal of Medicine, 59-60
New York Times, 128
Nguyen, Hai, 53
Niederle, Muriel, 86, 89, 201-2
Nixon, Richard, 254

Obamacare, 254
objetificação, 231
Ockenfels, Axel, 140, 142
ofertas-relâmpago, 20, 77, 113-4; em admissões escolares, 84; em bolsas de especialização em gastroenterologia, 86, 88; empoderamento de candidatos e, 89-90; para candidatos a doutorado, 87; para estágios em tribunais de justiça, 106-15; para estudantes de cirurgia ortopédica, 89-90; para residências médicas, 77, 79, 160
OpenTable, 248
Ostrovsky, Mike, 101

padrões do setor, 34
padronização, 29-32, 34
palavras baratas, 201
pares bloqueadores, 163-7
Pathak, Parag, 125, 148, 173, 179, 192
pavões, 203
PayPal, 36, 139, 141
Payzant, Tom, 149, 151
penicilina, 157-8
Peranson, Elliott, 171-2, 183
permuta: doação de rins como, 46; mercados repugnantes e, 230, 232-3

planejamento central, 17, 173-4, 193
Plano Federal de Contratação de Assistentes Judiciais, 109-3
poligamia, 227
política: em trocas de rins, 64-6; mercados livres e, 257-9
Posner, Richard, 106
posse de armas, 226
preços, 19; competição baseada na velocidade *versus*, 100, 102; descoberta de, 211-2, 214-5; em leilões, 207-15; injustos, percepção do consumidor dos, 38; sistema de opções escolares e, 175; *ver também* sistemas de pagamento
privacidade, 141-4, 217-8
processos de candidatura e seleção, 15; no recrutamento para firmas de advocacia, 76-7, 79; para admissões em universidades, 15, 197-8; sinalizando em, 197-8; tomando decisões estratégicas em, 21; *ver também* mercado de trabalho
procurador-geral do Estado de Nova York, 103
Programa de Troca de Rins da Nova Inglaterra (NEPKE), 18, 51-2, 56, 58, 64-5
Programa Nacional de Combinação de Residência (NRMP), 18, 170
programas de residência médica, 17, 83, 158-74; bolsas de especialização em gastroenterologia, 85-6, 88; casais em, 168-73; cirurgiões ortopédicos, 88-90; empoderamento de candidatos, 89; rurais *versus* urbanos, 173-4
propaganda, direcionamento da, 215-8

quebra-relâmpago de 2010, 99
queimar a largada, 75; *ver também* transações precoces

recessão de 2008, 77
rede de conexão sem fio, 123

Rede Unida para o Compartilhamento de Órgãos (UNOS), 65
redes sociais, 197
reembolso nos planos de saúde, 254; para transplantes de rim, 66, 237
Rees, Michael, 43-6, 53, 59-60, 64, 172
Registro Nacional de Rins (NKR), 61, 64
regras, 17; mercados em decadência e, 78; para estágios em tribunais de justiça, 107-11; trapaça, 109-13; *ver também* regulamentação
regras de atividade, 213
regras do marquês de Queensberry, 17
regulamentação, 252-3; corrida pelas terras de Oklahoma e, 73-5; de mercados em decadência, 78; de mercados financeiros, 100; de mercados legais *versus* ilegais, 236; de restaurantes, 251-2; mercados livres e, 257-9; mercados repugnantes e, 22; planejamento central e, 17, 173-4, 193
relatórios de Inspeção de Estabelecimentos Alimentares, 251
reputações, 137-8; de restaurantes, 250; eBay, 139-40; *ver também* confiança
ressalvas legais, 136-7
restaurantes: desenho de mercado para, 247-50; reservas para, 248; segurança de, 250-2; sinalização por, 206
resultados estáveis, 163-7, 184
revenda de ingressos, 122
risco *ver* segurança na participação em mercados; simplicidade
Robertson, John, 56-7
roubo de identidade, 138

Scarf, Herb, 47, 49
Scheibe, Peter, 53
Scheibe, Susan, 53
sedução, 16

segurança na participação em mercados, 21, 135-52; câmaras de compensação e, 131; cartões de crédito na, 36; compartilhamento de informações e, 144-51; eficiência de mercado e, 141-3; em câmaras de compensação, 131; nas escolas de Nova York, 127-8, 130, 179-88; nas escolas públicas de Boston, 144-51; para residências médicas, 161-7, 174-5; para trocas de rins, 48, 51, 62-4; em bolsas de especialização em gastroenterologia, 86, 88; em leilões, 208, 210, 212-3; nas trocas de rins, 48, 50, 62-4, 66-7; nos mercados na internet, 123; para residências médicas, 161-7; para restaurantes, 250-2; privacidade e, 141-4; reputação e, 137-8; transações precoces e, 75-91
seleção natural, 203
serviço militar obrigatório, 231
Serviço Nacional de Saúde britânico, 164
servidão contratual, 228
Shapley, Lloyd, 47, 49, 165-7, 184
Shim, John, 100, 102, 269
Shmida, Avi, 23
shoppings, 251
simplicidade, 21, 39; em atravessar o sistema, 146-8; em comunicação, 197-218; em mercados de commodities, 27-9; em trocas de rins, 66
sinais caros, 202-215; de interesse, 203-5; leilões como, 205-15; *ver também* sinais e sinalização
sinais e sinalização, 16, 197-218; caros, 202-15; custo de oportunidade de, 205; de atratividade, 204; de interesse, 203-5; em admissões na universidade, 197-8; em leilões, 205-15; em sites de namoro, 197, 200-2; nos mercados de trabalho, 198-200; palavras baratas em, 201; por restaurantes, 206
sistema escolar de Nova York, 18, 124-8, 130, 144, 179-88; antigo comparado ao novo, 181-2, 184; benefícios da revisão, 187; preferências em, 179-80, 182-7
sistemas de pagamento: cartões de crédito, 35-7, 39; em mercados na internet, 36-7, 122, 139; por celular, 39; privacidade em, 141
sistemas imunológicos, 157-8
sistemas operacionais, 33, 35
sites de namoro, 83, 197, 200-2, 204
smartphones: como mercados, 33-4; congestionamento em mercados na internet e, 119-24; privacidade e, 218; sistemas de pagamento com, 36-7, 39
Smith, Adam, 17, 235
Sönmez, Tayfun, 18, 49, 52, 57-8; sobre opções escolares em Boston, 148-50
Sotomayor, Marilda, 170
Spread Networks, 97
Standage, Tom, 104
Standard & Poor's 500 (SPY), 96-104
Starbucks, 31
Starzl, Thomas, 48
StubHub, 122

telégrafo, 104-5
tempo das transações: cedo demais, 73-91; congestionamento e, 91, 119-31; densidade de mercado e, 19; em mercados na internet, 119-24; mercados na internet e, 33-9; rápido demais, 95-115
Teorema dos Hospitais Rurais, 173-4
teoria dos jogos, 21; experimentos mentais em, 47; sobre ciclos de trocas, 46-55
tomada de decisões *ver* decisões estratégicas

285

transações: ciclos de trocas e, 46-55; monetização de, 230-3; precoces, 73-91; protegidas, 226; tempo de *ver* tempo de transações; tempo de avaliação, 19-21

transações precoces, 75; autocontrole e, 78, 84, 86, 88; em bolsas de especialização em gastroenterologia, 86, 88; em casamentos, 81-5; em opções escolares, 84; esportes universitários e, 75; no recrutamento para firmas de advocacia, 76-7, 79; para estágios em tribunais de justiça, 80, 105-13

transações protegidas, 226

transplantes de rim, 13-4, 16, 43-68; combinações fáceis e difíceis em, 62-4; congestionamento com, 66-7; custo da diálise *versus*, 56-7, 66, 236, 240; demanda *versus* oferta para, 45, 234-5; desincentivos a doações para, 238; doadores vivos para, 56-61; interesses financeiros em, 60-1, 65; mais densidade para o mercado de, 64-6; mercado negro dos, 235; nacional, 64-6; necessidades e preferências do paciente em, 48, 51; perto de casa, 60; problemas de compatibilidade em, 43-4; programas de troca para, 18, 44-5, 234; algoritmos para, 49-52, 54-5; aumentando, 239-40; benefícios de, 66; ciclos de trocas e desenho para, 46-55; correntes em, ampliando, 50-5; doadores não direcionados em, 50-1, 52, 58-9, 67, 239-40; nível nacional, 64-6; participação segura em, 48, 50, 62-4, 66-7; primeiro, 49; simultâneo *versus* não simultâneo, 56-61; sistemas de reembolso para, 235, 237-8; venda de órgãos para, 16, 22, 61, 231-5; legalização da, 236-7;

trocas em espécie, 232-3
turismo de fertilidade, 229

Uber, 121-2, 138
Universidade Carnegie Mellon, 205
Universidade de Pittsburgh, 48, 60, 200
Universidade de Cincinnati, Centro Médico da 54-5
Universidade de Toledo, Centro Médico da 43-4
Universidade Estadual da Louisiana, 75
Ünver, Utku, 18, 49, 52, 57-8

valor moral, 232
valores, 22, 232; *ver também* mercados repugnantes
velocidade de transações, 95-115; competição baseada no preço *versus*, 100, 102; comunicação e, 119-24; congestionamento e, 119-31; em estágios em tribunais de justiça, 105-13; em mercados financeiros, 96-104; telégrafo e o mercado de algodão, 104-5
votos, comprando, 231

Weber, Max, 228-9
Wetherby School, 84
Wilcox, Pat, 74
Wilson, Bob, 213
Woodle, Steve, 53-5
Wu, Marie Zemler, 190
Wu, Sherman, 190

Xing, Xiaolin, 82

Yelp, 250
Yeng, Vy, 53

Zagat, 250

TIPOGRAFIA Arnhem Blond
DIAGRAMAÇÃO acomte
PAPEL Pólen Soft, Suzano S.A.
IMPRESSÃO Geográfica, abril de 2022

A marca FSC® é a garantia de que a madeira utilizada na fabricação do papel deste livro provém de florestas que foram gerenciadas de maneira ambientalmente correta, socialmente justa e economicamente viável, além de outras fontes de origem controlada.